Johanna Stöckl

Montenegro

50 ausgewählte Wanderungen im »Schwarzen Gebirge«

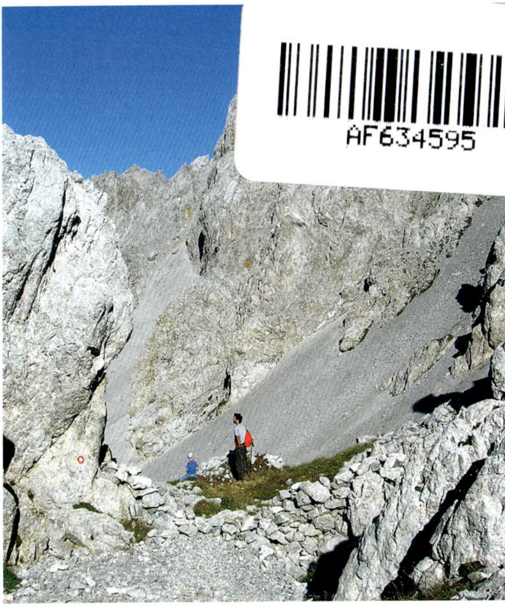

ROTHER
BERGVERLAG

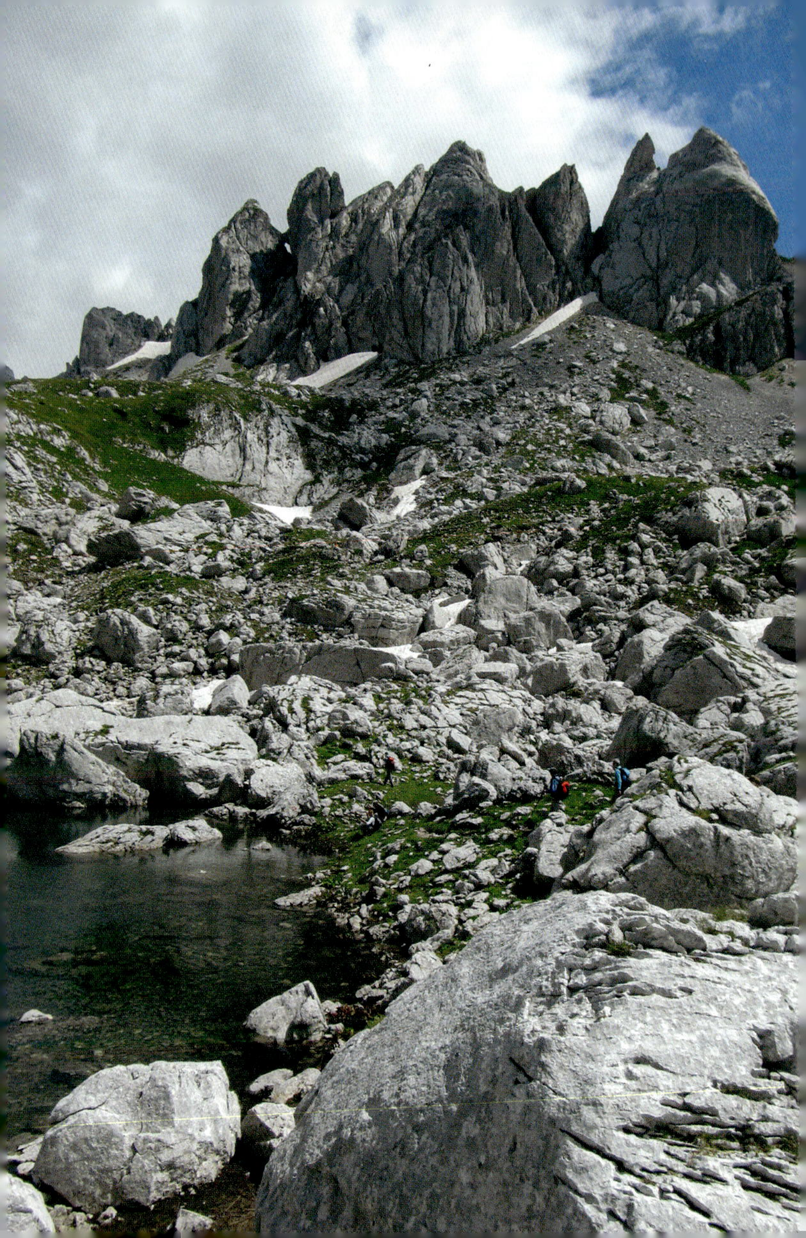

Vorwort

Montenegro zeichnet sich durch eine beeindruckende Vielfalt unterschiedlicher Landschaftsformen auf kleinstem Raum aus. Der Name des Landes – »Schwarzes Gebirge« – hat seine Berechtigung: Anders als die nördlicher an der Adria gelegenen Karststöcke erscheinen die Gipfel Montenegros dunkel, da sie bis in große Höhen bewaldet sind. Wegen dieses Waldes laden sie auch im Hochsommer zum Wandern ein.
Wer sich nicht entscheiden kann, ob er am Meer oder in den Bergen Urlaub machen soll, ist hier richtig: Von der Küste aus führen rund um die Bucht von Kotor, den südlichsten Fjord Europas, markierte Wege durch mediterrane Vegetation zu Gipfeln mit herrlichem Ausblick über das Meer.
Nur ein paar Autostunden weiter ist man schon in den »Schluchten des Balkan«, im von tiefen Canyons durchschnittenen Hochgebirge, wo im Durmitor-Massiv und in den Prokletije die höchsten Erhebungen der Dinarischen Alpen liegen. Hier findet man kristallklare Bergseen und seit Jahrhunderten unberührte Wälder ebenso wie traditionelle, »Katuns« genannte Almwirtschaften, in denen man noch echte Gastfreundschaft erleben kann.
Die vom Massentourismus verschont gebliebenen, weitgehend intakten Naturlandschaften machen den besonderen Reiz Montenegros aus. Das Land verfügt über fünf Nationalparks und zwei UNESCO-Welterbegebiete. Zwei Parks an den Grenzen zu Kroatien bzw. Bosnien-Herzegowina haben durch den Zerfall Jugoslawiens zwar ihren offiziellen Status verloren, ihren ursprünglichen Charakter aber bewahrt.
Dieser Wanderführer enthält 50 Touren für jeden Geschmack: anspruchsvolle Aufstiege zu schroffen Gipfeln jenseits der 2000-Meter-Marke, Genusstouren durch üppig grüne Berglandschaften ebenso wie Wanderungen auf historischen Pfaden zu alten Festungen und Klöstern.
Montenegro ist ein Land im ständigen Wandel. Viele Gebiete sind durch verbesserte Straßenverbindungen heute leichter erreichbar als zur Zeit der ersten Auflage dieses Wanderführers, dafür wurden manche Hirtenwege aufgegeben und sind verwachsen. Daher habe ich mich auf jene Regionen beschränkt, die relativ leicht erreichbar sind, die über ein gewisses Maß an touristischer Infrastruktur verfügen und in denen eine gewisse Zuverlässigkeit und Kontinuität bei der Wartung und Freihaltung der Wege herrscht.
Ich wünsche Ihnen einen angenehmen und erlebnisreichen Aufenthalt im Land der Schwarzen Berge!

Wien, im Frühjahr 2023 — Johanna Stöckl

Inhaltsverzeichnis

Touristische Hinweise

Tourenauswahl

Die 50 vorgestellten Touren bieten ein breites Spektrum quer durch alle Regionen, Schwierigkeitsstufen und konditionellen Anforderungen. Durch die Kombination mehrerer Wanderungen lassen sich auch attraktive Mehrtagestouren zusammenstellen.

Der alte Karawanenweg von Kotor nach Cetinje (Tour 10).

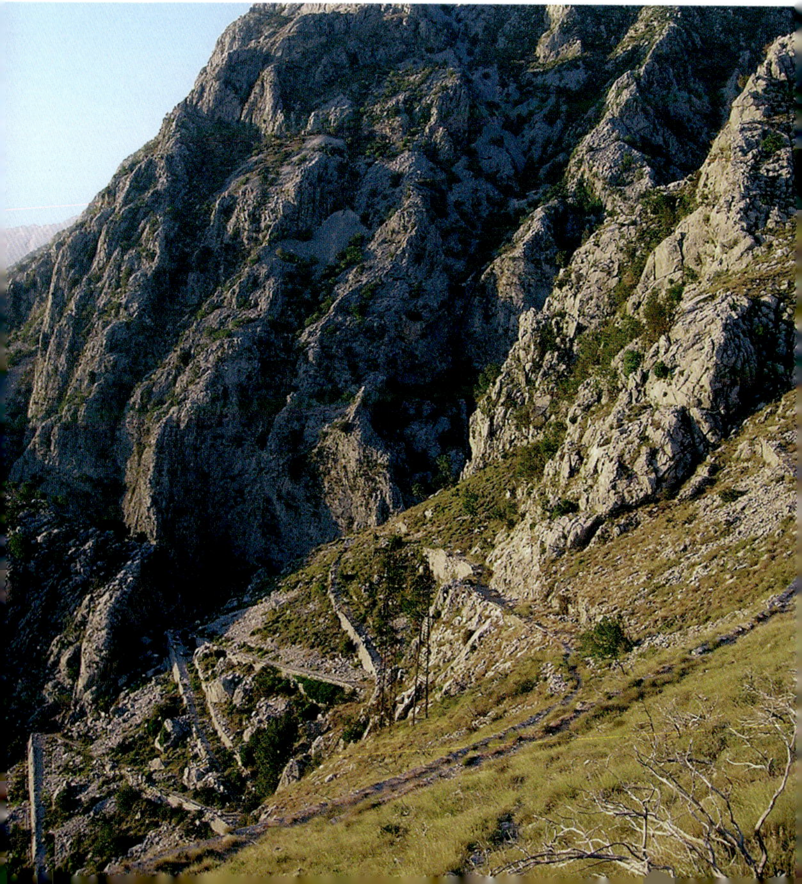

Anforderungen

Ein Großteil der in diesem Wanderführer beschriebenen Touren verläuft auf deutlichen Pfaden und Wegen, die meist auch markiert sind – es gibt jedoch auch schwierigere, zum Teil weglose Anstiege und solche, die ein höheres Maß an Orientierungsvermögen erfordern. Man sollte auch nie vergessen, dass bei ungünstigen Witterungsverhältnissen aus einem leichten, markierten Spaziergang plötzlich eine durch starken Wind anstrengende oder durch Nässe rutschige und gefährliche Tour werden kann, und dass bei Nebel oder in der Dämmerung Markierungen plötzlich nicht mehr weit genug sichtbar sein können. Um eine Einschätzung der Schwierigkeit – basierend auf guten Wetterverhältnissen – zu ermöglichen, sind die Wanderungen farblich in drei Kategorien unterteilt, die sich wie folgt erklären:

Symbole

mit Bahn / Bus erreichbar
Einkehrmöglichkeit unterwegs
für Kinder geeignet
Ort mit Einkehrmöglichkeit
bewirtschaftete Hütte, Gasthaus
unbewirtschaftete Hütte, Unterstand
eingerichteter Parkplatz
Bus- bzw. Bahnanschluss
Sessellift
Gipfel / Pass, Sattel, Joch
Brücke
Kirche, Kapelle, Kloster
Burg, Schloss, Ruine, Festung
Aussichtsturm / Aussichtsplatz
Zeltplatz
Picknickplatz
Höhle
Abzweig
Quelle, Brunnen

Leicht Diese Wege sind über den größten Teil des Verlaufs ausreichend breit und weisen meist nur geringe Steigungen auf. Sie sind auch bei schlechteren Wetterbedingungen und von älteren Personen und Kindern ohne größere Gefahren zu begehen.

Mittel Schmale Pfade und Steige, die auf einzelnen Passagen oder kurzen Wegstücken bereits etwas ausgesetzt sein können. Trittsicherheit und etwas Bergerfahrung sind deshalb Voraussetzung. Einzelne Abschnitte können zudem gutes Orientierungsvermögen verlangen.

Schwierig Häufig schmale und steile Steige, die stark ausgesetzt oder bei Hangquerungen abrutschgefährdet sein können. Die Zuhilfenahme der Hände kann bei einzelnen Passagen notwendig sein. Aus diesem Grund sind diese Touren ausschließlich für trittsichere, bergerfahrene, schwindelfreie und konditionsstarke Wanderer geeignet, die auch über gutes Orientierungsvermögen verfügen. Bei unsicherer Witterung sollten »schwarze« Routen nicht begangen werden!

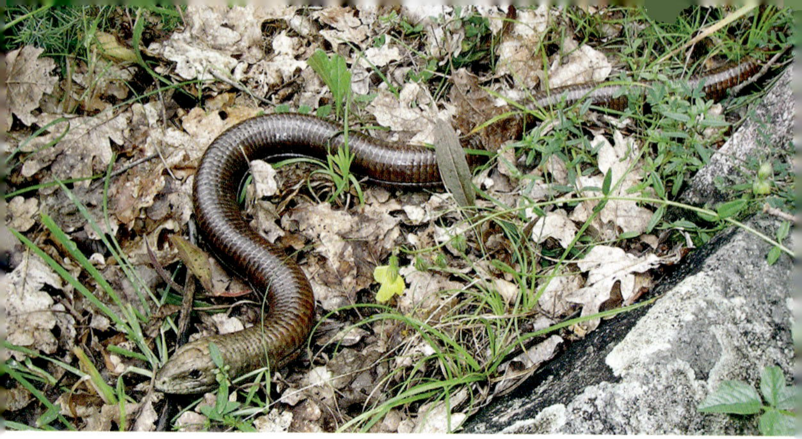

Harmlos und eigentlich gar keine Schlange: die bis zu 1 m lange Panzerschleiche.

Gefahren

Auf besondere Gefahren bei einzelnen Touren wird im Text hingewiesen. Aufgrund des Zusammentreffens feucht-warmer Meeresluft mit kühlen kontinentalen Höhenströmungen kommt es in den Bergen Montenegros häufig zu heftigen Gewittern mit Starkregen und Temperaturstürzen. Die Vorhersagen und Auskünfte der einheimischen Bevölkerung, insbesondere der älteren Generation, sind meist zuverlässiger als der Wetterbericht.
Die Gefahr durch Tiere wird häufig überschätzt. Es gibt in Montenegro 15 Arten von Schlangen, von denen aber nur drei giftig sind. Alle sind extrem scheu und verschwinden beim geringsten Geräusch. Das Gleiche gilt auch für alle anderen Tiere des Landes. Bären und Wölfe leben in den tiefen Bergschluchten zwar noch in großer Anzahl; zu Gesicht bekommen werden Sie sie aber kaum, da sie die Nähe von Menschen meiden.

Gehzeiten

Alle Zeitangaben verstehen sich als reine Wegzeit ohne Rast- oder Fotopausen für durchschnittlich trainierte Wanderer. Als Faustregel gelten 4 km/Stunde im ebenen Gelände und 400 Hm/Stunde im Aufstieg, wobei das Gehtempo auf steinigen Wegen und Pfaden oder querfeldein auch weit unter diesen Richtwerten liegen kann.

Ausrüstung

Festes, griffiges Schuhwerk ist für Wanderungen im Hochgebirge unbedingte Voraussetzung, während die leichteren Touren gerade in der heißen Jahreszeit unter Umständen mit guten Trekkingsandalen oder Leichtwanderschuhen angenehmer zu begehen sind. Lange, strapazierfähige Hosen sind

wegen der dornigen Vegetation und scharfkantiger Felsen unbedingt zu empfehlen. Unverzichtbar sind Regen-, Wind- und Kälteschutz, Sonnencreme (am besten in Kombination mit einem breitkrempigen Hut oder einer Schirmkappe) und ein ausreichender Wasservorrat.
In den Küstengebieten gibt es von Mai bis Oktober kaum zuverlässige Quellen. Durch das Karstgestein versickert der Großteil des Wassers und tritt zum Teil überhaupt erst unterhalb des Meeresspiegels aus. Besser sieht es mit der Trinkwasserversorgung im Landesinneren aus, wobei auch hier nicht alle Quellen im Sommer Wasser führen; einzig im Bereich der Bjelasica ist Wasser durch die andere geologische Zusammensetzung (kein Kalk, sondern Urgestein, sodass das Wasser nicht versickern kann) ganzjährig in ausreichender Menge vorhanden.

Die Top-Touren Montenegros

Subra

Einer der faszinierendsten Berge der Dinariden mit Karstformationen, wie man sie sonst kaum zu sehen bekommt, legendenumwobenen Steinplateaus, Höhlen und Schlünden (Tour 3, 5.45 Std.).

Vranovo Brdo

Paradewanderung hoch über der Bucht von Kotor, von Perast zum schönsten Aussichtspunkt bei einer altösterreichischen Festung (Tour 6, 4.45 Std.).

Von Kotor zum Krstac

Bilderbuchwanderung über den berühmten Karawanenweg direkt von der Altstadt von Kotor zum Bergpass Krstac mit fantastischen Ausblicken über die Bucht von Kotor (Tour 10, 5.45 Std.).

Von Njeguši auf den Lovćen

Auf den »heiligen« Berg der Montenegriner zum Nationalpark-Zentrum in Ivanova Korita und zum höchstgelegenen Mausoleum der Welt (Tour 12, 7 Std.).

Mrtvica-Canyon

Der wahrscheinlich spektakulärste Wanderweg Montenegros, erst in den 1970er-Jahren vom Militär aus der senkrechten Felswand einer 1000 m tiefen Schlucht gesprengt (Tour 23, 4.30 Std.).

Štitan und Surdup

Grandiose Zwei-Gipfel-Tour vom Bukumirsko Jezero in die Bilderbuchlandschaft der Kučka Krajina nahe der albanischen Grenze (Tour 26, 5 Std.).

Umrundung der Komovi

Traumtour rund um eines der faszinierendsten Bergmassive Montenegros; für Konditionsstarke auch mit Abstecher auf einen der drei Gipfel möglich (Tour 30, 6.30 Std.).

Große Bjelasica-Umrundung

Zweitägige Traumtour zu den landschaftlichen Höhepunkten der Bjelasica mit Übernachtung auf Almhütten (Tour 35, insg. 10.30 Std./2 Tage).

Ledena Pećina

Abwechslungsreiche Wanderung zur berühmten Eishöhle im Durmitor-Massiv; faszinierende Karstlandschaften und kleine Klettereinlagen (Tour 43, 5.15 Std.).

Bobotov Kuk

Das Muss für jeden Wanderer mit alpinen Ambitionen in Montenegro: die Besteigung des höchsten Berges des Landes im Nationalpark Durmitor (Tour 50, 5.30 Std.).

Einkehr und Unterkunft

Ständig bewirtschaftete Berghütten gibt es in derzeit nur wenige; zahlreiche ehemalige Hütten sind verfallen und nicht mehr in Betrieb. Einzelne Hütten sind vorerst aufgrund geringer Frequentierung nur fallweise oder für Gruppen gegen Voranmeldung geöffnet. Eine Alternative zu den Hütten stellen sogenannte Eko-Katuns dar: Sie bestehen zum Teil aus neu errichteten, zum Teil aus adaptierten Almsiedlungen, in denen einzelne Hütten als Unterkünfte vermietet werden. Vielerorts haben aber auch schon Almwirte die Wanderer als Zielpublikum erkannt und bieten in ihren Hütten Erfrischungen und kleine Imbisse an. Auf Einkehrmöglichkeiten entlang der Wanderroute wird in der Kurzinfo hingewiesen, ebenso auf das Vorhandensein von Trinkwasser.

Beste Jahreszeit

Die Wandersaison dauert in Montenegro etwa von Anfang April bis Ende Oktober, wobei in den tiefer liegenden Gebieten an der Küste, insbesondere am Vrmac, auf der Pastrovska Gora und rund um die Boka Kotorska, selbst im Winter bei angenehm milden Temperaturen Touren möglich sind.
Jede Jahreszeit hat ihre eigenen Vorzüge: Blütenteppiche im Gebirge und grünende, blühende Vegetation an der Küste verleihen dem Frühling einen besonderen Reiz als Wandersaison. Von Juni bis Mitte September ist es im mediterranen Teil des Landes oft drückend schwül und heiß, während alle Touren über 1000 m Höhe – also etwa im Orjen- oder Lovćen-Gebiet und im gesamten Landesinneren – zu dieser Zeit am angenehmsten zu begehen sind. Spätsommer und Herbst zeichnen sich durch gemäßigte Temperaturen aus; die Fernsicht ist meist besser, Gewitter sind seltener und die Wälder präsentieren sich in einer Farbenpracht, wie man sie sonst nur vom »Indianersommer« in Nordamerika kennt.

GPS-Tracks und Koordinaten der Ausgangspunkte

Auf **gps.rother.de** stehen zu diesem Wanderführer GPS-Tracks und die Koordinaten der Ausgangspunkte zum kostenlosen Download bereit. Dieser QR-Code führt direkt zum Download.
5. Auflage, Passwort: **435805cuk**
Die GPS-Tracks können in die **Rother App** importiert werden. In der App kann man unterwegs stets sehen, wo man gerade ist und wo es langgeht. **Anleitungen dazu: rother.de/gps**
Trotz sorgfältiger Prüfung können wir Fehler und zwischenzeitliche Veränderungen nicht ausschließen. Verlassen Sie sich für die Orientierung niemals einzig und allein auf die GPS-Daten, sondern beurteilen Sie die Verhältnisse vor Ort.

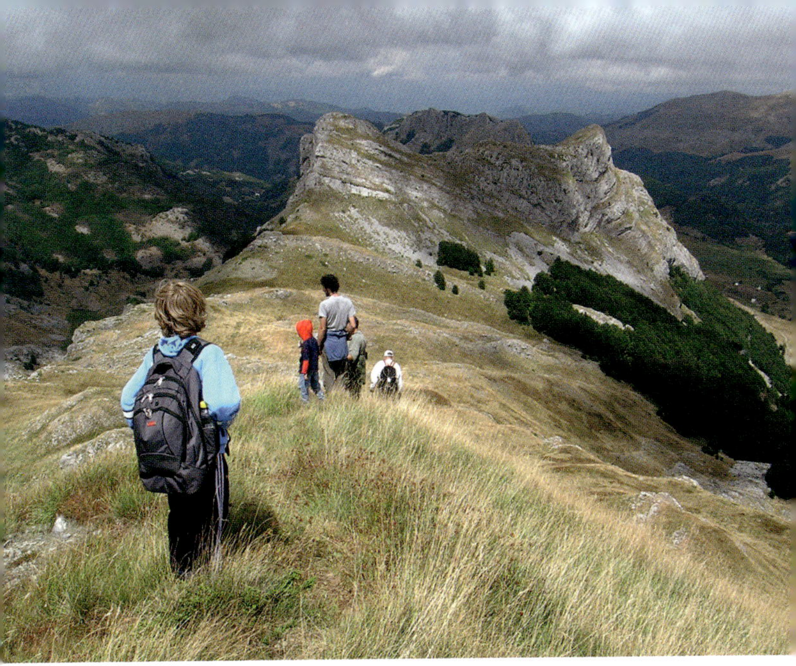

Wandergruppe in der Kučka Krajina.

Unterwegs in Montenegro

Auf die Anfahrt mit dem Auto sowie auf Parkmöglichkeiten wird bei den einzelnen Tourenvorschlägen im Detail eingegangen. Die meisten Ausgangspunkte von Wanderungen können auch mit öffentlichen Verkehrsmitteln erreicht werden. Auf den Hauptverbindungen von Podgorica nach Bijelo Polje bzw. Žabljak verkehren mehrmals am Tag Linienbusse; auf der Route Podgorica – Cetinje – Budva – Kotor bzw. Tivat sogar mehrmals pro Stunde. Auch die Regionalzüge auf der Strecke Bar – Podgorica – Bijelo Polje und auf der Strecke Podgorica – Nikšić können für die Anreise genutzt werden.

Karten

Grundsätzlich ist es möglich, mit den bei den einzelnen Touren abgedruckten Kärtchen im Maßstab 1:50.000 bzw. 1:75.000 zu wandern. Detaillierte Wanderkarten des Gebietes Bjelasica und Komovi, des Durmitor-Gebietes und der Prokletije (jeweils 1:50.000) sowie des Nationalparks Skadar-See (in 1:55.000) sind vereinzelt direkt vor Ort erhältlich, werden aber auch immer wieder über Internet (ebay, Amazon) angeboten. Noch genauere Karten ste-

hen für den Lovćen-Nationalparks sowie die Komovi im Maßstab 1:25.000 zur Verfügung.
Einen guten Überblick bietet auch die Auto- und Freizeitkarte »Montenegro« im Maßstab 1:150.000 von Freytag & Berndt. Für die Planung der Anreise wird die Autokarte »Serbien – Montenegro – Mazedonien« (Freytag & Berndt, Maßstab 1:500.000) empfohlen.
Von recht hoher Qualität und meist sehr aktuell ist auch OpenStreetMap (www.openstreetmap.org), wo praktisch alle Wanderwege in den von diesem Buch abgedeckten Gebieten eingezeichnet sind. Die Kartenausschnitte können auch zur Nutzung auf GPS-Geräten heruntergeladen werden und sind damit bei der Orientierung vor Ort sehr hilfreich.

Markierungen und Wegnummern

Im Lauf der letzten Jahre wurden in Montenegro zahlreiche Wege neu markiert bzw. alte Markierungen nach den Richtlinien des montenegrinischen Bergsport-Dachverbandes PSCG erneuert. Allerdings hat die Markierung ihre Tücken: Zum einen hat vor allem die rote Farbe aufgrund der starken Sonneneinstrahlung nur eine kurze Lebensdauer und verblasst rasch. Rötliche und weiße Flechten am Stein lassen einen Markierungen vermuten, wo gar keine sind. Und schließlich erfolgt die Bezeichnung neuer Wege manchmal etwas chaotisch und unkoordiniert, sodass der alte, richtige Weg nur schlecht zu finden ist und man von einer neuen Markierung in eine ganz andere Richtung geleitet wird. Folgende Markierungssymbole werden verwendet:

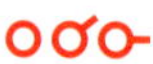
Im Allgemeinen sind die Markierungen kreisförmig dargestellt. Wenn sie zusätzlich mit einer Linie versehen sind, so weist diese in die Richtung, in der die nächstfolgende Markierung zu finden ist.

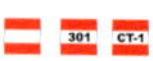

Streifenförmige Markierungen findet man zum Beispiel auf Bäumen, die für die Anbringung eines Kreises zu dünn sind, oder auf Steinen am Boden. Die erste Markierung nach einer Abzweigung ist streifenförmig mit der Nummer des Weges ausgeführt.

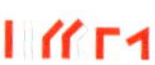
Als Hilfsmarkierungen zwischen anderen Markierungen dienen fallweise auch einfache rote, weiße oder rot-weiße Linien am Boden, die den Wegverlauf anzeigen.

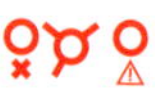
Vor Kreuzungen und Abzweigungen ist unterhalb der letzten kreisförmigen Markierung ein Kreuz angebracht. Die Abzweigung selbst ist mit einem Kreis gekennzeichnet, von dem aus Linien in alle Richtungen weisen. Ein Dreieck mit einem Rufzeichen unterhalb der Kreismarkierung warnt vor gefährlichen Wegabschnitten (insbesondere Kletterstellen).

Wanderwege in Montenegro tragen dreistellige Nummern, wobei die Hunderterstelle für die Region steht (1 = Durmitor, 2 = Sinjavina, 3 = Bjelasica und Komovi, 7 = Küstengebirge usw.).

Tipps für Streckenwanderungen

Fast alle Touren in diesem Wanderführer sind Rundwege. Sind Ausgangs- und Endpunkt nicht identisch, wird in der Kurzinfo darauf hingewiesen, wie man mit öffentlichen Verkehrsmitteln rasch wieder zurück zum Ausgangspunkt gelangt. Viele Touren beinhalten allerdings auch Varianten, durch die sich Teile von zwei oder mehreren Rundwegen zu einer längeren, auch mehrtägigen Streckenwanderung kombinieren lassen. Aufgrund der zum Teil großen Intervalle bei Bus und Bahn empfiehlt es sich, das Auto vor der Wanderung am Endpunkt abzustellen und öffentlich zum Anfangspunkt zu fahren. Dadurch ist man während der Wanderung nicht mehr davon abhängig, zu einem bestimmten Zeitpunkt am Zielort eintreffen zu müssen.

Weitwanderwege

Es gibt in Montenegro derzeit zwei Weitwanderwege: Der 1987 eröffnete, 2007 komplett neu markierte und beschilderte Wanderweg »Crnogorska Transverzala 1«, kurz CT-1, beginnt im Žijovo-Gebirge in Veruša und führt über Bukumirsko Jezero und Komovi zum Bergsattel Trešnjevik, von dort weiter durch die Bjelasica nach Mojkovac und über die Sinjavina nach Žabljak im Durmitor-Gebiet. Für die Bewältigung der Gesamtstrecke sind mindestens 7 Tage notwendig, wobei nur im Abschnitt zwischen Komovi und Bistrica Übernachtungsmöglichkeiten zur Verfügung stehen; man ist also vorerst noch auf die Mitnahme eines Zeltes sowie von Proviant und Ausrüstung für mehrere Tage angewiesen.
Der zweite Weitwanderweg, die »Primorska Planinarska Transverzala«, kurz PPT, wurde 2006 eröffnet und führt von Herceg Novi ganz im Norden der montenegrinischen Küste durch das Bergmassiv des Orjen, rund um die Bucht von Kotor, über den Lovćen und durch Pastrovska Gora und Rumija bis nach Bar im Südteil der Küste. Auch für diese Route sind etwa 7 Tage Gehzeit zu veranschlagen, wobei derzeit nur im Orjen (zwei Hütten gegen Voranmeldung benutzbar) und am Lovćen (Bungalows und Hotel in Ivanova Korita) Unterkünfte bestehen; man muss entweder Zelt und Proviant für mehrere Tage mitführen oder aber gegen Abend zur Küste absteigen, wo ausreichend Quartiere zur Verfügung stehen.

Natur- und Umweltschutz

Viele in diesem Wanderführer beschriebene Touren führen durch Nationalparkgebiet. Verantwortungsvolle Wanderer sollten dies bedenken und nicht von den Wegen abweichen (in manchen Gebieten ist dies ausdrücklich verboten), keine Pflanzen sammeln (manche der in den sensiblen Ökosystemen wachsenden Pflanzen stehen unter strengem Schutz) oder Tiere beunruhigen und natürlich keine Abfälle zurücklassen. Um der Gefahr von Waldbränden vorzubeugen, sollte man auch niemals Zigarettenkippen unachtsam wegwerfen und selbstverständlich kein offenes Feuer machen.

Wandern in Montenegro

Im Land der Schwarzen Berge

Montenegro! Schon der alte venezianische Name des Landes weckt Assoziationen mit Abenteuern in den tiefen Schluchten des Balkan und mit unberührten, undurchdringlichen Wäldern, die von Wölfen und Bären durchstreift werden. Diese Landschaften gibt es tatsächlich, und wer auf der Suche nach Abenteuern ist, der kann sie hier finden. Denn der rasant wachsende Tourismus im jüngsten Staat Europas darf nicht darüber hinwegtäuschen, dass die Infrastruktur für Wanderer noch in den Kinderschuhen steckt. Während der Wirren des Jugoslawien-Konflikts wurden die zuvor bestehenden Wege vernachlässigt; Markierungen sind verblasst, der Großteil der mehr als zwanzig Berghütten verfallen und Wegweiser verschwunden. Aufgrund der demografischen Entwicklung – die Jungen zieht es in die Hauptstadt, in den Bergdörfern bleiben nur mehr wenige alte Menschen zurück – wurden viele Almwirtschaften aufgegeben, und Wege sind zugewachsen.

Blick von der Festung Vranovo Brdo (Tour 6).

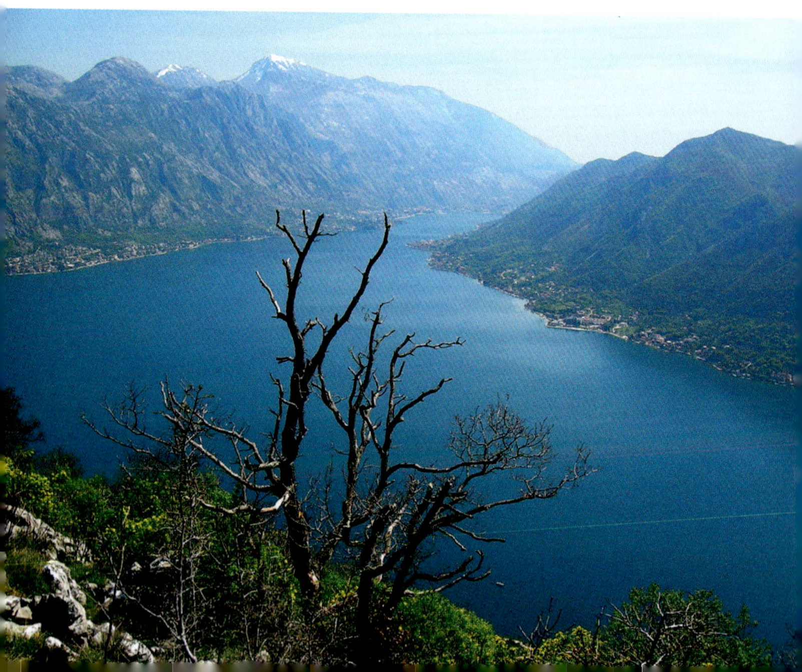

Zwar haben die montenegrinischen Tourismusverantwortlichen das Potenzial eines ökologischen, nachhaltigen Wandertourismus erkannt, und es wurde zum Teil mit finanzieller und organisatorischer Hilfe aus dem Ausland begonnen, das Wanderwegenetz zu revitalisieren, allerdings sind viele der neu markierten Routen des ambitionierten Konzepts mittlerweile wieder verwachsen und Markierungen und Wegweiser wieder verschwunden. Abgesehen von einigen wenigen Gebieten (Lovćen, Durmitor) sind Begegnungen mit anderen Wanderern immer noch eher die Ausnahme als die Regel, aber man ist doch als einzelner, individueller Wanderer auch kein Kuriosum mehr, von dem die einheimischen Hirten wochenlang sprechen.

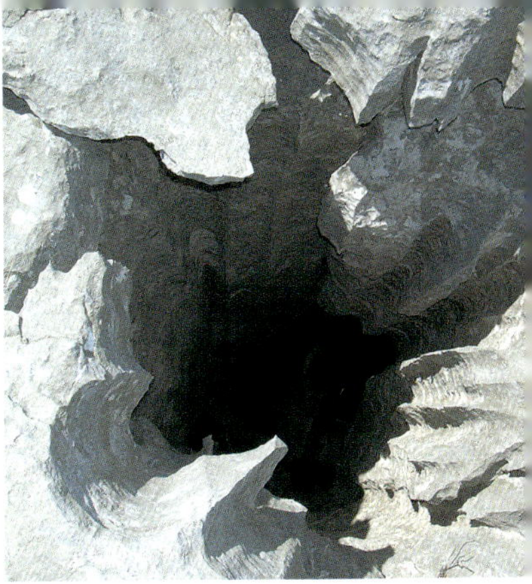

Bizarre Karstformationen im Orjen-Gebiet (Tour 3).

Straßen- und Wegenetz sind in Montenegro sehr rascher Veränderung unterworfen. Gerade in den touristischeren Gebieten werden ständig neue Erschließungswege gebaut, Feldwege asphaltiert und dabei teilweise auch alte Hirtenpfade zerstört; wenn Almen komplett aufgegeben werden, können auch die nicht mehr benutzten Pfade innerhalb kurzer Zeit zuwachsen. Rechnen Sie immer damit, im Text erwähnte Wege nicht mehr zu finden oder welche zu kreuzen, die gar nicht erwähnt werden. Zwar wurden Angaben wie, »beim letzten Haus ...« oder »den zweiten Waldweg links« vermieden, weil sich diese Umstände leicht ändern können. Dennoch wird, soweit vorhanden, die Mitnahme eines GPS-Gerätes bzw. eines Smartphones mit App zur Navigation mit GPS-Daten dringend empfohlen.

Vegetation und Tierwelt

Die Vielfalt der Landschaftsformen und unterschiedliche klimatische Einflüsse haben eine überaus reiche Flora und Fauna hervorgebracht. Da zahlreiche Gebiete weitgehend naturbelassen geblieben sind und zum Teil unter Schutz stehen, ist Montenegro Heimat vieler seltener, in anderen Teilen Europas schon ausgestorbener Tier- und Pflanzenarten. In den dünn besiedelten Bergregionen leben nach wie vor Braunbären, Wölfe, Steinböcke und Adler. Der Artenreichtum der Mischwälder und eine weit jenseits von 1500 m Höhe liegende Baumgrenze sorgen dafür, dass man selbst bei Touren in höchsten Lagen statt blankem Fels je nach Landesteil unterschiedliche Pflanzengesellschaften findet.

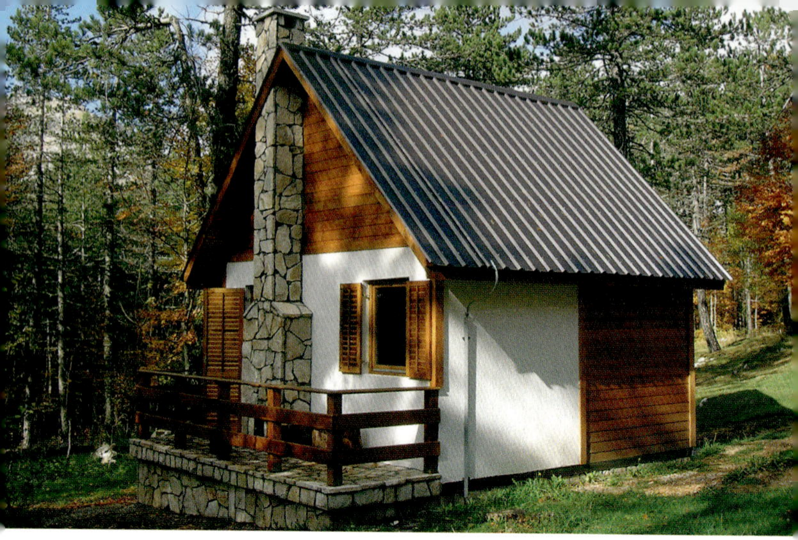

Im Lovćen-Nationalpark kann man in gemütlichen Bungalows nächtigen.

Nationalparks und Umwelt

Obwohl sich Montenegro in seiner Verfassung als »ökologischer Staat« definiert, sind Umweltzerstörung und -verschmutzung auch hier allgegenwärtig. Gerade in den letzten Jahren wurden mehrere große Bauprojekte, wie etwa die Autobahn Podgorica – Matešević oder das neue Skizentrum bei Kolašin, umgesetzt, bei denen auf Natur und Landschaft keinerlei Rücksicht genommen wurde, und auch bei der gnadenlosen Verbauung der Küste zählen geschäftliche Interessen stets mehr als die Belange der Umwelt. Aufgrund der geringen Industrialisierung und der niedrigen Bevölkerungsdichte im Landesinneren finden sich dort aber immer noch unzählige nahezu unberührte Naturlandschaften.

Das Land verfügt trotz seiner geringen Größe über fünf Nationalparks. Jeder von ihnen weist einen einmaligen Charakter auf: Das Karstgebirge des Lovćen beherbergt nicht nur zahlreiche seltene Tier- und Pflanzenarten, sondern überrascht auch mit einer großen Anzahl an Kulturdenkmälern. Der Skadar-See, größter See der Balkanhalbinsel und einer der letzten Süßwassersümpfe in Europa, dient als Rast- und Brutplatz für viele Zugvögel, z. B. für Kormorane und Pelikane. Die aus Urgestein bestehende Biogradska Gora bietet trotz ihrer Höhe sanft gerundete Berge und dichte Urwälder mit wahren Baumriesen. Wildromantische Hochgebirgslandschaften findet man im Durmitor mit seinen unzähligen schroffen Felsgipfeln, tiefen Schluchten und klaren Gletscherseen und in den Pokletije an der Grenze zu Albanien.

Informationen und Adressen

Auskunft

Bei den folgenden Stellen erhält man weiterführende Informationen:

- Nationale Tourismusorganisation Montenegros: Tel. +382/77/100 001, innerhalb Montenegros 0 8000 1300, montenegro.travel
- Montenegrinischer Bergsport-Dachverband (Planinarski Savez Crne Gore PSCG): Tel. +382/20/622 220, pscg.me

Anreise

Montenegro verfügt über zwei internationale Flughäfen – in Podgorica und Tivat –, wobei Letzterer fast ausschließlich von Charterflügen in der Hauptsaison bedient wird. Der Flughafen Podgorica verfügt über keine öffentliche Anbindung! Die Bahnhaltestelle »Aerodrom« ist etwa 1 km entfernt und wird etwa neunmal am Tag von Lokalzügen angefahren. Die Taxis, die direkt am Flughafen einen Pauschalpreis für die Fahrt in die Stadt anbieten, kosten das Doppelte von dem, was man bezahlt, wenn man sich telefonisch aus Podgorica einen Wagen bestellt (z. B. Alo Taxi, Tel. +382/19700).
Ein ganz eigenes Erlebnis ist die Anreise mit der Eisenbahn auf der erst 1976 nach mehr als 20 Jahren Bauzeit eröffneten Bahnstrecke Belgrad – Bar mit

An der Bucht von Kotor.

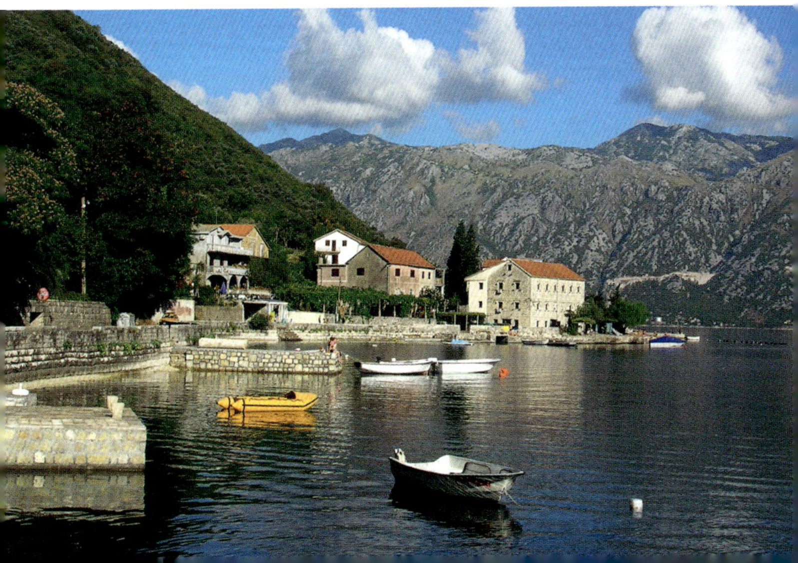

ihren 254 Tunnels und 234 Brücken, darunter die über die Mala Rijeka führende höchste Eisenbahnbrücke Europas. Es gibt eine tägliche Zugverbindung mit Schlaf- und Liegewagen von und nach Belgrad.
Wer mit dem eigenen Auto nach Montenegro fahren möchte, benutzt am besten die Autobahn, die quer durch Kroatien bis kurz vor Ploče führt; ab dort kann man die montenegrinische Grenze in gut zwei Stunden auf der Küstenstraße über Dubrovnik erreichen. Da auch die Straßen in Serbien immer besser ausgebaut werden, ist besonders für Reisende aus dem Osten Österreichs in den Norden Montenegros die Anreise über Budapest, Belgrad und Čačak eine Alternative. Die Mitnahme der Internationalen Versicherungskarte ist unbedingt erforderlich und wird an der Grenze auch kontrolliert!

Bademöglichkeiten

An der Küste gibt es leider immer weniger frei zugängliche Strände; problemlos kann man noch an den Stadtstränden in Budva, Petrovac und Herceg Novi sowie im gesamten Bereich der Bucht von Kotor (meist kleine Steinplattformen mit Stufen) baden.
Im Landesinneren werden die meisten Bergseen von Einheimischen auch zum Baden genutzt; man sollte hier Rücksicht nehmen und – weil die Gewässer auch als Viehtränke dienen – keine Seifen, Shampoos oder allzu viel Sonnenkosmetika ins Wasser gelangen lassen.

Camping und Unterkunft

An der Küste gibt es eine Reihe von Campingplätzen, die unterschiedlichen Komfort bieten. Wer kleine, einfacher ausgestattete Plätze bevorzugt, ist an der Bucht von Kotor in einem familiär geführten »Kamp« (bei Zelenika, Morinj und Stoliv) richtig. Im Landesinneren existieren Campingplätze am Biogradsko Jezero, in Bijelo Polje und in Žabljak. Freies Campieren ist verboten, wird jedoch im Gebirge außerhalb der Nationalparks toleriert, sofern man die Bewohner der nächstgelegenen Siedlung um Erlaubnis gefragt hat.
Hotels und Privatquartiere findet man in allen erwähnten Talorten, wobei diese im Landesinneren noch nicht überall mitteleuropäischen Standard aufweisen. Die Website der staatlichen Tourismusorganisation ermöglicht die Suche nach Quartieren in allen Landesteilen:

- montenegro.travel

Geführte Wanderungen

Im eigenen Interesse sollte man nur vom montenegrinischen Wanderverband PSCG (siehe »Auskunft«) zertifizierten und vermittelten Wanderführern vertrauen, die nach internationalen Standards ausgebildet wurden und grundlegende Fremdsprachenkenntnisse haben. Es gibt auch mehrere Agenturen, die geführte Wanderungen im Programm haben.

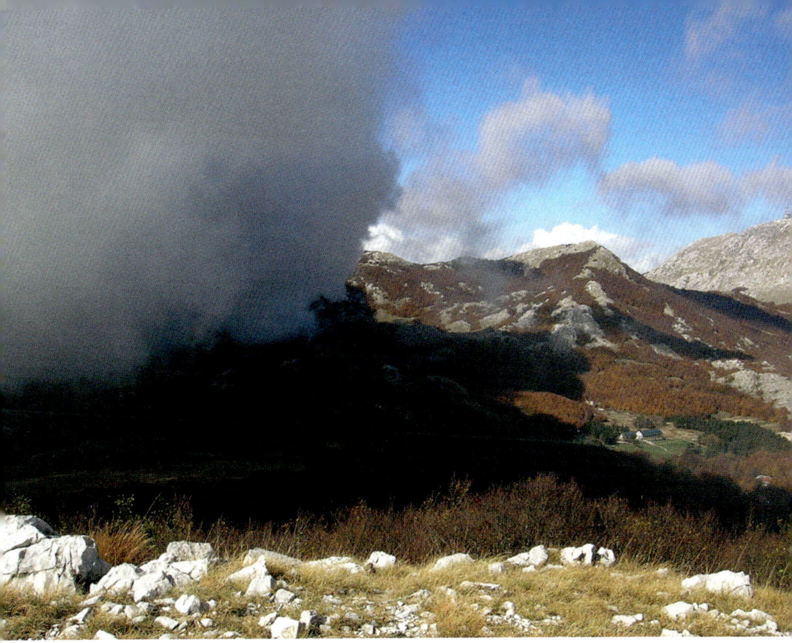

Plötzliche Wetterumschwünge sind im Lovćen keine Seltenheit.

Klima

Auch bezüglich des Klimas ist Montenegro ein Land der Gegensätze. Das Land weist drei verschiedene Klimazonen auf. Die Temperaturen an der durch mediterranes Klima gekennzeichneten Küste liegen im Durchschnitt um 8–10 Grad höher als im Landesinneren bei Kolašin oder Žabljak, wo kontinentales Klima mit schneereichen, kalten Wintern und milden, aber niederschlagsreichen Sommern vorherrscht. Zwischen diesen Extremen liegt die Ebene zwischen Skadar-See, Podgorica, Danilovgrad und Nikšić, in der es niederschlagsarm und im Sommer drückend heiß ist. Und während die Küstenstädte Tivat oder Budva zu den Orten mit den meisten Sonnenstunden gehören, weisen die nur wenige Kilometer entfernten Bergregionen im Orjen und Lovćen Rekord-Niederschlagswerte auf – in Crkvice oberhalb von Risan mit 5000 Liter pro Quadratmeter den höchsten Wert Europas.

Kriminalität

Die Verbrechensrate bei Diebstahl und Raub ist zum Glück noch relativ gering, was nicht bedeutet, dass man sich zur Unachtsamkeit verleiten lassen sollte. Keinesfalls Wertgegenstände im Fahrzeug zurücklassen!

Notrufe

In Montenegro gelten folgende Notrufnummern (jeweils ohne Vorwahl):

- Polizei 122
- Feuerwehr 123
- Unfallrettung 124
- Die europaweite Notrufnummer 112 ist ebenfalls gültig.

Bei Autopannen erreicht man landesweit unter der Nummer +382/19807 den Pannendienst des montenegrinischen Automobilclubs.
Derzeit gibt es noch keine Alpin-Notrufnummer, aber Notrufe an den Montenegrinischen Bergsport-Dachverband PSCG, Tel. +382/20/622 220, werden an die zuständigen regionalen Stellen weitergeleitet.

Öffentliche Verkehrsmittel

Das montenegrinische Eisenbahnnetz besteht nur aus zwei Strecken: Zwischen Podgorica und Bar bzw. Podgorica und Nikšić verkehren ca. fünf bis sechs Regionalzüge pro Tag; zwischen Podgorica und Bijelo Polje fahren zwei Regionalzüge pro Tag und Richtung und zusätzlich zwei internationale Schnellzüge, die nur in Bar, Sutomore, Podgorica, Kolašin, Mojkovac und Bijelo Polje halten. Alle übrigen Städte sind mit Bussen untereinander verbunden, die meist alle ein bis zwei Stunden verkehren, auf der Hauptverbindung Podgorica – Cetinje – Budva –Tivat sogar drei- bis viermal pro Stunde. Sowohl Bus- als auch Bahnfahrpreise sind für mitteleuropäische Verhältnisse relativ günstig; so kostet etwa eine Fahrt von Budva nach Cetinje ca. 3 Euro, von Budva nach Podgorica ca. 6 Euro. Eisenbahn- und Busfahrpläne findet man im Internet unter:

- zpcg.me/en (Zug), balkanviator.com/de (Bus)

Taxi

Taxis warten meist an den Busbahnhöfen, Bahnhöfen und Hauptplätzen der Städte. Die Preise schwanken selbst innerhalb der gleichen Stadt stark; in Budva reicht der Tarif von ca. 60 Cent bis zu 2 Euro pro Kilometer; es lohnt sich also vor allem für längere Fahrten zu vergleichen. Günstig sind u. a. Red Taxi (in Kotor und Tivat, Tel. +382/19719 bzw. 19729) oder Taxi Slava Lux in Kolašin (Tel. +382/19501); Letztere verfügen über eine Flotte von geländegängigen Kleinwagen, sodass auch Fahrten auf Schotterstraßen zum normalen Tarif angeboten werden. Wenn sich mehrere Personen ein Fahrzeug teilen, wird die Anfahrt mit dem Taxi zu einer attraktiven Möglichkeit. Prinzipiell ist es üblich, Fahrpreise für Überlandfahrten frei zu verhandeln; um unliebsame Überraschungen zu vermeiden, sollte man Taxis ohne Taxameter nur besteigen, wenn man einen günstigen Fixpreis aushandeln konnte.
Wer eine Rückfahrt per Taxi plant, sollte sich zuvor bei den regionalen Tourismusbüros die Nummern mehrerer Taxiunternehmer geben lassen und nach Fahrern mit Deutsch- oder Englischkenntnissen fragen. Wenn man in

einem Restaurant oder einer Konoba die Besitzer ersucht, ein Taxi zu rufen, muss damit rechnen, dass diese einen befreundeten (und meist teureren) Taxifahrer kontaktieren.

Telefon und Internet

Die Vorwahl nach Montenegro ist +382; die Null für die Ortsvorwahl entfällt nach der Landesvorwahl. Von Montenegro nach Deutschland wählt man +49, nach Österreich +43 und in die Schweiz +41.
Wer länger im Land unterwegs ist und über ein entsperrtes Mobiltelefon verfügt, für den lohnt es sich, für wenige Euro eine montenegrinische SIM-Karte inklusive Guthaben (Prepaid-Telefonpaket) eines lokalen Anbieters zu erwerben, da die Gesprächsgebühren weit unter jenen für Telefonate über ausländische Netze liegen. Da Montenegro nicht zur EU gehört, fallen sehr hohe Roaming-Gebühren an. Es werden auch spezielle Datenpakete für den Internetzugang über Smartphone angeboten. WLAN-Hotspots sind mittlerweile weit verbreitet; in vielen Städten (Budva, Kotor, Zabljak ...) und in den meisten Hotels, Cafés und Restaurants gibt es gratis drahtlosen Internetzugang.

Sprache

Wer außerhalb der Touristengebiete in den Bergen unterwegs ist, wird kaum jemanden treffen, der Fremdsprachen beherrscht. Es empfiehlt sich daher, zumindest ein paar Worte »Montenegrinisch« (Serbisch/Kroatisch mit regionalen Besonderheiten) zu kennen, um z. B. nach dem Weg fragen oder Aufschriften lesen zu können. Die Liste auf Seite 191 enthält einige vor allem für Wanderer wichtige Ausdrücke. Die (halbwegs) richtige Aussprache entscheidet darüber, ob man auch verstanden wird, wenn man etwa nach einer auf der Wanderkarte eingezeichneten Ortschaft fragt. Die Auflistung auf Seite 191 beschränkt sich auf die Lautzeichen, mit denen Menschen mit deutscher Muttersprache erfahrungsgemäß die meisten Probleme haben.

Währung/Geld

Montenegro hat keine eigene Währung; offizielles Zahlungsmittel ist der Euro. Kreditkarten werden bei den meisten Tankstellen, größeren Hotels und Restaurants anerkannt, nicht aber z. B. bei kleinen Lebensmittelläden. In allen größeren Orten gibt es Geldautomaten. Die Preise nähern sich immer mehr mitteleuropäischem Niveau.

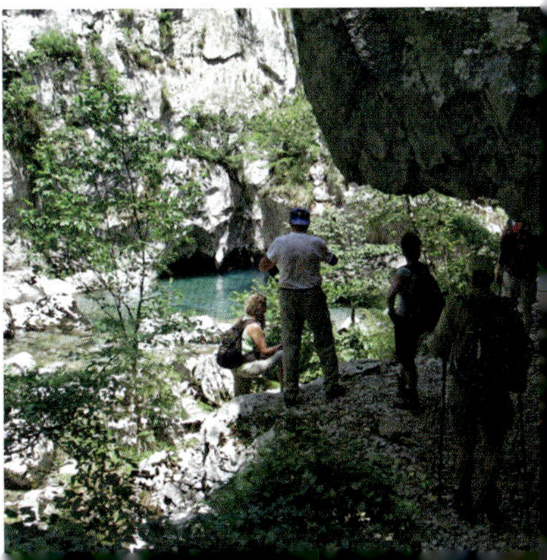

Rastplatz im Mrtvica-Canyon (Tour 23).

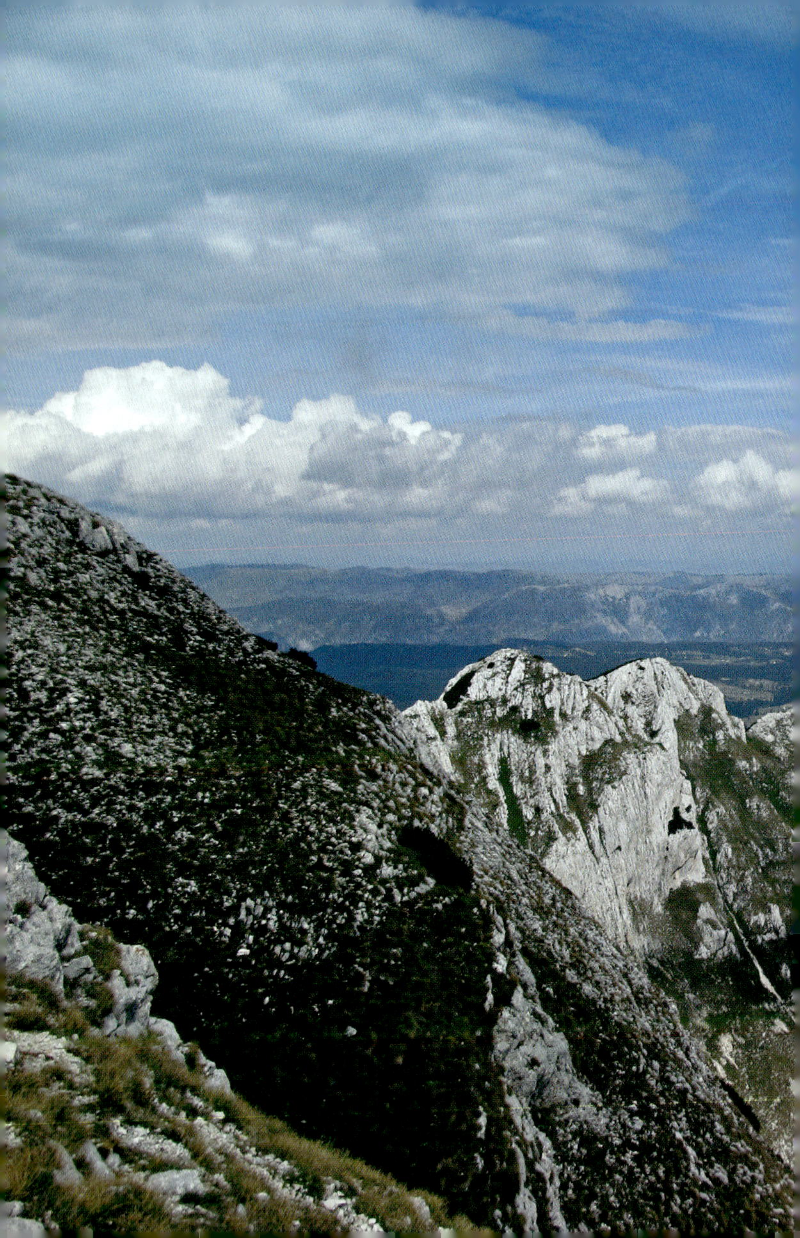

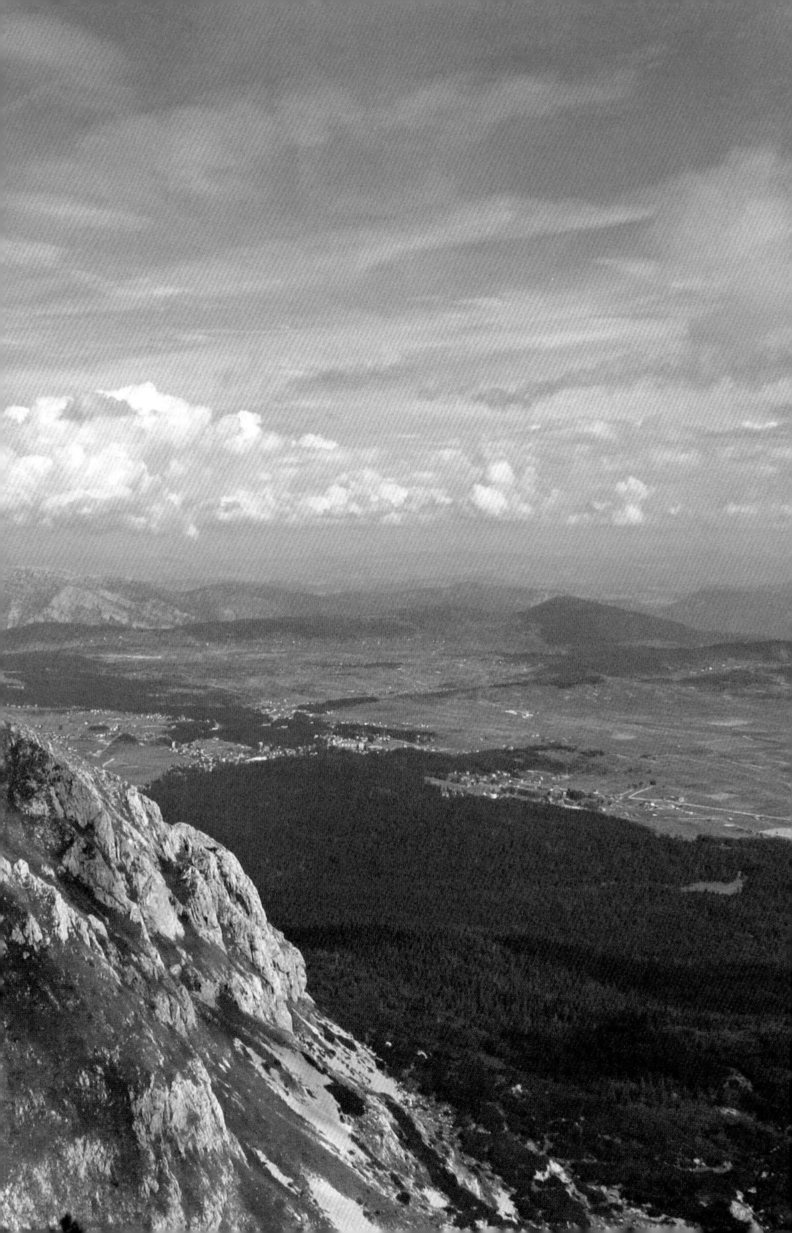

Bucht von Kotor und Küstengebirge

Wer entlang der Adriaküste Richtung Süden fährt, bemerkt den Unterschied zwischen dem kroatischen und dem montenegrinischen Küstengebirge sofort: Die kahlen, nur von spärlichem Buschwerk bedeckten Kalkfelsen werden von wesentlich höheren, bewaldeten Gebirgsstöcken abgelöst. Der Grund für dieses Naturphänomen liegt im Fehlen vorgelagerter Inseln: Die feuchte Meeresluft dringt bis zu den steilen Hängen vor, wo sie auf kühlere Luftmassen trifft, was zu massiven Niederschlägen führt. Im Gebiet um die Ortschaft Crkvice auf dem Orjen werden europaweit die höchsten jährlichen Niederschlagsmengen gemessen.
Die beiden Gebirgsstöcke des Orjen und des Lovćen präsentieren sich dem Wanderer daher sehr grün und mit häufig in Wolken gehüllten Gipfeln. Wer, entsprechend wetterfest ausgerüstet, den Aufstieg wagt, wird dafür mit einer außergewöhnlichen Naturlandschaft belohnt: Man wandert bis in höchste Lagen durch dichten Wald und passiert dabei schneeweiße Kalkfelsen, die oft bizarr geformte, von Spalten und Löchern durchzogene Formen ausbilden. Die spektakulärsten natürlich entstandenen Kalkskulpturen findet man im Bereich der Subra. wischen den beiden Gebirgen liegt der südlichste Fjord Europas, die Bucht von Kotor (Boka Kotorska), die von der UNESCO als einzigartige Kombination von Natur- und Kulturerbe unter Schutz gestellt worden

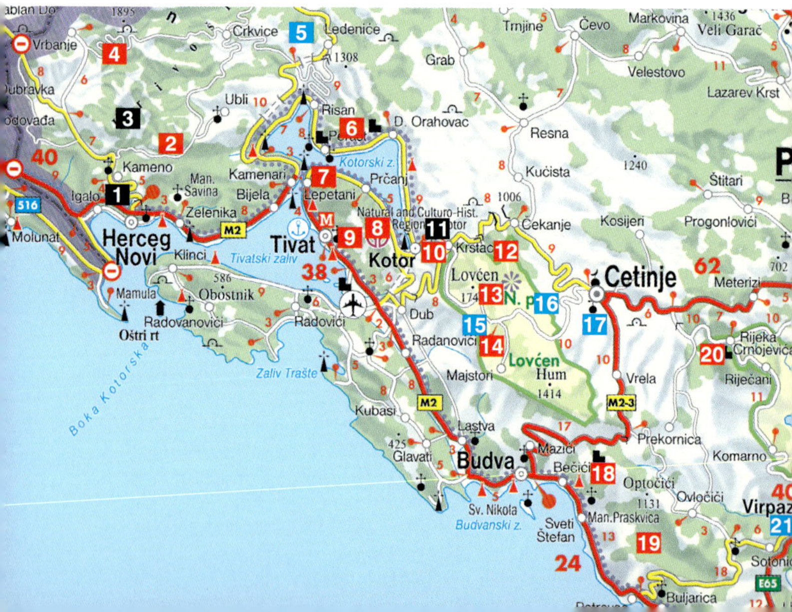

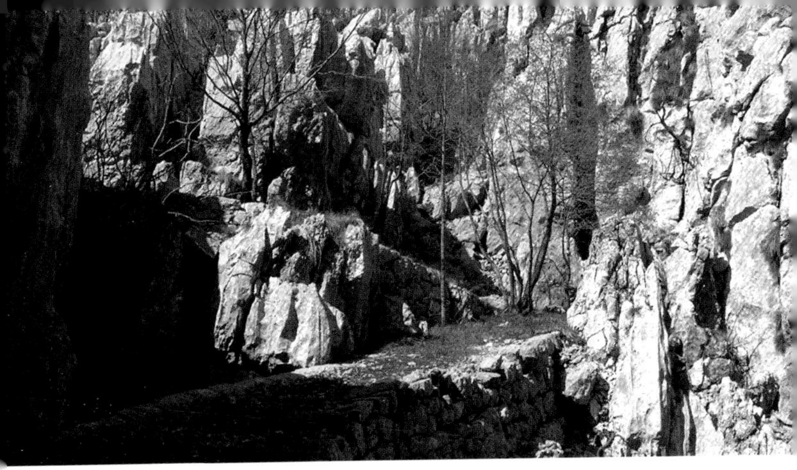

Spektakuläre Trassenführung der alten Militärstraße bei Crkvice.

ist. Die Bucht ist von einem Kranz durch Wanderwege erschlossener Berge umgeben, deren Hänge sich steil, zum Teil bis in über 1000 m Höhe, aus dem Meer erheben. Als einer der besten natürlichen Häfen Europas war die Boka Kotorska seit der Antike Siedlungsraum seefahrender Völker. Griechen und Römer haben hier ebenso ihre Spuren hinterlassen wie die Venezianer. Aus der K.-u.-k.-Zeit, der Zeit der österreichisch-ungarischen Monarchie, stammen ein dichtes Netz an Militärstraßen und eine Reihe gut erhaltener Befestigungsanlagen. Bei Wanderungen stößt man immer wieder auf verfallene Mauern, überwachsene Türme und hoch über dem Meer thronende Festungen.

Ausgangspunkt mehrerer Wanderungen ist die geschützt im Südosten der Bucht liegende Stadt Kotor. Eine Besichtigung der von wuchtigen Stadtmauern umgebenen Altstadt mit ihren schmalen, verwinkelten Gässchen, zahlreichen Kirchen und schönen Bürgerhäusern sollte man sich auf keinen Fall entgehen lassen. Oberhalb der Altstadt liegt, weithin sichtbar, die Festung von Kotor mit ihren sich bis auf über 250 m Höhe erstreckenden Mauern.

Zwischen der Bucht von Kotor und der von Tivat erhebt sich der grüne Rücken des Vrmac. Das mit weniger als 800 m vergleichsweise niedrige Gebirge ist von unzähligen alten Hirtenpfaden überzogen. Durch schattige Olivenhaine und lichte Wälder gelangt man zu in traditioneller Bauweise errichteten, zum Teil verlassenen Dörfern, zu kleinen Kirchen und zu von Kletterpflanzen und Moos bedeckten militärischen Anlagen der K.-u.-k.-Monarchie. Da die Ausgangspunkte für die in diesem Buch beschriebenen Wanderungen sowohl mit dem Auto als auch mit öffentlichen Bussen leicht zu erreichen sind und man keine großen Höhenunterschiede überwinden muss, eignet sich der Vrmac besonders für Tagestouren von den umliegenden Badeorten aus.

1 Čakotin, 440 m

2.30 Std.

Kletterpartie von Herceg Novi zu einem grandiosen Aussichtspunkt

Wer einmal dem Rummel des lebhaften Touristenortes Herceg Novi entfliehen möchte, für den ist diese Tour genau richtig: Sie bietet etwas Kultur, viel Natur und auf einem Klettersteig eine gehörige Portion Adrenalin dazu.

Ausgangspunkt: Busbahnhof in Herceg Novi, 74 m, Parkmöglichkeit. Regelmäßige Busverbindungen.
Höhenunterschied: Rund 400 m.
Anforderungen: Alles vom gemütlichen Stadtspaziergang bis zur Felskletterei dritten Grades. Aufstieg zum Čakotin nur für trittsichere, klettergeübte Wanderer!
Einkehr: Unterwegs keine. Keine ganzjährig wasserführenden Quellen am Weg.
Variante: Wer sich die Kletterpassage nicht zutraut, der geht von der Matkovića-Brücke (3) auf der Straße nach Trebesinj und weiter auf dem als Abstieg beschriebenen Pfad in der Gegenrichtung auf den Čakotin. Zurück auf demselben Weg.
Kombinationsmöglichkeit: Mit Tour 3.
Tipp: Festung Španjola oberhalb Herceg Novi (schöne Aussicht, frei zugänglich).

Direkt neben dem Café am Busbahnhof von **Herceg Novi (1)** beginnt ein Fußweg parallel zur Straße, auf dem wir ca. 100 m bis zur Einmündung einer Seitengasse gehen, dann diese links. Der Markierung folgend steigen wir einen schmalen Stiegenaufgang hinauf, der zwischen den Häusern Ulica Srbina Nr. 17 und 19 endet (am Rückweg leicht zu übersehen!). 100 m weiter wandern wir halb links die Straße des 13. Juli bergauf und nach wenigen Minuten wieder scharf rechts, unmittelbar unterhalb der Mauern der beeindruckenden Festung **Španjola (2)**. Wir gehen am Tor der Festung und an einem Kinderspielplatz vorbei eine Straße bergab und treffen wieder auf die

Matkovića-Brücke.

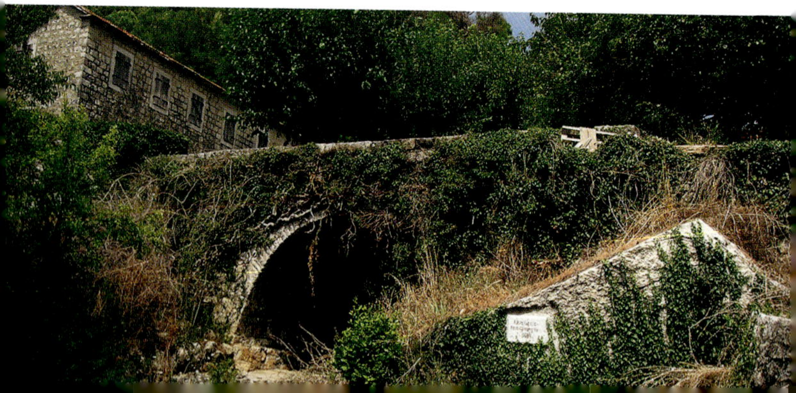

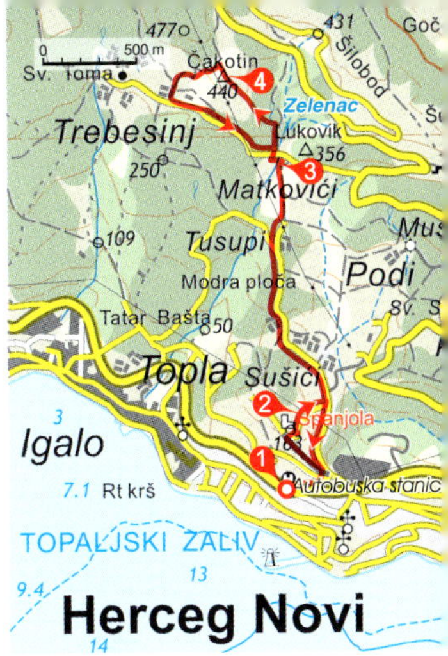

Markierung auf der Srbina-Straße, auf der wir links bergauf gehen.
15 Min. später erreichen wir das Ende des Asphalts und gehen auf breiten, alten Steinwegen weiter bergauf in den Wald. Weitere 20 Min. später kommen wir zur sehenswerten alten Steinbrücke **Matkovića (3)** und kurz darauf zur schmalen Betonpiste zum Ort Trebesinj. Auf dieser steigen wir nur wenige Meter links an und biegen gleich wieder scharf rechts auf einen leicht zu übersehenden Waldweg ab. Dieser führt durch einen lauschigen Wald aus Föhren, Zypressen und Eichen bergauf und geht nach wenigen Metern wieder in einen alten, steinbefestigten Pfad über. Eine Markierung mit einem Kreuz darunter weist schon nach 5 Min. auf eine nahende Abzweigung hin: Bei dieser biegen wir links Richtung Čakotin ab. (10 m weiter liegt die Quelle Zelenac, die allerdings nicht ganzjährig Wasser führt.) Geradeaus weiter könnte man noch einen Abstecher durch den schattigen Wald ins idyllische Kotobilje-Tal (einst Schauplatz eines entscheidenden Gefechts der Montenegriner gegen die Osmanen) machen.
Der Pfad zum Čakotin steigt wenige Meter durch den Wald an, dann erreichen wir bereits den ersten Kletterfelsen. Insgesamt geht es nun 100 Hm mittels abwechslungsreicher Kraxelei (max. II+/III–) bergauf. Wir steigen immer wieder über gut griffige Felsblöcke oder in Rinnen ein Stück an, dann wieder wenige Meter eben über bewachsene Steinplattformen. Der gesamte Aufstieg ist gut markiert! Am Ende der Kletterpassagen erreichen wir einen Aussichtspunkt (links neben dem Weg), wo man unter niedrigwüchsigen Eichen rasten kann. Der Abzweig zum eigentlichen, aber schattenlosen Gipfel liegt wenige Meter weiter. Der **Čakotin (4)** bietet trotz eher bescheidener Höhe einen herrlichen Ausblick über die gesamte Bucht von Herceg Novi.
Wir steigen ein Stück auf eine Wiese ab, an deren linkem Rand man zur T-Kreuzung mit einem Hirtenpfad gelangt. Diesen gehen wir links bergab und gelangen in den kleinen Ort Trebesinj. Auf der Betonstraße kehren wir links zur Steinbrücke **Matkovića (3)** zurück.
Ab hier nach **Herceg Novi (1)** auf bekanntem Pfad, wobei man sich den Abstecher zur Festung Španjola ersparen und immer auf der Srbina-Straße bleiben kann.

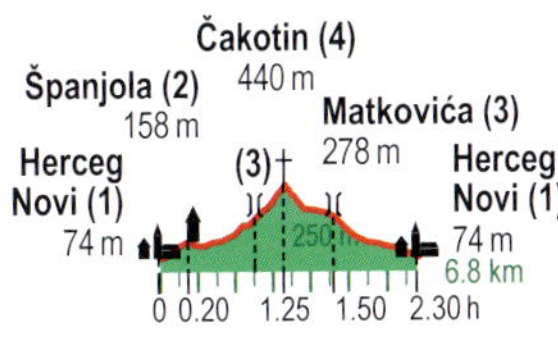

2 *Radoštak, 1445 m*

3.30 Std.

Einer der schönsten Aussichtsberge über die montenegrinische Küste

Wahrhaft grandios ist der Ausblick von den Berggipfeln, die das Orjen-Massiv nach Süden hin abgrenzen. Der am leichtesten erreichbare dieser Berge ist der Radoštak, der trotz seinen »nur« 1445 Metern Höhe einen Panoramablick über die gesamte Boka Kotorska, den Lovćen und die südkroatische Küste mit der Halbinsel Prevlaka bietet.

Talort: Herceg Novi, 1 m.
Ausgangspunkt: Quelle Izvor Česma, 892 m. Anfahrt auf der Straße von Herceg Novi Richtung Trebinje bis Kameno, dort rechts abbiegen Richtung Ubli. Nach 6 km zweigt rechts bei einem Tierasyl eine Schotterstraße bergab ab; nur von sehr geländegängigen Fahrzeugen bis zur Quelle zu befahren. Pkw parken am besten bei der Startrampe für Paragleiter; von dort zur Quelle ca. 10 Min. zu Fuß. Keine öffentlichen Verkehrsmittel, Anfahrt mit Taxi von Herceg Novi (Tel. +382/19730 oder 19767) ca. 18–25 Euro.
Höhenunterschied: Rund 550 m.
Anforderungen: Bis Sedlo einfache Wanderung auf gut trassiertem altem Hirtenpfad. Aufstieg zum Gipfel anstrengend und sehr steil, aber nicht ausgesetzt. Bei aufziehendem Gewitter Gipfelgrat schnellstmöglich verlassen – erhöhte Blitzschlaggefahr!
Einkehr: Berghütte Za Vratlom auf der Variante (Tel. +382/69/684084, nicht immer geöffnet). Trinkwasser am Ausgangspunkt bei der Quelle Izvor Česma.
Variante: Rundwanderung ab Borići: Beim Portal Borići (4,3 km hinter Kameno, mehrere Wegweiser und Aufschriften auf einer Betonmauer links der Straße) parken und auf der schmalen, schwach befahrenen Asphaltstraße bergwärts zum Tierasyl (siehe Anfahrtsbeschreibung) und dort rechts auf der Schotterstraße zur Quelle Izvor Česma (1); Gehzeit ca. 30 Min. ab Borići. Von der Quelle wie unten beschrieben auf den

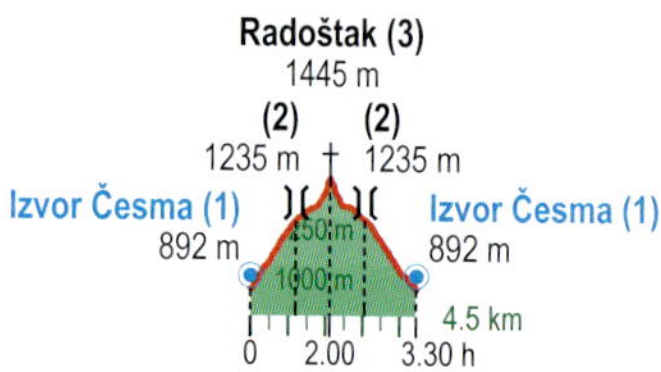

Radoštak. Vom Gipfel 15 Min. zurück zur letzten Abzweigung, dort rechts Richtung Rubodo und Siljevik. Man folgt den Markierungen über den Gipfelgrat zu diesen zwei Berggipfeln, die jeder für sich neue Ausblicke bieten. Der weglose Übergang von einem Berg zum nächsten ist anstrengend, aber alleine schon wegen der tief eingeschnittenen Karstformationen ein Erlebnis. Der Abstieg vom Siljevik zur Berghütte Za Vratlom ist markiert und verläuft sehr steil und ohne Versicherung durch einen bewaldeten, laubbedeckten Hang. Selbst bei leichter Nässe ist dieser Abschnitt extrem rutschig und sollte gemieden werden. Von der Berghütte folgt man den Wegweisern erst auf einem alten Militärweg, dann auf einer Schotterstraße zurück zum Portal Borići. Gehzeit vom Radoštak zur Berghütte ca. 2.30 Std., Abstieg von dort zum Portal Borići ca. 45 Min., Gesamtzeit 5.45 Std.
Kombinationsmöglichkeit: Mit Tour 3 (aufgrund der Länge nur als Zweitagestour mit Übernachtung auf der Berghütte Za Vratlom).

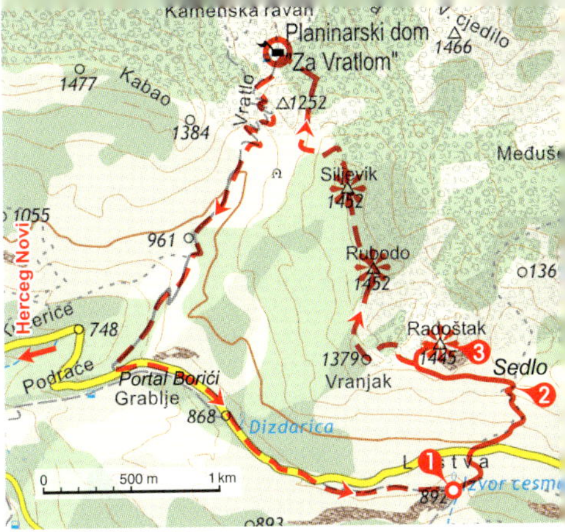

Wir beginnen die Tour bei der ganzjährig Wasser führenden Quelle **Izvor Česma (1)** oberhalb des Dorfes Žlijebi. Von hier folgen wir einem markierten Pfad, der in mehreren Serpentinen zunächst auf einem alten österreichisch-ungarischen Weg hinauf zur Asphaltstraße Herceg Novi – Ubli führt. Auf dieser gehen wir wenige Meter nach links, dann gleich rechts auf einem gut trassierten Hirtenpfad bergauf. Zunächst durch Buschwerk, dann durch immer dichteren Wald erreichen wir in gut 1 Std. den Bergsattel **Sedlo (2)**, wo auf einem Stein drei Wanderziele angeschrieben sind. Wir gehen links Richtung Radoštak, zeitweise auf undeutlichen Steigspuren, meist aber weglos (wenngleich ausreichend markiert) am Hang entlang westwärts. Die markanten Felsformationen des Radoštak bleiben zunächst über uns, dann gibt es abermals eine auf einem Stein angeschriebene Abzweigung. Hier folgen wir den Markierungen (die angegebenen 15 Min. zum Gipfel sind nur von Hochleistungssportlern zu schaffen!) weiterhin weglos und extrem steil durch felsiges Gelände zum flachen Gipfel des **Radoštak (3)**, wo uns – gutes Wetter vorausgesetzt – ein grandioser Fernblick für unsere Mühen belohnt.
Die Rückkehr erfolgt auf demselben Weg.

Gipfelanstieg zum Radoštak.

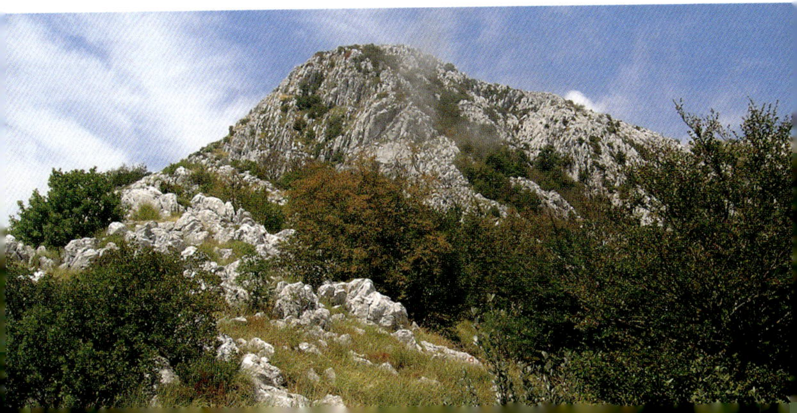

TOP **3**

Subra, 1679 m

5.45 Std.

Spektakulärer Aufstieg auf einen einzigartigen Berggipfel

Warum es gerade die Subra ist, um die sich Sagen und Mythen ranken, und nicht der mehr als 200 m höhere Hauptgipfel des Orjen, werden Sie erst verstehen, wenn Sie am Gipfel dieses einzigartigen Berges angelangt sind. Es scheint so, als hätte die Natur alle Register gezogen, um den Aufstieg zu diesem markanten Berg mit seiner kuppelförmigen Silhouette für Normalsterbliche zu erschweren: Felsspalten, schier grundlose Schlünde und schroffe, messerscharfe Felsen – wahrlich kein heimeliger Ort.

Talort: Herceg Novi, 1 m.
Ausgangspunkt: Portal Borići, 797 m. Anfahrt auf der Straße von Herceg Novi Richtung Trebinje bis Kameno, dort rechts Richtung Ubli. 4,3 km hinter der Abzweigung Parkmöglichkeit gegenüber einer Abzweigung mit mehreren Wegweisern und Aufschriften auf einer Steinmauer. Sollte hier kein Platz zum Parken mehr sein, kann man auch ein Stück die anfangs noch asphaltierte Zufahrtsstraße scharf rechts bergauf zum ehemaligen Motel Borići fahren und dort parken. Keine öffentlichen Verkehrsmittel, Anfahrt mit Taxi von Herceg Novi (Tel. +382/19730 oder 19767) ca. 15–20 Euro.
Höhenunterschied: Gut 900 m.
Anforderungen: Bis zu den Subra-Plateaus einfache, danach schwierige Tour mit mehreren Kletterstellen, nur für trittsichere und erfahrene Wanderer. Felsspalten, Abgründe und am Gipfel erhöhte Blitzschlaggefahr!
Einkehr: Die Berghütte Za Vratlom ist nur in der Hauptsaison durchgehend geöffnet (kleine Speisen, Getränke, Unterkunft für bis zu 50 Personen); unbedingt vorher anrufen, ob geöffnet: Tel. +382/69/684084. Trinkwasser nur in der Höhle am Abstiegsweg (Taschenlampe und Gefäß zum Auffangen erforderlich!). Zisternen bei der Berghütte und im Duboki Do.
Variante: Wanderung ab Herceg Novi: Vom Busbahnhof in Herceg Novi geht man den Markierungen folgend 100 m entlang der Straße ostwärts, dann durch eine Seitengasse und über Treppen bergauf zur schmalen Gasse Ulica Srbina. Dieser folgt man bis zum Ende des Asphalts, dann weiter auf breiten, alten Steinwegen bergauf in den Wald. Man passiert die alte Steinbrücke Matkovića und folgt weiter den Markierungen zur Quelle Zelenac und durch das romantische Kotobilje-Tal in den Ort Kameno. Hier geht man knapp 800 m auf der Asphaltstraße Richtung Ubli bis zur alten Kirche Sveti Nikola rechts der Straße. Dort rechts an der Mauer des Friedhofs entlang bergauf. Durch dichten Wald geht es, bei einer Abzweigung gerade weiter, zu einer Zisterne. Eine schmale Asphaltstraße wird gekreuzt, dann wieder durch den Wald und im Zickzack auf den Resten eines alten Steinpfades bergauf. Bei einem Stein mit Aufschrift »H2O« kommt man rechts in 1 Min. zu einer Zisterne; kurz darauf kreuzt man einen Weg, auf dem man links wenige Meter zur Asphaltstraße beim Portal Borići ansteigt. Gehzeit ab Herceg Novi ca. 2.30 Std zusätzlich. Aufgrund der Gesamtlänge nur für sehr konditionsstarke Wanderer, oder man plant eine Übernachtung auf der Berghütte Za Vratlom ein und teilt die Tour auf zwei Tage auf.

Bergidylle im Duboki Do.

Vom **Portal Borići (1)** gehen wir vorbei an einem ehemaligen Motel, hinter dem eine markierte Schotterstraße beginnt, der wir bequem und zunächst ohne größere Steigungen folgen. Sie geht, nach zwei möglichen Abschneidern von Serpentinen, schließlich in einen alten, aus Steinen aufgemauerten und mit gleichmäßiger Steigung zum Bergsattel **Vratlo** hinaufführenden alten Karawanenweg über. Am Sattel halten wir uns markiert rechts und kommen nach wenigen Minuten zur Berghütte **Za Vratlom (2)**. Dann gehen wir rechts an der Hütte vorbei und kommen gleich zu einer Abzweigung, bei der wir uns links halten – ebenso bei der folgenden Gabelung. Wir umrunden ein Hochtal, das als Weideland für Kühe und Schafe dient, und erreichen einen Wald, in dem wir wieder leicht ansteigen und zu einer Zisterne im nächsten Hochtal, **Duboki Do**, gelangen. Haben wir bisher seit dem Vratlo kaum 30 Hm gewonnen, so steigt der Weg nun deutlich merkbar an. An einer Almhütte vorbei geht es einen steinigen Hang hinauf, dann durch lichten Wald, um schließlich das erste der sogenannten Subra-Plateaus zu erreichen.

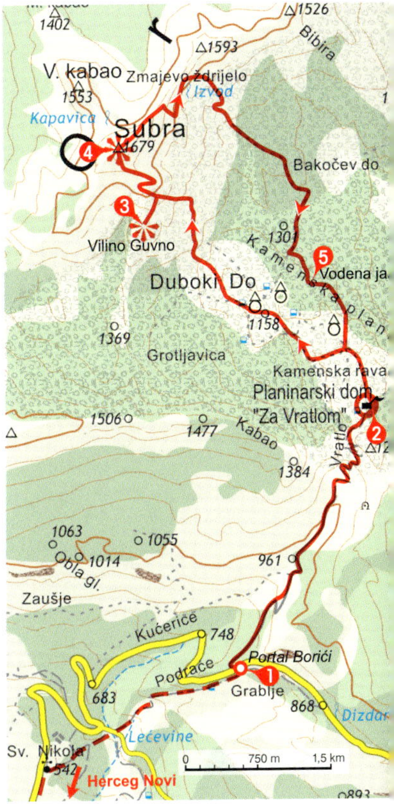

Ab hier tut man gut daran, sich an den markierten Pfad zu halten. Der Anblick dieser Plateaus wird jedem Wanderer unvergesslich bleiben: Wie bei einer gigantischen Stufenpyramide folgt eine ebene Fläche auf die nächste, mit senkrechten Felswänden dazwischen – aber jede dieser Kalksteinstufen ist durch Erosion in Tausende Blöcke zerfallen, zwischen denen Spalten klaffen – manche nur wenige Zentimeter breit und

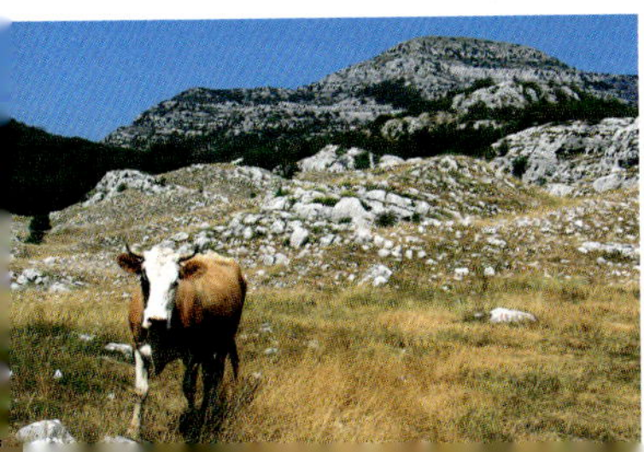

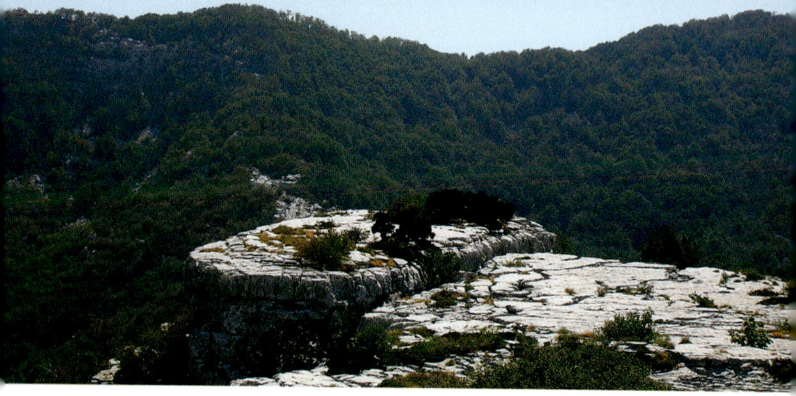

Der »Tanzplatz der Feen«.

tief, andere mehrere Meter breit und grundlos. Wie in einem Labyrinth kann man hier leicht verloren gehen. Folgen wir den Markierungen, so kommen wir bald – von einem Stein zum nächsten kletternd oder steigend – an einem Schlund vorbei, der als **Dragoševa Jama** bezeichnet wird und 38 m tief ist. Kurz danach bietet ein kurzes Waldstück, durch das man zur zweiten Terrasse aufsteigt, etwas Erholung. Auf dieser geht es dann am tiefsten derzeit bekannten Schlund (noch lange sind nicht alle Höhlen und Schlunde der Subra erforscht!), der **Nikolina Jama** mit 188 m Tiefe (zum Vergleich: der Kölner Dom misst »nur« 157 m!) vorbei. Ein weiteres Mal steigen wir durch einen Wald an, in dem sich eine Abzweigung befindet: Links sollten wir uns auf keinen Fall einen Abstecher zum **Vilino Guvno (3)** entgehen lassen – einer leicht oval geformten, von den übrigen Subra-Plateaus abgesetzten natürlichen Felsenplattform, die an einen Guvno oder Gumno (die montenegrinischen Dresch-, Versammlungs- und Festplätze) erinnert. Nachts, so berichten die Einheimischen, versammeln sich hier die Vilas – in der slawischen Mythologie feenhafte Bewohner der Anderswelt – zum traditionellen Tanz, dem Kolo. Sollten sie hier einen Sterblichen vorfinden, so nehmen sie ihn mit sich und er bleibt für immer verschwunden. Obwohl natürlich alle Bergwanderer beteuern, nicht an diese Geschichte zu glauben, ist es uns nicht gelungen, jemanden ausfindig zu machen, der es gewagt hätte, hier nachts sein Lager aufzuschlagen.
Nach der Rückkehr auf den Hauptweg steigen wir – zunächst über einen Grashang, dann über ein Felsband und zuletzt über die Felsen eines Grats – sehr steil an und erreichen schließlich den lieblichen, grasbewachsenen und völlig harmlos wirkenden Gipfel der **Subra (4)** mit Gipfelbuch und Stempel (Kontrollpunkt der Küsten-Transversale), sodass jedes Gipfelfoto wie zum Hohn den Eindruck vermittelt, der Weg hier herauf wäre ein Sonntags-

spaziergang. Das Panorama hingegen ist überwältigend: Ganz Süddalmatien, Teile der Herzegowina und die gesamte Boka Kotorska liegen einem zu Füßen, und bei klarem Wetter reicht der Blick bis nach Albanien, zu den Komovi und zum Durmitor.

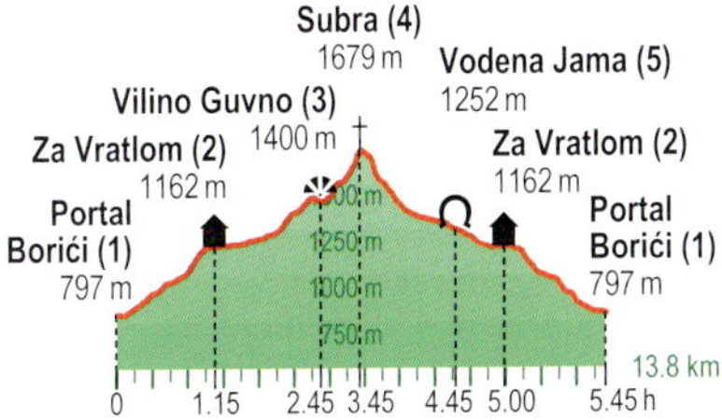

Für den Abstieg folgen wir dem Weg, der Richtung Simova Pećina angeschrieben ist. Dieser führt zunächst weiter am Gipfelplateau nach Nordosten, dann mit zwei Kletterstellen (vorbildlich markiert und mit einem Gefahrensymbol vorangekündigt) über Subra-Plateaus, natürliche Felsbänder und durch Felsrinnen bergab. Wir kommen an zwei natürlichen Felsunterständen sowie einer Höhle vorbei, in der ganzjährig Wasser von den Wänden tropft. Kurz danach gelangen wir, vorbei an der wenige Meter rechts des Wegs gelegenen Höhle **Simova Pećina**, wieder in leichtes Gehgelände und in lichten Buchenwald, durch den wir gemächlich zu einer Abzweigung bergab steigen. Hier weist die Aufschrift auf einem Baum links Richtung Borova Glava, während wir rechts Richtung Vratlo zurückgehen. Unterwegs kommen wir noch bei der sehenswerten Höhle **Vodena Jama (5)** vorbei, bis wir schließlich wieder kurz vor der Berghütte auf den Hinweg treffen.
Das letzte Stück des Abstiegs erfolgt auf dem bekannten Weg zurück zum **Portal Borići (1)**.

Aufstieg über die Subra-Plateaus.

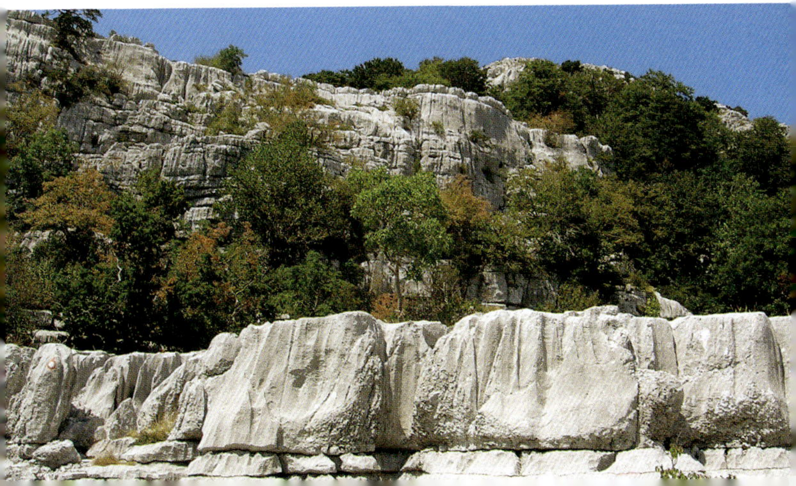

4 Zubački Kabao (Orjen), 1894 m

6.00 Std.

Durch dichten Buchenwald zum höchsten Gipfel Dalmatiens

Wenn man vom Orjen spricht, so meint man meist den höchsten Gipfel, den Zubački Kabao – auch wenn dieser weit weniger schroff, felsig und spektakulär ist als die Subra. Lohnenswert ist der Aufstieg allemal, insbesondere auf dieser besonders abwechslungsreichen Route, die im Weiler Vrbanj ihren Ausgang nimmt.

Talort: Herceg Novi, 1 m.
Ausgangspunkt: Vrbanj, 1009 m. Anfahrt von Herceg Novi auf der Straße nach Trebinje, dann rechts Richtung Kruševice, Orjen, abbiegen. (Wer zu einem Tunnel kommt, ist zu weit gefahren und muss genau 1 km zurück zur Abzweigung.) Die folgende Kurvenstraße ist eng, aber asphaltiert, sie endet in Vrbanj. Keine öffentlichen Verkehrsmittel, Anfahrt mit Taxi von Herceg Novi (Tel. +382/19730 oder 19767) ca. 35–40 Euro.
Höhenunterschied: Rund 950 m.
Anforderungen: Über weite Strecken ein scharfes Auge (schlecht sichtbare Markierungen) und Orientierungsvermögen erfordernde Tour.
Einkehr: Konobas Konak und Gušti am Ausgangspunkt in Vrbanj. Die Berghütte am Orjen Sedlo ist nur gegen Voranmeldung geöffnet. Trinkwasser 10 Min. südlich der Hütte bei der ergiebigen Quelle Studenac (Gefäß zum Wasserschöpfen erforderlich!).
Varianten: 1. Kurzwanderung ab Orjen-Sattel: Man kann die Tour auch erst am Orjen-Sattel beginnen, wenn man ca. 10 km Fahrt auf einer Schotterstraße nicht scheut.
2. Abkürzungen am Abstiegsweg: An mehreren Stellen zweigen deutlich erkennbare Fußwege von der Schotterstraße ab. über die sich der Abstieg um bis zu 45 Min. verkürzen lässt.

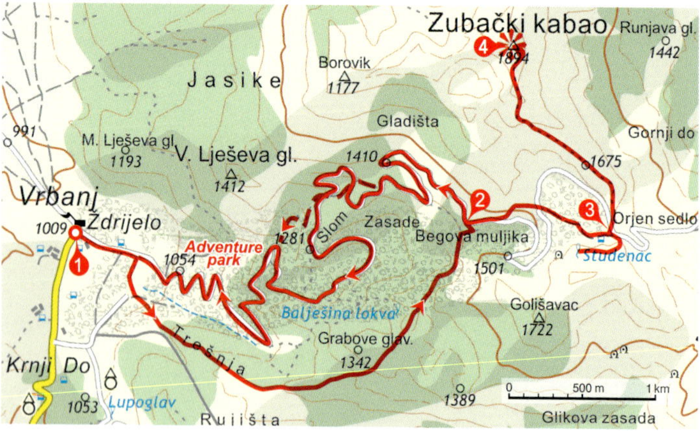

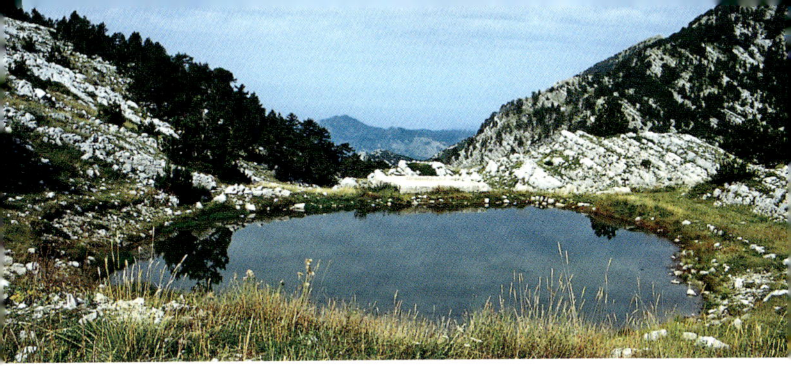

See am Orjen Sedlo.

Am Asphaltende in **Vrbanj (1)** weist links ein Wegweiser zum Orjen. Auf der Straße vorbei an einer alten Zisterne. Dahinter rechts auf einem markierten Weglein an einem Zaun entlang zu einem Fahrweg, der links zu einem Haus führt. Die Markierung kreuzt diesen und leitet weglos den steinigen Hang hinauf. Auf einem schmalen Pfad kurz steil bergauf, dann flacher auf dem Bergrücken entlang eines Wäldchens. Nach ca. 35 Min. mündet bei einem großen **Steinblock** ein anderer markierter Weg aus Richtung Subra ein. Hier gerade weiter in den Wald und in diesem gemächlich bergauf.
Zwischen zwei Dolinen hindurch, über einen bewaldeten Höhenrücken, kurz wieder bergab, zuletzt in kleinen Serpentinen, bis wir aus dem Wald hinaustreten und zwischen mächtigen Steinblöcken die **Orjen-Passstraße (2)** erreichen. Ein Stück auf dieser rechts bergauf, bis der markierte Pfad nach links abzweigt und einen weiten Bogen der Straße abschneidet. Nach 10 Min. kreuzen wir die Straße wieder, gehen durch eine kleine Senke hinauf und erreichen schließlich die oberhalb eines kleinen Sees gelegene Schutzhütte auf dem **Orjen-Sattel (3)**; nach links markiert in 10 Min. zur Quelle **Studenac**. Weiter zum Gipfel vom Sattel ein Stück talwärts Richtung Vrbanje, dann rechts am Bergkamm großteils gemächlich dahin. Kurz vor dem Gipfel folgt nochmals ein steilerer Anstieg, bis uns schließlich vom Gipfel des **Zubački Kabao (4)**, mit Steinpyramide, ein herrlicher Rundblick belohnt.
Wir gehen zurück zu der Stelle **(2)**, an der wir beim Hinweg auf die Orjen-Passstraße gestoßen sind, und folgen dieser bequem zurück nach **Vrbanj (1)**.

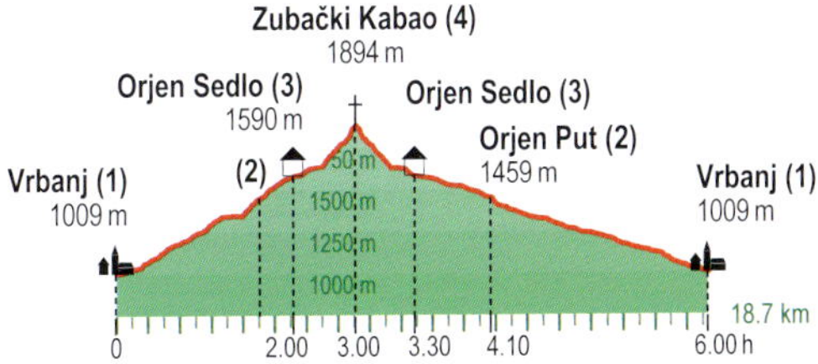

5 Velji Vrh, 1277 m

4.15 Std.

Auf spektakulärem Militärpfad von Crkvice nach Ledenice

Oberhalb von Risan hat die österreichisch-ungarische Armee eine besondere Fülle von Spuren hinterlassen. In Crkvice, unserem Ausgangspunkt, findet man Reste von Kasernen, Befestigungen, einem Exerzierplatz und einer Bäckerei. Ab hier verläuft die Küsten-Transversale, der wir auf dieser Tour folgen, auf einem der landschaftlich reizvollsten Militärwege Montenegros zu den Festungen Ostfort Crkvice, Ober- und Unter-Grkavac.

Talort: Risan, 1 m.
Ausgangspunkt: Crkvice, 1092 m. Zufahrt von Risan auf der alten Straße nach Grahovo, dann links auf einer neu ausgebauten Verbindungsstraße zur neuen Schnellstraße Morinj – Grahovo. Diese kreuzen; weiter ca. 7 km bis Crkvice. Keine öffentlichen Verkehrsmittel, Taxi ab Kotor (Tel. +382/19719) ca. 40–45 €.
Endpunkt: Kafana Grkavac, 680 m, an der neuen Straße Risan – Grahovo. Rückfahrt von hier per Taxi nach Kotor ca. 35-40 €.
Höhenunterschied: Ca. 430 m im Aufstieg und 830 m im Abstieg.
Anforderungen: Einfache Wanderung auf altem Militärpfad. Kurze, abgerutschte Passagen erfordern etwas Trittsicherheit. Da der Pfad auf einem Damm extrem Wind und Wetter ausgesetzt ist, keinesfalls bei unsicherer Wetterlage; im Notfall in einem der beiden Felsunterstände Wetterbesserung abwarten. Der Weg wird unregelmäßig alle 2–3 Jahre von Bewuchs und Gestrüpp befreit. Im Zweifelsfall bei den lokalen Wandervereinen nach der Begehbarkeit erkundigen!
Einkehr: Kafana Grkavac am Ziel der Tour. Unterwegs kein Trinkwasser!
Hinweis: Diese Tour ist nur mittels zweier Autos oder relativ kostspielig mit An- und Abreise per Taxi machbar.

Beim letzten Gebäude von **Crkvice (1)** an der Straße Richtung Grahovo weist eine Felsaufschrift nach rechts zum Berggipfel Kom. Wir kommen schon nach wenigen Minuten zu einer Gabelung, bei der sich links ein Abstecher (10 Min.) zum **Ostfort Crkvice (2)**, auch als **Kom** bekannt, lohnt (Vorsicht: Einsturzgefahr!). Danach am rechten Weg Richtung Ledenice weiter mit schönem Rückblick auf die weit verstreut liegenden Ruinen der Militäranlagen von Crkvice. Die nächsten 20 Min. gemächlich bergab zunächst

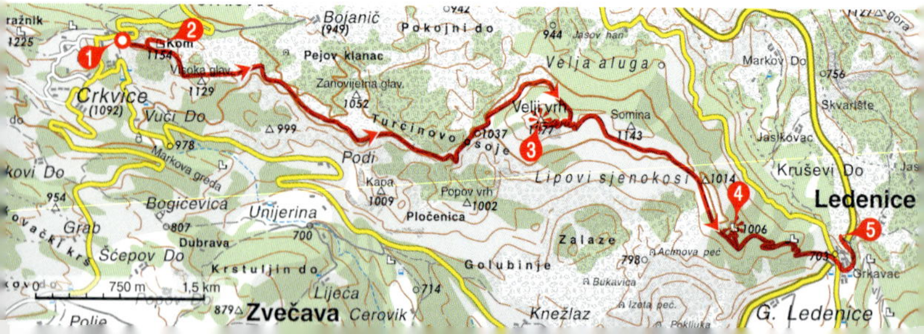

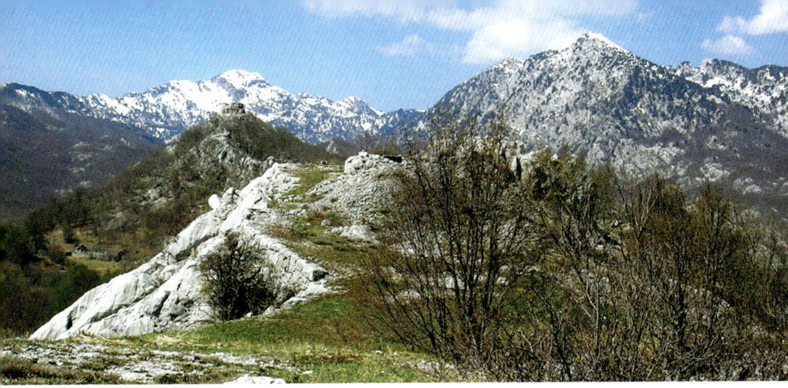

Blick vom Ostfort Crkvice Richtung Orjen.

rechts, dann links des Bergkamms durch eine unwirtliche, schroffe und abseits des Militärpfades praktisch unpassierbare Steinlandschaft. Immer wieder tun sich grundlose Schlünde und Spalten neben dem Weg auf. Hinter einer **Gedenktafel** liegt rechts eine Höhle, die ggf. als Unterstand dienen kann. (20 Min. später gibt es einen weiteren, weniger geräumigen Unterstand in einer Felskluft.) Der folgende, spektakulärste Teil des Wegs verläuft teilweise als meterhoch aufgemauerter Damm über den Felsgraten auf den wie eine steinerne Pyramide aufragenden Velji Vrh zu. Links und rechts geht es 100 m und mehr in den Abgrund – eine unwirtliche und irreal anmutende Mondlandschaft –, und wir haben einen weiten Ausblick abwechselnd nach links ins Hochtal von Dragalj und nach rechts über die Bucht von Risan. Kurz hinter einem Sattel nördlich des Gipfels beginnt der lohnende Anstieg (ca. 20 Min.) auf den **Velji Vrh (3)** mit herrliche Aussicht (Stempel, Gipfelbuch).
Zurück am Hauptweg geht es entlang des Bergrückens in knapp 1 Std. (zum Schluss Stichweg, ca. 10 Min.) zur Festung **Ober-Grkavac (4)**. Von der Abzweigung bzw. von der Festung genießen wir noch einen letzten Ausblick über die Bucht von Risan, bevor dichter Wald die Sicht versperrt.
Zahlreiche Serpentinen führen hinab zur direkt am Hauptweg liegenden Festung **Unter-Grkavac** und schließlich zur Kreuzung der Transversale mit der nun kaum noch befahrenen alten Straße von Risan nach Grahovo. Auf dieser kurz links, nach 50 m rechts auf einen Feldweg und dann steil links bergab auf einem Fußpfad zur neuen Straße und der direkt daran gelegenen **Kafana Grkavac (5)**, wo wir die Ankunft eines Taxis abwarten können.

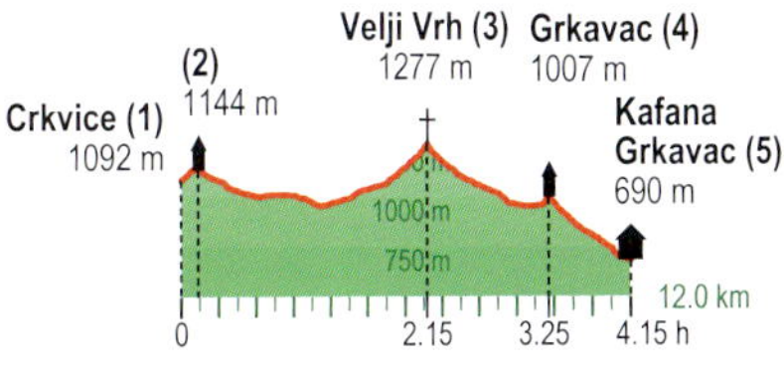

TOP 6

Vranovo Brdo, 743 m

4.45 Std.

Auf K.-u.-k.-Spuren zu einer der schönstgelegenen Festungen der Boka

Keine andere der ehemaligen Festungen auf den Bergketten rund um Kotor bietet einen derart spektakulären Ausblick wie die zwischen Perast und Orahovac gelegene, leider schon ziemlich stark durch Diebstahl von Bauelementen zerstörte Festung Vranovo Brdo (von den Einheimischen heute auch Sveti Andrija genannt – ein Name, der aber aus österreichischer Zeit nicht überliefert ist). Von hier überblickt man die gesamte innere Bucht von Kotor bis zur Meerenge Verige, und die kleinen Inselchen Sveti Đorđe und Gospa od Škrpjela liegen einem regelrecht zu Füßen.

Ausgangspunkt: Orahovac, 1 m. Parkmöglichkeit am Ortsanfang neben der Magistrale; Busverbindung ab Kotor einmal pro Stunde oder Anfahrt per Taxi (ab Kotor ca. 5–7 Euro).
Endpunkt: Perast, 1 m. Der Ort ist in der Sommersaison »autofrei«; nur Anrainer und Hotelgäste dürfen zufahren. Parkmöglichkeit jeweils an der Abzweigung der Uferstraße von der Umfahrungsstraße; dazwischen pendeln kleine Elektrobusse. Die Linienbusse Richtung Kotor halten direkt im Zentrum von Perast beim kleinen Leuchtturm; mit diesen können Autofahrer wieder zurück nach Orahovac gelangen.
Höhenunterschied: Ca. 780 m.

Anforderungen: Teilweise schon etwas verwachsener und vor allem am Abstieg auch sehr steiniger, ständige Konzentration erfordernder Weg. Stöcke empfohlen!
Gefahren: Am Südhang des Vranovo Brdo wurden vereinzelt auch schon Hornvipern gesichtet. Nicht rennen und in keine Felsspalten oder unter Steine greifen. Im Inneren der Festung Kinder nicht unbeaufsichtigt lassen, da es mehrere nicht abgedeckte Löcher im Boden gibt, in denen sich das Regenwasser sammelt.
Einkehr: In Orahovac und Perast mehrere Lokale; unterwegs keine. Das Wasser in der Zisterne in Kljajevići sollte bei empfindlichem Magen nur mit Entkeimungstabletten getrunken werden.

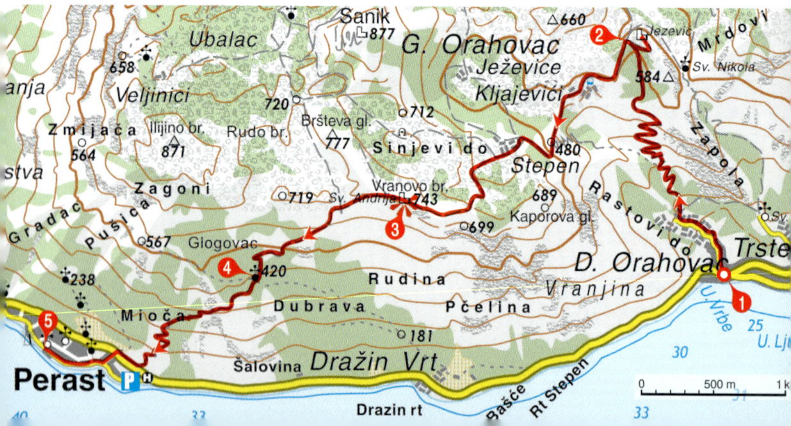

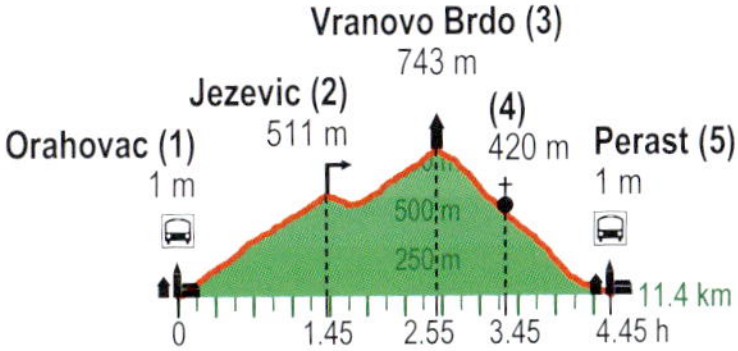

Kurz vor dem westlichen Ortsende von **Orahovac (1)** führt eine schmale Asphaltstraße steil den Berg hinauf. Wir folgen ihr, halten uns links über eine Brücke und gehen ca. 100 m weiter in einer Kehre geradeaus zwischen Häusern auf den Wald zu. Dort stoßen wir auf einen alten, steingepflasterten Weg, auf dem wir weiter bergauf gehen. Auf 160 m Höhe kommen wir an einem verlassenen Haus vorbei. Der Bewuchs wird spärlicher, der Wald weicht einzelnen Granatapfelbäumen und Wacholder. Über einen steilen Geröllhang geht es bergauf, in über 30 flachen, gut ausgebauten Serpentinen eines alten Militärpfades. Zuletzt am Hang entlang an auf einer Felsgruppe gelegenen Ruinen vorbei, dann erreichen wir eine **Abzweigung (2)**, bei der wir auf die Küsten-Transversale treffen. Rechts kann man einen Abstecher hinauf auf einen Hügel zur weithin sichtbaren verfallenen ehemaligen Gendarmeriekaserne Jezevic machen (ca. 15 Min.), da-

Ausblick von der Festung.

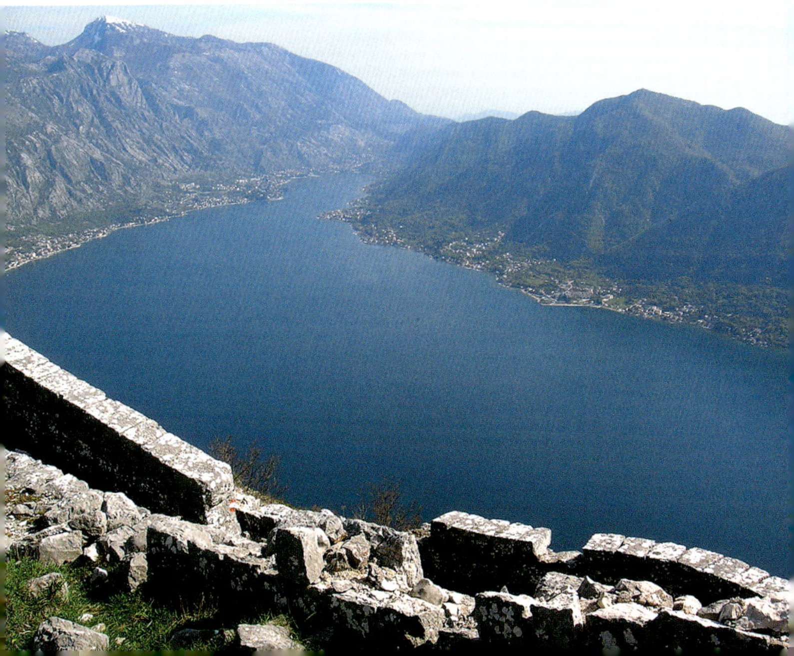

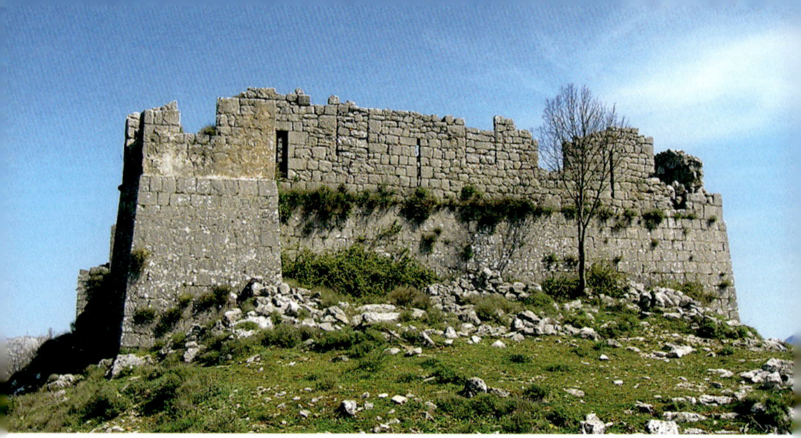

Die Festung Vranovo Brdo.

nach gehen wir auf der Transversale links leicht bergab und kommen zum verlassenen Dorf Kljajevići, in dem es rechts ebenfalls eine alte Kaserne und links (10 m unterhalb des Wegs) eine immer noch funktionsfähige Zisterne gibt.

Der Weg führt weiter leicht bergab, dann nach einer Kehre wieder bergauf. Das Meer ist nun nicht mehr zu sehen; der Weg je nach Jahreszeit mehr oder weniger zugewachsen. Entlang alter Steinmauern kommen wir zu den verlassenen Häusern des Dorfes **Stepen**. Weiter geht es bergauf, vorbei an Terrassen, die schon lange nicht mehr landwirtschaftlich genutzt werden. Schließlich erreichen wir den Bergkamm, von dem aus sich nun unvermittelt ein atemberaubender Blick über die ganze innere Bucht bietet. Über zwei Serpentinen mit steinerner Brüstung geht es die letzten paar Meter hinauf zur Festung **Vranovo Brdo (3)** am höchsten Punkt des gleichnamigen Berges. Hier gibt es einen Kontrollstempel des Küsten-Weitwanderwegs.

Von der Festungsruine gehen wir rechts bergab zu einem Wegweiser, bei dem halb links ein markierter Weg Richtung Perast abzweigt, den wir nehmen. Zuerst immer geradeaus von der Festung weg, dann in vielen kurzen Serpentinen (bis Perast hinab sind es über 100!) geht es den spärlich bewachsenen Hang hinunter. Der Weg ist stellenweise schon ziemlich überwachsen und auf kurzen Abschnitten zum Teil abgerutscht; es liegt auch viel Geröll am Weg herum. Der Hang wird steiler, der Bewuchs immer dichter, je weiter wir hinabkommen. Auf rund 420 m Höhe kommen wir an einem (leider schon ziemlich verfallenen) **Kirchlein (4)** vorbei. Weiter unten weichen Bäume und Gebüsch wieder Kakteen und niedrigen Sträuchern, und die beiden Inselchen draußen in der Bucht erscheinen schon zum Greifen nahe. Wir passieren ein kleines Gehöft und kommen unmittelbar darauf zu einem Tor, durch das wir auf die Umfahrungsstraße von Perast hinaustreten (Vorsicht auf den Verkehr!). Auf dieser gehen wir ein Stück nach rechts, bis nach 300 m kurz nacheinander erst rechts ein Weg hinauf zur Festung Sveti Križ und links eine steile Straße bergab abzweigt. Auf Letzterer gehen wir hinab, treffen an deren Ende auf Stufen und steigen auf diesen weiter ab. Direkt neben der Kirche Sveti Nikola stoßen wir somit auf die Uferpromenade von **Perast (5)**, an der wir einkehren können.

Die K.-u.-k.-Monarchie hat zahllose gute Straßen und Wege hinterlassen.

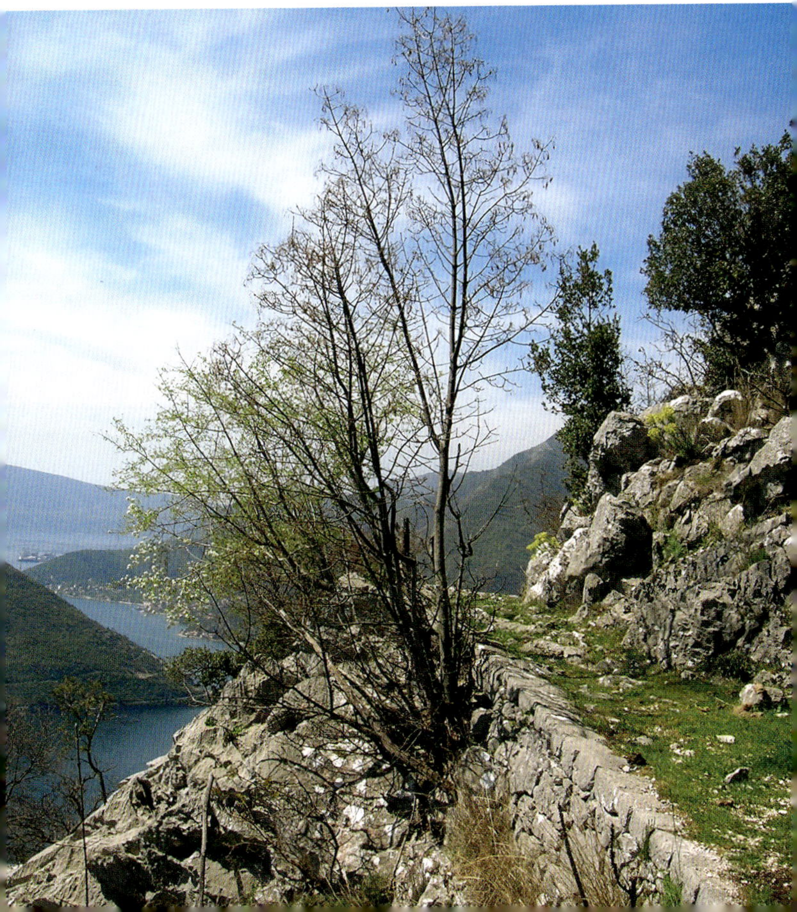

7 Sveti Vid, 440 m

4.00 Std.

Abwechslungsreiche Runde im Norden der Vrmac-Halbinsel

Der Vrmac ist ein auf der Südseite relativ flach, im Norden hingegen steil abfallender Bergrücken, der die innere Bucht von Kotor vom äußeren, auch als Bucht von Tivat bezeichneten Teil trennt. Auf dieser Tour wandern wir durch alte Dörfer, zu einer Wallfahrtskirche und zu grandiosen Aussichtspunkten, vor allem auch über die an der engsten Stelle weniger als 300 m breite Meerenge Verige.

Blick von der Kirche Sveti Vid zum Lovćen.

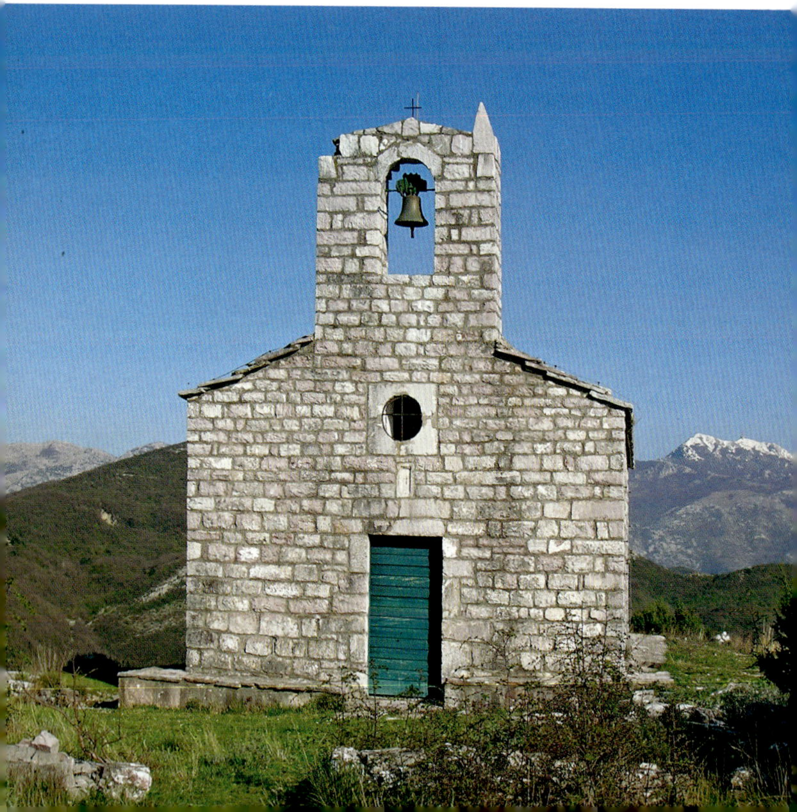

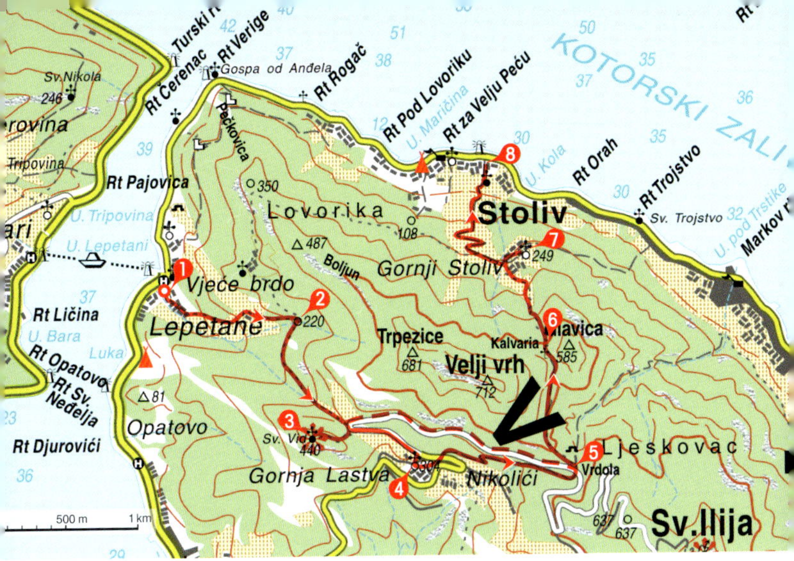

Ausgangspunkt: Lepetane, 1 m, beim Fähranleger. Parkmöglichkeit; Anfahrt von Kotor mit Minibussen (ca. alle 30 Min.) oder mit dem Taxi (ca. 12 Euro) möglich.
Endpunkt: Stoliv, 1 m. Rückfahrt nach Kotor mit dem Bus.
Höhenunterschied: Ca. 670 m.
Anforderungen: Großteils problemloser Weg auf alten Militär- und Hirtenpfaden. Der Abstieg vom Bergsattel Kalvaria bis Gornji Stoliv ist etwas steiler und steinig und erfordert ein wenig Konzentration.
Einkehr: Nur am Ausgangspunkt in Lepetane und am Endpunkt in Stoliv. Kein Trinkwasser unterwegs.
Variante: Wer auf den Besuch von Gornja Lastva verzichtet, kann sich etwa 20 Min. Wegzeit und etwa 100 Hm Gegenanstieg ersparen: Man geht nach dem Abstieg vom Sveti Vid die Schotterstraße nicht bergab, sondern links bergauf und gelangt so direkt zum Sattel Vrdola.
Kombinationsmöglichkeit: Mit Tour 8 und 9.

Von der Fährstation in **Lepetane (1)** gehen wir einem Wegweiser mit Wandersymbol folgend an einem Laden vorbei eine Gasse hinauf. Beim Haus Nr 62 gerade weiter in das flache Tal hinein und nach 50 m an einem verfallenen Haus rechts vorbei. Wir queren ein Bachbett und gehen links am Hang hinauf zu einem einzelnen Gehöft, hinter dem ein Weg nach rechts ansteigt und schließlich auf einen hier eben am Hang entlang verlaufenden **Querweg (2)** trifft. Auf diesem halten wir uns rechts.

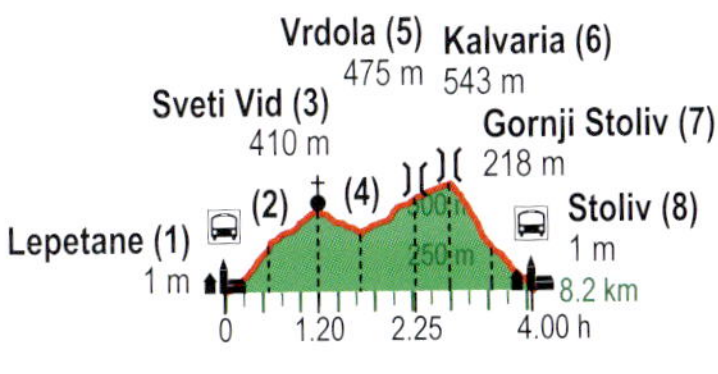

Der Weg steigt nun wieder deutlich an und passiert erst eine Felsgruppe und dann eine kleine, unergiebige Quelle. Danach erreichen wir einen Bergsattel, auf dem wir links von uns die Kehre einer Schotterstraße sehen. Wir gehen jedoch kurz geradeaus, dann rechts haltend weiter bergauf und gelangen auf einem deutlichen Weg zur an der Spitze des Berges gelegenen Kirche **Sveti Vid (3)**. Trotz der relativ geringen Höhe bietet sich hier ein schöner Rundblick von der Meerenge Verige über die äußere Bucht, die Halbinsel Luštica und das Tal von Grbalj bis hinauf zu den Gipfeln des Lovćen.
Wir kehren auf demselben Weg zurück, gehen auf die Straße hinaus und auf dieser bergab. An einem Wasserbehälter vorbei erreichen wir die Häuser des gepflegten und malerischen Bergdorfes **Gornja Lastva (4)**, wo wir uns Zeit für einen kleinen Rundgang nehmen sollten – gleich hinter dem Friedhof rechts kommt man zu einer Terrasse vor der Kirche Sv. Marija, von der man einen schönen Blick über Tivat genießt. Links hinab, am Pfarrhaus und einem Kulturzentrum vorbei, kommen wir links haltend wieder zur Straße zurück, gehen auf dieser 10 m zurück (bergauf) und dann rechts über Stufen neben einem weiteren Wasserbehälter hinauf. Wir treffen auf einen alten Reitweg, auf dem wir gemächlich bergauf gehen. 100 m nach der zweiten

Blick zurück auf Lepetane.

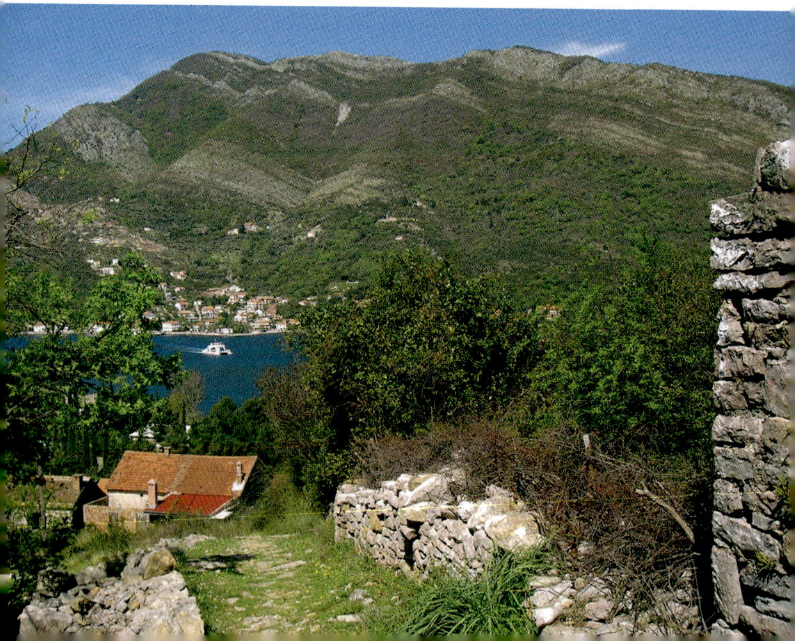

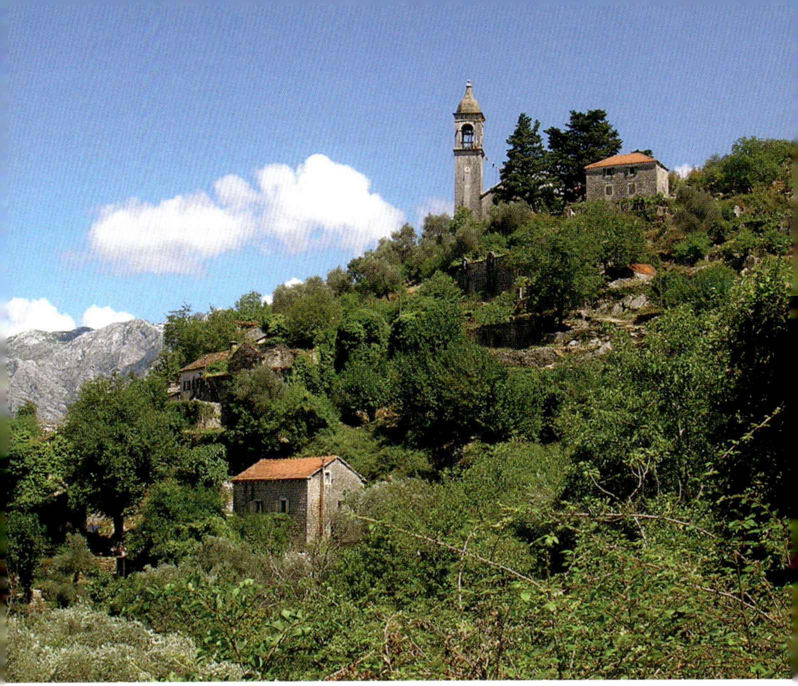

Gornji Stoliv.

Doppelkurve führt der Pfad rechts ins Tal hinab, an Ruinen vorbei und dann wieder hinauf auf eine Militärstraße, auf der wir rechts zu einer Lichtung am Bergsattel **Vrdola (5)** gehen. Hier führt bei einem Wegweiser Richtung Stoliv ein Fußpfad halb rechts bergauf (geradeaus käme man auf der Straße zurück zu den Serpentinen unterhalb von Sveti Vid; Variante). Wir erreichen durch lichten Wald und an einer kleinen Lacke vorbei den Bergsattel **Kalvaria (6)**, auf dem ein eisernes Kreuz steht. Ab hier führt der Weg im Zickzack einen steilen Hang hinunter, direkt auf den Ort **Gornji Stoliv (7)** zu. Auch hier lohnt sich ein Rundgang bzw. Abstecher hinauf zur Kirche, alleine schon um nochmals die phänomenale Aussicht über die Bucht zu genießen.
Der Abstieg zum Postamt von Stoliv erfolgt auf einem alten Pflasterweg im Zickzack durch herrliche Edelkastanienwälder. Am Friedhof vorbei treffen wir schließlich auf die Uferstraße, an der links das Postamt von **Stoliv (8)**, etwas weiter ein kleiner Laden und noch ein Stück weiter Lokale und Einkehrmöglichkeiten liegen. Beim Postamt hält auch der Bus, mit dem man nach Kotor zurückfahren kann.

8 Von Prčanj nach Kotor

4.45 Std.

Überschreitung des »grünen Rückens« – mit spektakulärem Abschluss

Viele der alten Hirten- und Militärwege, die einst wie ein Netz den gesamten Bergrücken des Vrmac überzogen, sind heute verwachsen und nicht mehr gangbar. Diese Tour verläuft fast zur Gänze auf erhaltenen schmalen Pfaden – breite Militär- und Schotterstraßen bleiben die Ausnahme. Dabei lernen wir nicht nur traumhafte Aussichtspunkte, sondern auch verlassene Dörfer, eine Kirchenruine, die gut erhaltene Festung Kleiner Vermac sowie den abenteuerlich trassierten »Franz-Josefs-Weg« kennen, auf dem einst der österreichische Kaiser anlässlich einer Inspektion dieser Festung geritten sein soll.

Die österreichische Festung Tvrđava Vrmac.

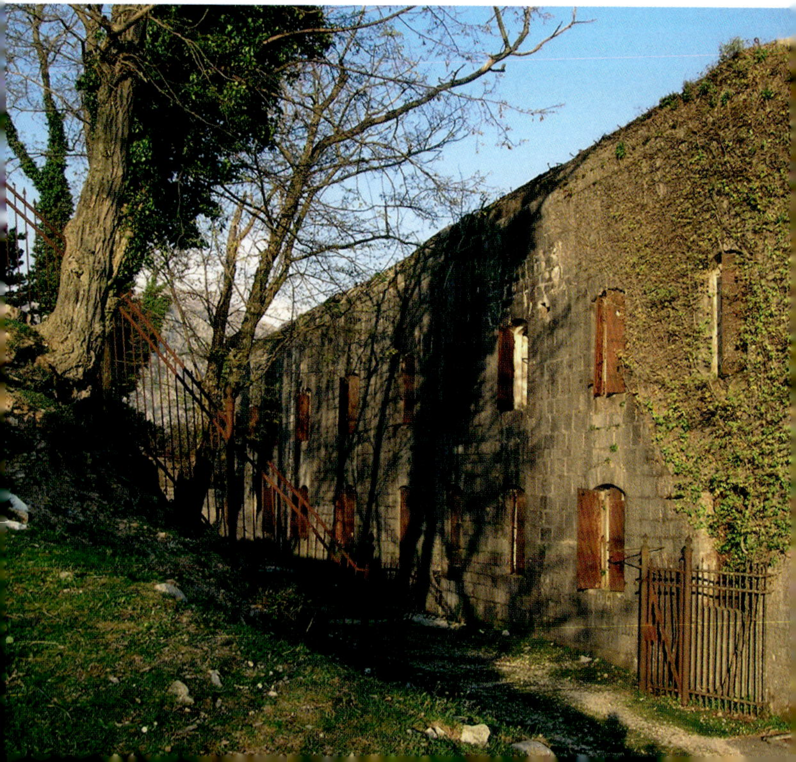

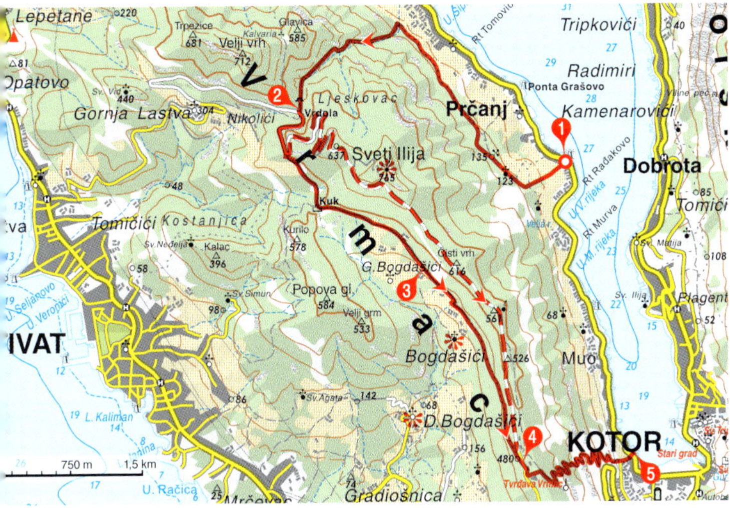

Ausgangspunkt: Prčanj, 5 m, Konoba Lanterna; Parkmöglichkeit. Anfahrt von Kotor mit Minibussen (ca. alle 30 Min.) oder mit dem Taxi (ca. 8–10 Euro).

Endpunkt: Kotor, 6 m.

Höhenunterschied: Ca. 660 m.

Anforderungen: Steiler Aufstieg über einen alten Hirtenpfad, danach durchgehend gut trassierte, mit geringen Neigungen angelegte Militärwege. Nicht durchgehend bzw. nur spärlich markiert, aber leicht zu finden.

Einkehr: Nur am Ausgangs- und Endpunkt. Trinkwasser bei zwei Quellen nahe Gornji Bogdašići.

Variante: Statt an der Abzweigung nach Bogdašići zu gehen, kann man auch bis unterhalb des Gipfels Sveti Ilija (Abstecher auf diesen siehe Tour 9) auf der Militärstraße bleiben. Die Straße führt immer am Bergrücken entlang bis direkt zur Festung Kleiner Vermac, vor der man wieder auf die Haupttour trifft.

Kombinationsmöglichkeit: Diese Wanderung lässt sich mit den Touren 7 und 9 auf vielfältige Weise kombinieren (z. B. von Tivat über Bogdašići nach Kotor, von Prčanj über Vrdola nach Stoliv oder nach Tivat, von Lepetane über Gornja Lastva und Bogdašići nach Kotor usw.).

Tipp: Taschenlampe für die Festung mitnehmen!

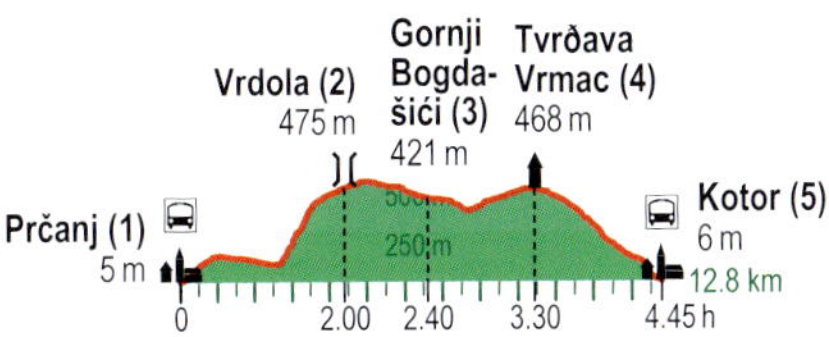

Zwischen der Konoba Lanterna und einem kleinen Supermarkt zweigt gegenüber von einem kleinen Leuchtturm eine Gasse von der Uferstraße von **Prčanj (1)** ab, auf der wir geradeaus bergauf wandern. Wo es nach rechts zu Häusern geht, steigen wir noch geradeaus auf einem Fußpfad ca. 100 m weiter an und gehen dann dem Verlauf folgend nach rechts, immer am Hang entlang durch den Wald. So kommen wir zur verfallenen, durch ein Erdbeben teilweise zerstörten alten Kirche von Prčanj und treffen bei ihr auf einen Pflasterweg, auf dem wir weitergehen. Sobald er sich wieder rechts bergab biegt, gehen wir auf einem Fußpfad geradeaus auf gleicher Höhe weiter, oberhalb der letzten Häuser des Ortes.
Nach 25 Min. erreichen wir eine größere Lichtung, auf der wir links von uns ein tief eingeschnittenes Tal sehen, in das ein Hirtenpfad hinaufführt. Hier wenden wir uns nach links und folgen dem stets klar erkennbaren Pfad parallel zu einem meist trockenen Bachbett. Wir kommen durch lichten Wald, in dem zwar mehrere Viehpfade abzweigen; wir halten uns aber immer im Tal bergauf. Auf rund 300 m Höhe queren wir das Bachbett und gewinnen danach rasch an Höhe. Zuletzt geht es auf in den Stein gehauenen Stufen bergauf, und bevor wir in den Wald eintreten, können wir noch einmal den Ausblick auf die Bucht von Kotor genießen.
In einem flachen Hochtal mit moosüberwachsenen Bäumen, kleinen Tümpeln, Hausruinen und alten Mauern gehen wir weiter bergauf. 20 Min. ab dem Waldrand kommen wir zu einer Schotterhalde, über die wir hinaufsteigen, um am Bergsattel **Vrdola (2)** auf eine alte Militärstraße zu stoßen (Verknüpfung mit Tour 7). Auf dieser gehen wir links erst eben, dann leicht bergauf, passieren einen schönen Aussichtspunkt Richtung äußerer Bucht und kommen 20 Min. ab Vrdola zu einer Spitzkehre, in der wir geradeaus auf einem steil bergab führenden Fahrweg Richtung Bogdašići (Wegweiser) weitergehen. Links des Weges passieren wir eine kleine Quelle; danach geht es wieder bergauf über den Bergsattel **Kuk**, auf dem rechts oberhalb ein pyramidenförmiges Denkmal steht. Wir gehen gerade weiter auf der Schotterstraße, die uns schließlich in einer engen Serpentine hinab zu den verfallenen Häusern der Ortschaft **Gornji Bogdašići (3)** bringt.
Ab hier führen nur mehr Fußwege weiter; geradeaus kommen wir zu einer ergiebigen Quelle mit einem schönen, schattigen Rastplatz. Hinter der Quelle halten wir uns auf Wegspuren leicht bergauf, bis wir auf einen breiten Karrenweg durch den Wald bergab treffen. Etwa 15 Min. nach der Quelle zweigt links ein Militärweg steil bergauf ab, den wir hinaufgehen. Der Weg flacht ab, bietet immer wieder einen schönen Blick auf die Bucht von Tivat und mündet schließlich bei einer Kehre auf eine Asphaltstraße. Auf dieser gehen wir rechts bergab und gelangen zur riesigen, weitgehend erhaltenen österreichischen Festung **Kleiner Vermac (4)**, Tvrđava Vrmac. Das Tor ist fallweise mit einer Kette versperrt, meist aber kann man das sehenswerte alte Gemäuer – Taschenlampe vorausgesetzt – auf eigene Faust erforschen.

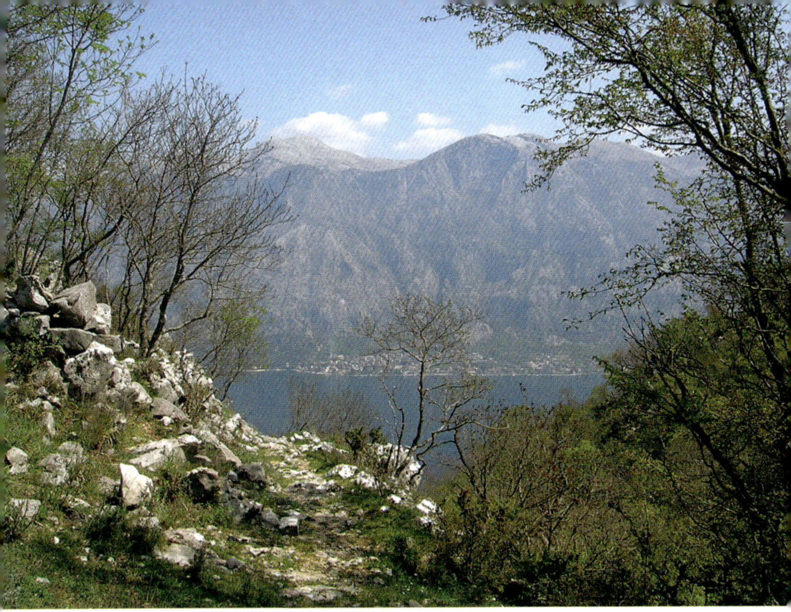

Aufstieg von Prčanj.

Oberhalb des Grabens, der direkt vor der Festung verläuft, gehen wir in dessen gedachter Verlängerung weiter, bis wir wieder auf eine Schotterstraße treffen. Auf dieser rechts bis zu einer Lichtung, auf der ein markierter Weg links hinabführt. Er erweist sich nach einem kurzen, abgerutschten Stück als alter Reitweg aus der Habsburgerzeit – der sogenannte »Franz-Josef-Weg«, auf dem wir nun hinab bis nach Kotor gehen werden. Nach einem Dutzend Kehren wird der Wald lichter, und wir haben bereits einen schönen Blick auf den innersten Teil der Bucht. Links und rechts rücken die Felsen näher; auf einem etwas steiler angelegten Wegstück verläuft der Weg kunstvoll aufgemauert am Steilhang entlang. Dann kommen wir wieder in den Wald, in dem wir weiter bergab steigen. Der Weg ist kurz etwas verwachsen und trifft auf einen Stufenweg. Rechts hinauf käme man nach wenigen Metern zu einer Kehre der Straße von Kotor zum Trojica-Pass.
Wir gehen aber links auf dem von Stufen unterbrochenen Fußweg hinunter in eine Reihenhaussiedlung bis zu einer Gasse. In dieser 70 m nach rechts und dann wieder über einen Stufenweg hinunter. So treffen wir schließlich direkt am Ortsrand von **Kotor (5)** auf die Uferstraße nach Prčanj. Auf dieser kann man rechts ins Zentrum gehen; wer zu Fuß auf der Straße zum Ausgangspunkt in **Prčanj (1)** zurückkehren möchte, erreicht diesen in 45 Min.

9 Sveti Ilija, 765 m

5.00 Std.

Selten begangener Aufstieg auf den höchsten Gipfel des Vrmac

Die wenigsten Wanderer kennen die Pfade, die von der Südseite des Vrmac, aus Richtung Tivat, auf den Gipfel des Bergrückens führen. Dabei sind gerade diese landschaftlich sehr reizvoll und obendrein mit relativ geringer Anstrengung zu meistern. Wir wählen als Ausgangsort dieser Tour das hübsch gelegene Dörfchen Bogdašići und folgen alten österreichischen Militär- und Maultierpfaden.

Talort: Tivat, 1 m.
Ausgangspunkt: Donji Bogdašići, 110 m. Anfahrt auf der alten Straße über den Trojica-Pass: Von Tivat kommend bei einer Tankstelle links Richtung Kavac. Kurz vor einer Brücke bei einem alten Schulgebäude links auf Asphalt steil bergauf zur Kirche von Bogdašići (Parkmöglichkeit am Ende des Asphalts). Anfahrt mit dem Auto nur sinnvoll, wenn man vom Bergsattel Kuk auf der Variante zurück nach Bogdašići geht, sonst besser in Tivat parken und mit dem Taxi zum Ausgangspunkt fahren (Tel. +382/19729, ca. 12 Euro).
Endpunkt: Tivat, 15 m.
Höhenunterschied: Ca. 670 m Aufstieg, 770 m Abstieg.
Anforderungen: Mittelschwere Tour auf deutlichen, aber zum Teil etwas verwachsenen alten Hirtenpfaden.
Einkehr: Nur am Ende in Tivat. Quelle am Abstieg nahe Gornji Bogdašići.
Variante: Wer eine Rundwanderung bevorzugt, geht vom Bergsattel Kuk gerade weiter auf der Schotterstraße, die schließlich in einer engen Serpentine hinab zu den verfallenen Häusern der Ortschaft Gornji Bogdašići führt. Von hier geradeaus weiter auf einem Fußweg, vorbei an einer Quelle mit Rastplatz. Dahinter auf Wegspuren leicht bergauf, bis man auf einen breiten Karrenweg durch den Wald bergab stößt, auf dem man wieder auf den Aufstiegsweg trifft.
Kombinationsmöglichkeit: Tour 7, 8.

Das verfallene Kirchlein Sveta Neđelja.

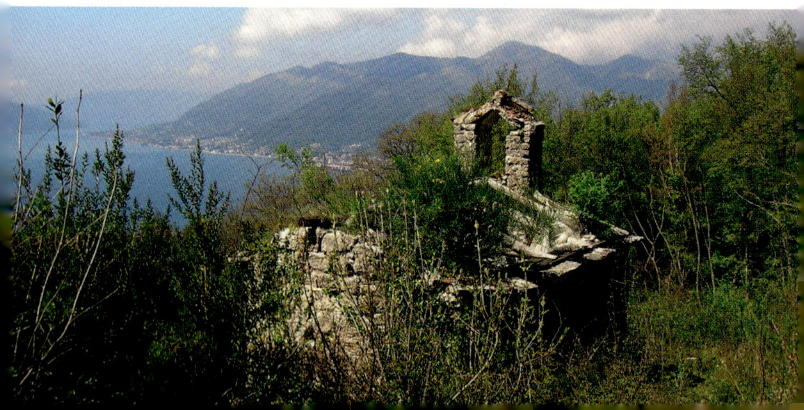

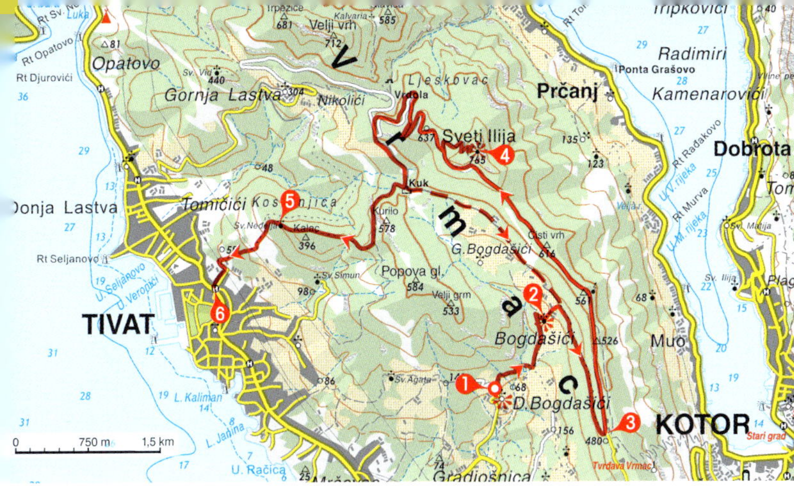

50 m nach dem Asphaltende hinter der Kirche von **Donji Bogdašići (1)** führt ein Fußpfad hinter einer Felsgruppe nach rechts durch ein Gatter mit der Aufschrift »Zatvaraj vrata hvala« (»Bitte Tür schließen«). Mehrere Seitentäler werden ausgegangen, dann gelangen wir auf einem aus dem Felsen gehauenen Weg zu einer Betonbrücke über einen breiten Wasserfall. Dahinter nehmen wir den linken, steil ansteigenden Weg (rechts Zugang zu einem verfallenen Haus und zu einer Quelle). Nun etwas steinig bergauf zu einer Gabelung, bei der wir uns links halten. Der Weg führt durch ein schattiges Tal bergauf, bis schließlich nach ca. 30 Min. scharf rechts ein Weg abzweigt. Dieser leitet geradewegs zu einer schön gelegenen und von Fledermäusen bewohnten alten **Kirche (2)**, von der aus wir einen herrlichen Ausblick hinüber zum Lovćen genießen.

Von der Kirche gehen wir gerade bergauf, immer wieder Wegspuren und alten, von Steinmauern gesäumten Wegen folgend, bis wir auf einen breiteren, nach rechts abfallenden Weg stoßen. (Wer auf der Variante zurückgehen möchte, sollte sich die Wegkreuzung für den Abstieg merken!)

Wir gehen kurz rechts bergab, bis wir steil links bergauf auf einen alt-österreichischen Militärweg treffen. Auf diesem steigen wir hinauf, allmählich fla-

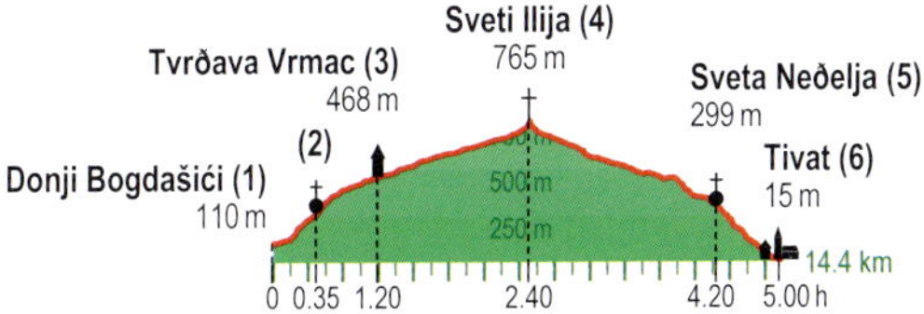

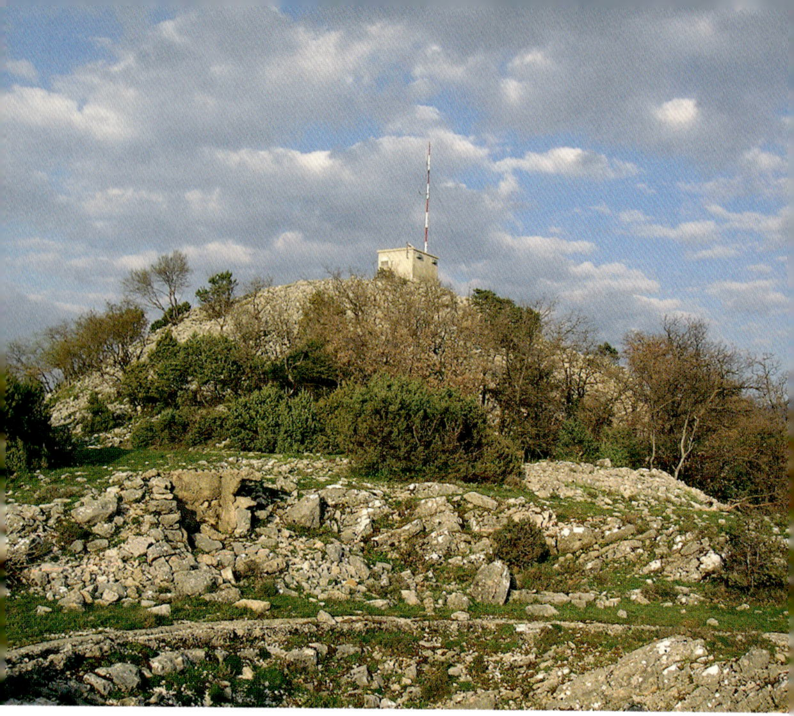

Alte Geschützstellungen am Vrmac.

cher und mit schönem Blick auf die Bucht von Tivat. Bald sind oberhalb Ruinen alter militärischer Objekte sichtbar; kurz darauf treffen wir auf die Serpentine einer Asphaltstraße. Auf dieser können wir ca. 100 m bergab einen Abstecher zur österreichischen Festung **Kleiner Vermac (3),** Tvrđava Vrmac, machen, anschließend kehren wir zur Serpentine zurück und folgen der hier abzweigenden Schotterstraße, vorbei an den alten Gebäuderesten durch schattigen Kiefernwald. Sie verläuft zunächst fast eben und steigt dann gemächlich an, quert den Bergrücken – ab hier Ausblick auf die Bucht von Kotor – und führt bei einem Sendemast vorbei. Die Straße steigt weiter an, mit großem Aufwand trassiert – nur um wenige Meter Gegensteigung zu vermeiden, hat man sie am Bergrücken als Steindamm mehrere Meter hoch aufgemauert.

Wir queren wieder auf die Südwestseite des Bergrückens, und nach einem weiteren kurzen Anstieg erreichen wir eine Gabelung, bei der der Hauptweg rechts zu einem großen Rangierplatz am Fuß des Hauptgipfels führt.

Von diesem Platz unterhalb des Gipfels (links unterhalb eine sehenswerte, riesige Zisterne mit Wassersammelrinne am Berghang) gehen wir über einen Damm, hinter dem wir die Serpentinen der Straße rechts über einen schmäleren Fußweg abkürzen können. Wir treffen wieder auf die Straße, halten uns bei der nächsten Abzweigung links und gehen fast eben an zwei Unterständen vorbei. Am Straßenende (Aussicht!) halten wir uns auf Steigspuren scharf rechts und gelangen so zum Gipfel **Sveti Ilija (4)**, der eine grandiose Aussicht über die Buchten von Kotor, Risan, Tivat und Herceg Novi bietet.
Der Abstieg erfolgt über eine Straße unmittelbar neben dem Aufstiegsweg, die wenige Meter unterhalb des Gipfels beginnt, an zwei ehemaligen Geschützstellungen und mehreren Hausruinen vorbei. Im Zickzack gehen wir hinunter zum Rangierplatz und zur darunter liegenden Gabelung, bei der wir uns rechts bergab wenden. Zunächst geht es sanft hinunter, dann nach einer Kehre kurz sehr steil – 60 Hm werden so recht rasch überwunden. Dann beginnt wieder die gute K.-u.-k.-Militärstraße – man hatte von zwei Seiten zu bauen begonnen, das letzte Stück wurde aber kriegsbedingt nicht mehr vollendet. Schließlich kommen wir in einer weiteren Kehre zu einer Abzweigung, bei der wir geradeaus weiter Richtung Bogdašići gehen. Steil bergab gelangen wir zu einer Quelle, dann geht es wieder bergauf auf einen Sattel, **Kuk**, mit pyramidenförmiger Steinsäule zu.
50 m bevor wir diesen erreichen, nehmen wir einen Fußweg, der nach rechts abzweigt und, an verfallenen Gebäuden vorbei, zunächst fast eben am Hang entlang durch den Wald verläuft. (Wer auf der Variante zum Ausgangspunkt zurückgehen möchte, folgt weiter geradeaus der Schotterstraße.) Etwas später wird das Gelände steiler; der Weg wurde halb aus dem Felsen gehauen, halb aufgemauert. Hier bietet sich wieder ein schöner Ausblick über die Bucht von Tivat. Kurz darauf kommen wir zu einer Abzweigung, bei der wir den rechten Weg, steil bergab am Bergrücken, wählen. 20 Min. später erreichen wir ein flaches, grasbewachsenes Fleckchen, das offensichtlich schon öfters als Lagerplatz benutzt wurde, und folgen weiter dem nun weniger steil abfallenden Weg. Kurz nachdem wir einen kleinen, kahlen Berggipfel seitlich umgangen und wieder freien Blick aufs Meer haben, kommen wir zum leider verfallenen Kirchlein **Sveta Neđelja (5)**. Von hier geht es nochmals etwas steiler bergab, bis wir auf 260 m Höhe zu einer Gabelung kommen.
Links bergab gehen wir Richtung Tivat. Wir kommen zu einem Olivenhain, in dem wir auf einen deutlich sichtbaren Strommast zugehen – 10 m rechts davon finden wir einen Weg, auf dem wir uns zunächst links, dann rechts und zuletzt immer am Hauptweg bergab zu einem Wasserbehälter halten müssen. Hier beginnt eine Asphaltstraße, auf der wir erst links, dann steil rechts bergab gehen. Schließlich treffen wir auf die Hauptstraße; auf dieser nach links und nach etwa 5 Min. rechts ins Zentrum von **Tivat (6)** bzw. zur Uferpromenade.

TOP 10 Von Kotor zum Krstac

5.45 Std.

Österreichisch-montenegrinische Paradetour auf historischen Pfaden

Bevor die heutige Lovćen-Passstraße errichtet wurde, bestand die einzige Verbindung vom historischen Cattaro ins Landesinnere in einem kühn angelegten Maultierpfad, der über das Dorf Njeguši in die alte montenegrinische Königsresidenz Cetinje führte. Dieser Weg war es, auf dem Fürst Petar II. Petrović Njegoš einst unter anderem auch den legendären Billardtisch unter größten Mühen und Schwierigkeiten in seine Residenz bringen ließ. Auf dieser Wanderung begehen wir den spektakulärsten Teil des Weges, der in über 70 Serpentinen direkt von der Altstadt von Kotor zum Bergpass Krstac führt.

Ausgangspunkt: Kotor, 6 m.
Höhenunterschied: Ca. 1000 m.
Anforderungen: Lange, bis auf 40 Hm über eine Schotterhalde am Aufstieg zum Krstac auf alten Fußpfaden verlaufende Tour; durchgehend markiert.

Einkehr: Gasthäuser und Lokale in Kotor; Konoba Krstac und Restaurant in Žanjev Do. Jausenstation in Špiljari. Trinkwasser entlang des Weges keines.
Kombinationsmöglichkeit: Mit Tour 11 und 12.

Abstieg durch die Festung von Kotor.

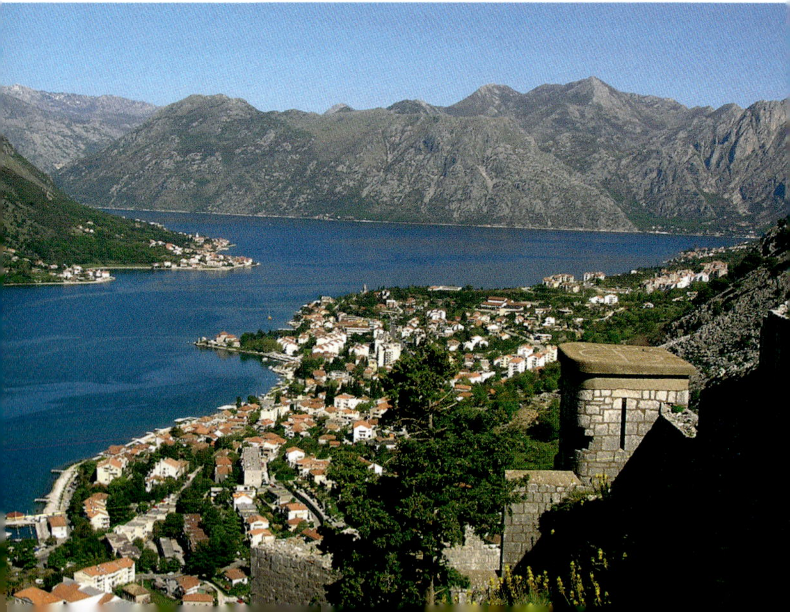

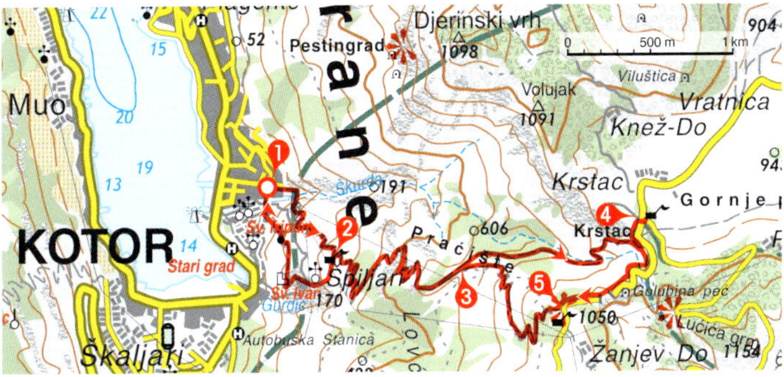

Am schönsten beginnt man die Tour direkt im Zentrum der Altstadt von **Kotor (1)**. Wir verlassen diese durch das nördliche Stadttor, queren eine alte Steinbrücke über den Fluss Škurda, biegen dann sofort rechts entlang des Ufers ab und gehen zum Tor des alten Wasserwerks, neben dem rechts ein mit Nr. 759 markierter Fußpfad beginnt. Zwischen dem Zaun des Werksgeländes und dem Fluss gelangen wir zu einem Fußgehersteg über den Fluss; dahinter beginnt ein gut befestigter, mit nur leichter Steigung in zahllosen Kehren bergauf führender Maultierpfad. 45 Min. nach dem Ausgangspunkt zweigt rechts ein Weg zum praktisch verlassenen Dorf **Špiljari** ab, das wir aber am Rückweg besuchen wollen; dann geht es weiter im Zickzack bergauf. Bei einem weiteren **Haus (2)**, dessen Besitzer hier eine kleine Jausenstation betreibt, zweigt abermals ein Weg nach Špiljari ab; wir bleiben aber am Hauptweg bergauf.

Wir erreichen eine Stelle, an der man links in den tief eingeschnittenen Škurda-Canyon hinabsieht. Dann geht es, nach einigen weiteren Serpentinen, um einen Bergrücken herum und relativ flach zu einem Wegweiser auf einem **Betonfundament (3)**, das für eine geplante Seilbahn von Kotor auf den Lovćen vorgesehen war. Hier weist eine Aufschrift geradeaus nach Žanjev Do, während wir links durch den Wald weitergehen. Der Weg führt ins Tal der Škurda hinein, um den meist trockenen Bach schließlich auf einer alten Steinbrücke zu queren.

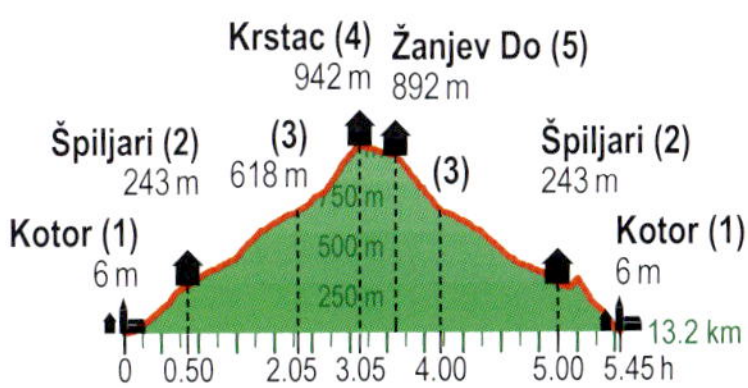

Ein Stück oberhalb wird der Weg für ein kurzes Stück beschwerlich; beim Erdbeben 1979 rutschten hier große Teile der Steinbefestigung ab, sodass wir etwa 40 Hm über Schotterfelder auf schmalen Trittspuren bewältigen müssen. Dann ist aber auch schon das einzige schwierige

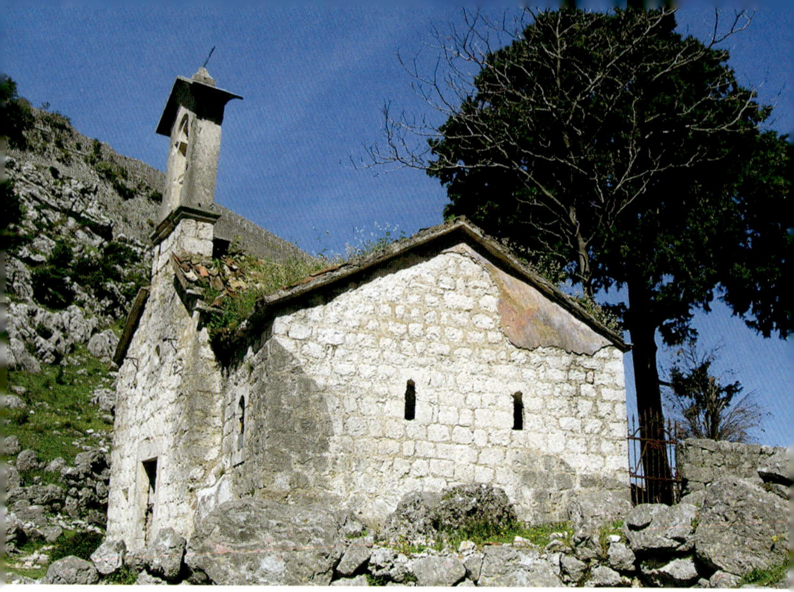

Alte Kirche von Špiljari.

Wegstück geschafft, und wir erreichen die Lovćen-Passstraße und auf ihr nach wenigen Metern links – nachdem wir den grandiosen Blick aufs Meer genossen haben – den Bergpass **Krstac (4)**, wo eine gemütliche Konoba zur Einkehr einlädt.
Von dort wieder zurück und auf der Straße bergab. Wir kommen an der eindrucksvollen Höhle Golubina Pećina vorbei, gehen durch einen kurzen Tunnel und finden 200 m weiter in einer Linkskurve am Beginn des Ortes **Žanjev Do (5)** wieder eine Markierung, die rechts bergab führt. Bleibt man auf der Straße, erreicht man nach wenigen Metern ein Restaurant mit schöner Aussichtsterrasse. Durch Gebüsch, dann durch den Nadelwald geht es im Zickzack bergab, und wir treffen beim Wegweiser am **Seilbahnfundament (3)** auf den Hinweg. Auf diesem bergab bis zur Jausenstation von **Špiljari (2)**. Hier nun auf einem Fußweg links bergab. Im verlassenen Ort sollte man sich Zeit nehmen, die Kirchenruine mit ihren zwei Altären zu besichtigen, bevor man halb rechts auf einer Wegspur zu einem deutlich erkennbaren Durchstieg in der Festungsmauer von Kotor hinaufgeht. Wir betreten die Festung und sollten unbedingt noch einen Abstecher links hinauf zum höchsten Punkt, dem Fort **San Giovanni** machen, bevor wir über viele Stufen im Inneren der Festungsmauern hinabsteigen. So gelangen wir direkt zurück in die Altstadt von **Kotor (1)**.

Đerinski Vrh, 1098 m, und Pestingrad, 990 m

Grandiose Ausblicke von den Hausbergen von Kotor

Wie eine erhobene Faust ragt der Felsen Pestingrad (der Name kommt vom serbokroatischen Wort »Pest« für »Faust«) über der Stadt Kotor auf und hat eine auch durch Sagen und Mythen reflektierte Stellung. Hier wohnte nach alter Überlieferung die Vila (die Entsprechung zu Feenwesen in der slawischen Mythologie), auf deren Geheiß hin die Stadt gegründet wurde. Für den Abstieg wählen wir einen schönen Hirtenpfad, der durch das verlassene Dorf Velji Zalazi führt.

Talort: Kotor, 1 m.
Ausgangspunkt: Bergpass Krstac, 942 m. Keine öffentlichen Verkehrsmittel. Autofahrer parken am besten in Kotor und fahren mit dem Taxi zum Krstac (ca. 40 Euro). Wer diese Kosten nicht in Kauf nehmen möchte, verzichtet auf den Abstiegsteil der Wanderung und geht nach der Rückkehr zur Abzweigung (WP 2) rechts wieder zurück zum Bergpass Krstac.
Endpunkt: Plagente, 12 m.
Höhenunterschied: Ca. 240 m im Aufstieg und 1200 m im Abstieg.
Anforderungen: Anspruchsvolle, auf einem kurzen Stück ausgesetzte Wanderung mit einfachen Kletterpassagen. Der Aufstieg zum Đerinski Vrh ist weglos; der Abstieg von Velji Zalazi nach Dobrota steil und steinig.
Einkehr: Unterwegs keine, auch kein Trinkwasser. Konoba Krstac am Ausgangspunkt und mehrere Lokale an der Strandpromenade in Dobrota.
Kombinationsmöglichkeit: Mit Tour 10 und 12 lässt sich diese Wanderung zu einer Zwei- oder Dreitagestour verbinden: Auf Tour 10 von Kotor zum Krstac und auf Tour 12 weiter nach Njeguši, wo man übernachten kann. Dann am nächsten Tag zurück zum Krstac und auf Tour 11 absteigen. Dazwischen kann man noch einen Tag einschieben und auf Tour 12 zum Gipfel des Jezerki Vrh wandern.
Hinweis: Die Wege zum Pestingrad und zum Đerinski Vrh werden von den örtlichen Wandervereinen nicht jedes Jahr neu freigeschnitten. Aufgrund der schnellwüchsigen Vegetation kann es sein, dass der eine oder andere nicht begehbar ist. In diesem Fall geht man von Wegpunkt 2 direkt weiter nach Velji Zalazi (1.10 Std. kürzer).

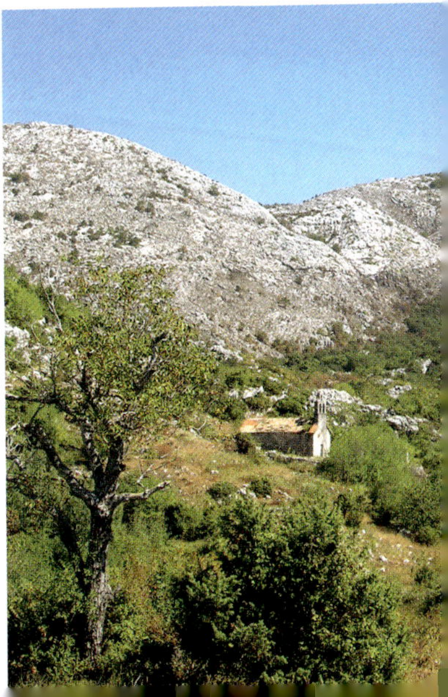

Velji Zalazi.

Am Bergpass **Krstac (1)** folgen wir den Wegweisern der Küsten-Transversale etwa 120 m Richtung Njeguši, dann auf einem Schotterweg links. Wir durchqueren den Weiler Knež Do und steigen auf der Straße in einer weiten Serpentine an (oder auf der Markierung über eine Abkürzung; nur geringe Zeitersparnis). 10 Min. nach den letzten Häusern kommen wir zu einer **Weggabelung (2)**, bei der wir später den rechten Weg nehmen werden – vorerst aber gehen wir links und erreichen schon nach 5 Min. das Ende der Militärstraße bei den Ruinen eines ehemaligen militärischen Stützpunktes. Von hier führt ein markierter Fußweg weiter, der den Gipfel des Đerinski Vrh entgegen dem Uhrzeigersinn umrundet. Rechts liegen Dolinen und kleine mit Mauern befestigte Terrassen, die schon lange nicht mehr landwirtschaftlich genutzt werden. An der Westseite des Berges kommt man zu einem Wegweiser, der links hinauf zum Gipfel weist. Als erstes gehen wir aber der Markierung folgend rechts und kommen nach kaum 5 Min. zum Rand einer tiefen Felsscharte. Unter Zuhilfenahme der Hände klettern wir über die Felsen zu einem natürlichen Steg ab, über den wir zum gegenüberliegenden freistehenden Felskopf **Pestingrad (3)** queren. Dieser wird erstiegen, und von seiner Spitze (Markierungsstange) bietet sich ein atemberaubender Blick hinab auf Kotor und die gesamte Bucht.
Zurück bei der letzten Gabelung folgen wir dem Wegweiser über nackten Fels hinauf zum Gipfel des **Đerinski Vrh (4)**. Die Stadt Kotor ist von hier aus

Ausblick vom Bergpass Krstac.

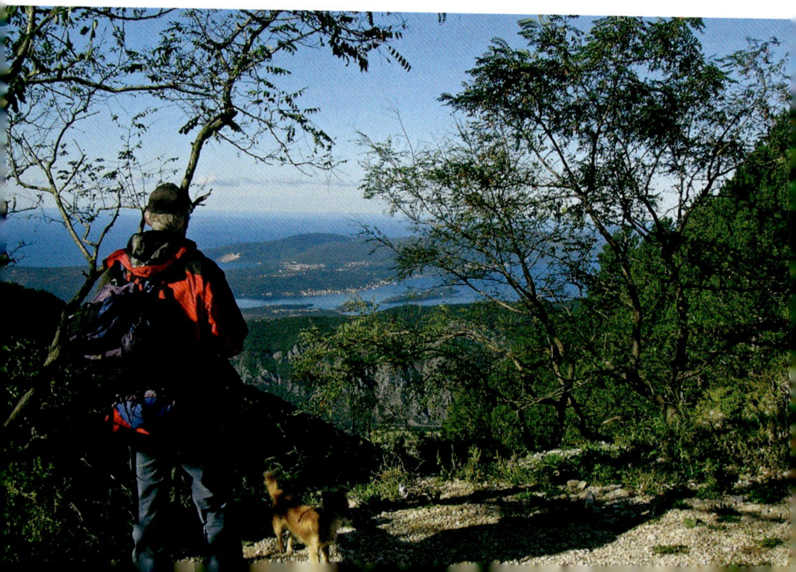

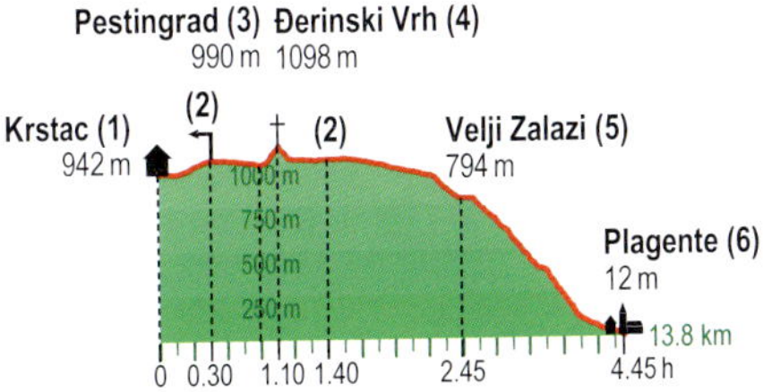

nicht mehr zu sehen, dafür bietet sich aber ein herrlicher Blick auf die umliegenden Gipfel. Ein früher markierter Weg, der direkt an der Ostseite des Berges zur Militärstraße hinunterführte, ist leider nicht mehr begehbar, weil zugewachsen. Also kehren wir zur Abzweigung zurück, umrunden den Gipfel wieder und gehen auf der Militärstraße bis zur **Straßengabelung (2)**, an der wir uns nun links auf die Transversale wenden. Auf dieser geht es leicht bergab, um den markanten Bergkegel des Mrajanik rechts von uns herum. 3 km von der Abzweigung entfernt endet die Militärstraße, wir wandern links im Zickzack über einen steinigen Hang bergab und kommen zu den Häusern des Ruinendorfes **Velji Zalazi (5)**, wo die Transversale nach rechts abbiegt.

Wir gehen geradeaus weiter, auf einen flachen Bergsattel genau in Richtung der Küste zu. Diesen überqueren wir und haben wieder das herrliche Panorama der Bucht von Kotor vor uns. Über einige Kehren steigen wir hinab zu einer exponierten Stelle des Weges, wo man diesen halb aus den Felsen gehauen, halb aufgemauert und mit einem Viehgatter abgesperrt hat. Durch das Tor und am Hang entlang weiter südwärts, dann allerdings die nächsten 100 Hm über groben Schotter bergab. Erst auf knapp 300 m Höhe über dem Meer bietet eine leicht überhängende Felswand wieder Gelegenheit zum Rasten im Schatten.

Nun geht es auf einem schönen Bergpfad in zahlreichen Kehren bergab, bereits in Sichtweite der Häuser von Dobrota. Kurz hinter einer großen Eiche kommen wir zu einem Viehgatter, durch das wir links gehen und so auf eine Straße treffen. Auf dieser wandern wir bergab, den rot-weißen Streifen auf Straßenlaternen folgend, bis zur Hauptstraße. Hier kurz links, dann wieder schräg rechts bergab kommen wir zur Uferpromenade im Ortsteil **Plagente (6)**, an der wir mehrere Lokale vorfinden und auf der wir in nur 20 Min. die Altstadt von **Kotor** erreichen.

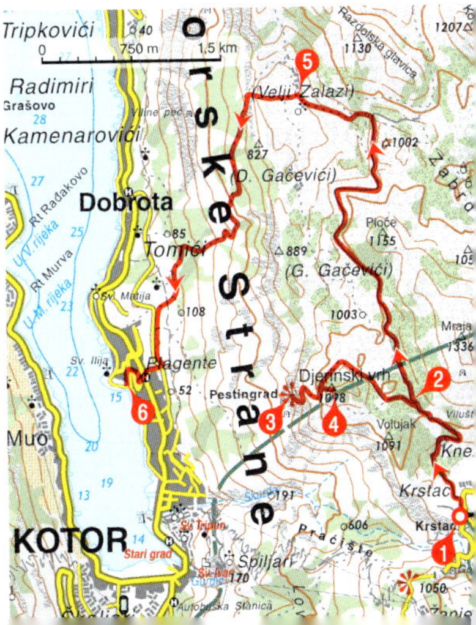

TOP **12**

Von Njeguši auf den Lovćen

7.00 Std.

Die Paradewanderung des Lovćen-Nationalparks

Eine der schönsten, wenn auch längsten und beschwerlichsten Touren des Lovćen-Gebietes ist der Aufstieg zum Gipfel des Jezerski Vrh von der Ortschaft Njeguši ausgehend. Sie führt damit sozusagen vom Geburtsort des berühmten Fürsten Peter II. Petrović Njegoš zu seinem Mausoleum.

Talort: Kotor, 1 m.
Ausgangspunkt: Njeguši, 850 m, Ortsteil Vrh Polja, 859 m, Parkmöglichkeit. Keine öffentlichen Verkehrsmittel; Anfahrt von Cetinje oder Kotor mit Taxi möglich.
Höhenunterschied: Rund 970 m.
Anforderungen: Mittelschwere, lange, aber problemlose Tour zum Großteil auf alten befestigten Steinpfaden und Forststraßen; kurzer Abschnitt auf Asphalt. Durchwegs markiert.
Gefahren: Vorher unbedingt nach der Begehbarkeit erkundigen. An den Nordhängen zwischen Podjezero und dem Gipfel halten sich bis weit ins Frühjahr hinein Schneefelder.
Einkehr: Gasthaus Ethno Selo Kadmi (auch Übernachtung in urigen kleinen Holzhütten möglich) und Restoran Zora in Erakovići; Kafana Kod Pera in Bukovica, Restaurant beim Parkplatz unter dem Gipfel des Jezerski Vrh, sowie Konoba Krstac. Trinkwasser bei den Quellen Pištet, Jama und Međuvršje.
Varianten: Wem die Tour zu lang ist, der kann sie auf zwei Arten abkürzen:
1. Von der Quelle Pištet rechts bergauf auf einem nicht markierten, aber deutlichen Weg an der linken Talseite direkt zum Bergsattel Šanik (4). Zeitersparnis ca. 30 Min.
2. Direkt von Vrh Polja auf einem markierten Weg anfangs über Wiesen, dann durch den Buchenwald direkt hinauf zur Weggabelung unterhalb des verlassenen Katun Podjezero (5). Zeitersparnis 1 Std.
Kombinationsmöglichkeit: Mit Tour 10, 11 und 13.
Tipp: Mit Übernachtung in Njeguši lässt sich diese Tour sehr gut mit dem Aufstieg von Kotor (Tour 10) zu einer traumhaften Zweitagestour kombinieren.
Hinweis: Eintrittsgebühr für das Njegoš-Mausoleum 5 € für Erwachsene, 2,50 für Kinder.

Von **Vrh Polja (1)** gehen wir auf der Straße Richtung Nordosten in etwa 15 Min. weiter in den Ortsteil Erakovići, wo wenige Meter vor dem Geburtshaus des Fürsten Njegoš (Besichtigungsmöglichkeit) ein Wegweiser nach rechts weist. Auf einem alten Karawanenweg gehen wir zwischen Steinmauern

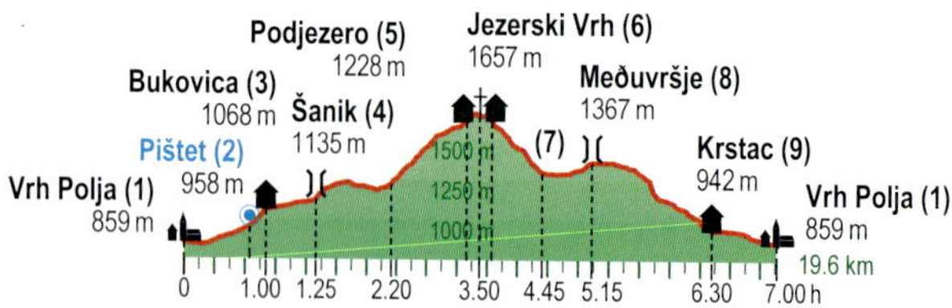

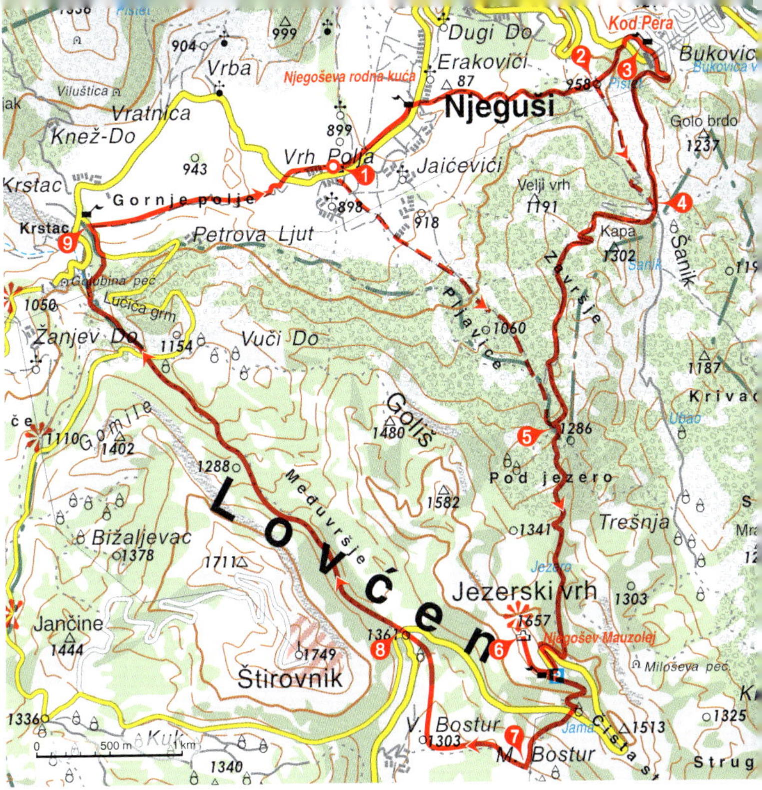

und Feldern leicht ansteigend und gut markiert ostwärts. Am Fuß einer Höhenstufe halten wir uns links und gelangen zur gefassten Quelle **Pištet (2)**. Nun steiler ansteigend erreichen wir knapp 15 Min. später die neu ausgebaute Straße von Njeguši nach Cetinje. Wir queren sie und folgen gegenüber der alten Straße, die nach wenigen Metern am ältesten montenegrinischen Gasthaus **Kod Pera** in **Bukovica (3)** – seit 1881 täglich geöffnet, aber in der Hauptsaison oft von drei bis vier Touristenbussen gleichzeitig belagert – vorbeiführt. Wir gehen noch ein Stück auf der Straße bergauf, dann zweigt in einer Serpentine rechts ein guter Fahrweg ab (Weg Nr. 762), der leicht ansteigend und dann fast eben entlang des steilen Hangs zum Bergsattel **Šanik (4)** führt. Dieser ist deutlich markiert; ab dem Sattel (dem Wegweiser Richtung Jezerski Vrh folgend) leiten einen die rot-weißen Kreise steil über einen Hang hinauf. Nach rund 10 Min. trifft man aber schon wieder auf eine gute Militärstraße, der man ab hier wieder folgt.

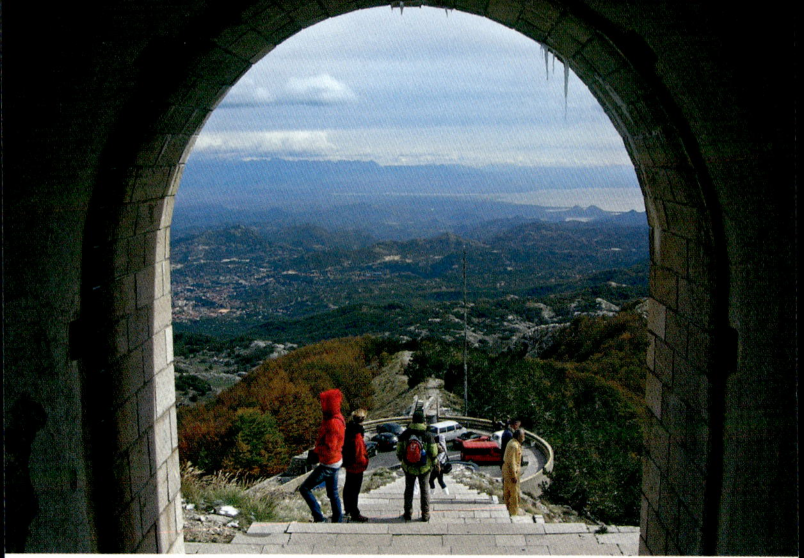

Blick vom Tunnel zum Mausoleum Richtung Skadar-See.

Wir umrunden einen steinigen Bergrücken, wo der Weg durch die Felsen gesprengt wurde, und kommen nach einer weiteren Doppelkurve in 1235 m Höhe zu einer Abzweigung, wo die Aufschrift »Odmor« auf einem Baum nach links auf eine Wiese weist, die sich gut für eine Rast eignet. Weiter auf dem Hauptweg kommen wir nach wenigen Minuten zu einer Stelle, wo wir erstmals einen Blick über die Bucht von Kotor und das weite Becken von Njeguši genießen (auf einem Felsen die Aufschrift **»Vidikovac«** = Aussichtspunkt). Der Weg verläuft auch hier aus dem Fels gesprengt auf einem steilen, kahlen Hang; keine Bäume behindern die Sicht. Es geht fast eben dahin, schließlich wieder in den Wald hinein, wo die Markierung bei einer Weggabelung nach links weist. Leicht ansteigend kommen wir zu einer Abzweigung mit einem alten, nicht mehr aktuellen **Wegweiser (5)** – der Weg geradeaus führt nur bis zum verfallenen **Katun Podjezero** und endet dann blind. Hier gehen wir scharf links hinauf. Auf einem steileren, schmäleren, aber immer noch befestigten Pfad steigen wir nun auf einem Bergrücken an. 45 Min. später erreichen wir so die Einmündung des Wegs in die Asphaltstraße von Cetinje über Ivanova Korita auf den Jezerski Vrh.
Auf dieser wenden wir uns rechts, kommen in 15 Min. zum Parkplatz am Straßenende (Gasthaus, Einkehrmöglichkeit) und steigen, wie bei Tour 13 beschrieben, zum Gipfel des **Jezerski Vrh (6)** hinauf. Nach der Besichti-

gung des **Mausoleums** kehren wir zum Parkplatz zurück und folgen dem markierten Weg Nr. 757, der abseits der Straße über den Bergrücken hinunterführt. Er berührt auf 1490 m Höhe kurz die Asphaltstraße, um sofort wieder rechts steil bergab in den Buchenwald abzubiegen.

Auf einem bei Nässe rutschigen Fußpfad gehen wir im Zickzack hinunter, bis wir wieder auf die Straße treffen. Wir kreuzen diese und gelangen zu einer gefassten Quelle wenige Meter unterhalb. Von dieser führt der Pfad zu einer Hausruine, neben der sich die unterirdische Quelle **Jama** befindet (ca. 5 m Tiefe, gefahrlos über steinerne Stufen erreichbar). Der markierte Weg führt durch den Buchenwald in vielen Serpentinen hinab und kreuzt die Schneise einer Stromleitung, wo bei einem Wegweiser kurz vor den Häusern von **Mali Bostur (7)** die Markierung rechts Richtung Velji Bostur und Međuvršje abbiegt. Wir gehen etwa 20 Min. am flachen Talgrund entlang und treffen in Sichtweite der Häuser von Velji Bostur auf den Küsten-Weitwanderweg, auf dem wir rechts gehen. Nun steigt der Pfad wieder an und führt durch einen Wald zum Bergsattel **Međuvršje (8)**, wo bei einem Stand Schinken, Käse und Honig verkauft werden und von links eine Asphaltstraße (aus Richtung Kuk) dazustößt. Wir folgen dem markierten Weitwanderweg geradewegs in das Hochtal zwischen Štirovnik und Jezerski Vrh hinein.

Nach knapp 5 Min. kommen wir an einer Wasserstelle mit Viehtränke (Međuvršje Izvor) vorbei, von hier geht es zunächst noch flach, dann immer steiler bergab. Der Weg ist stets gut erkennbar; der Wald wirkt mit seinen bemoosten Stämmen zauberhaft. Auf einem alten Eselspfad steigen wir in Richtung der Almsiedlung **Vuči Do** ab, dann mündet der Pfad in einen Fahrweg, um kurz darauf die Asphaltstraße Krstac – Ivanova Korita zu erreichen. Diese queren wir und gehen auf einem markierten Fußpfad bergab. Schließlich treffen wir abermals auf besagte Straße, auf der wir rund 100 m hinunter zum Nationalpark-Portal am Bergpass **Krstac (9)** gehen. Die Einkehrmöglichkeit **Konoba Krstac** liegt 50 m die Straße hinunter; unser Rückweg nach Njeguši führt direkt beim Schranken rechts auf einem markierten Fahrweg hinter Häusern vorbei durchs flache Tal Gornja Polja. Am Fahrwegende gerade weiter auf einem Fußpfad über eine Höhenstufe, dann durch schroffe Karstlandschaft auf einem guten, nur stellenweise etwas verwachsenen Weg bergab. Zuletzt wieder über Wiesen erreichen wir die Asphaltstraße, kreuzen diese und gehen auf einem alten Weg zwischen Obstbäumen geradeaus am Talgrund auf den Ort **Njeguši** zu, in dem wir direkt nach **Vrh Polja (1)** zurückgelangen.

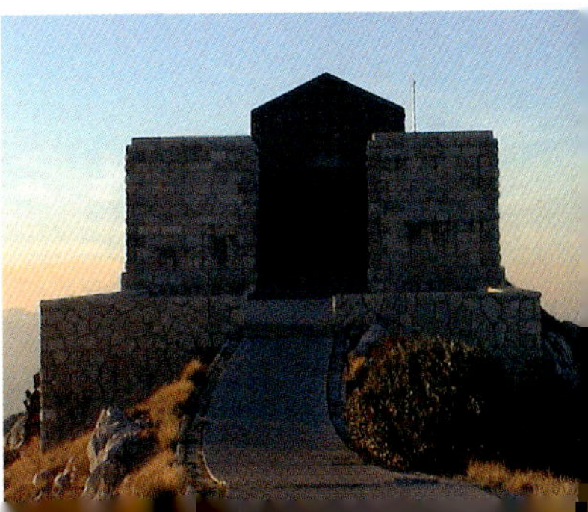

Das Mausoleum des Fürsten Njegoš.

13 Jezerski Vrh (Lovćen), 1657 m

3.00 Std.

»Audienz« beim größten Dichter, Fürsten und Bischof Montenegros

Kein Berg hat für die Montenegriner auch nur annähernd den Stellenwert wie der »Lovćen« – damit ist stets der Jezerski Vrh und nicht der fast 100 m höhere Štirovnik gemeint. Denn diesen Berg hat sich der größte Dichter und Fürst des Landes, Njegoš, zu seiner letzten Ruhestätte erwählt.

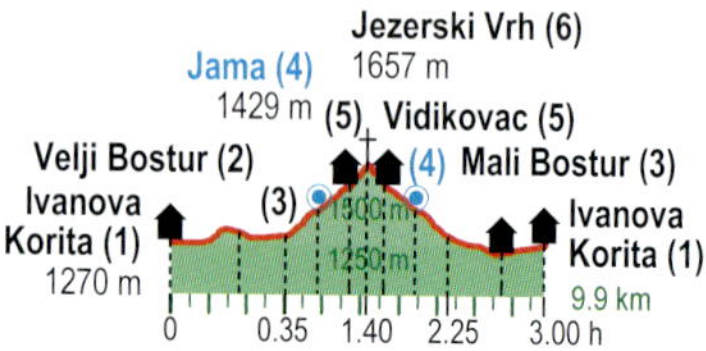

Talort: Cetinje, 650 m.
Ausgangspunkt: Ivanova Korita, Nationalpark-Besucherzentrum, 1270 m, Parkmöglichkeit. Keine öffentlichen Verkehrsmittel; Anfahrt von Cetinje mit dem Taxi möglich (ca. 20–25 Euro). Wer mit dem Auto in den Nationalpark fährt, bezahlt 2 € Eintritt pro Person.
Höhenunterschied: Rund 500 m.
Anforderungen: Mittelschwere, aber gefahrlose Tour auf zum Teil schmalen Steigen; durchgehend markiert.
Einkehr: Gasthäuser in Ivanova Korita und beim Parkplatz am Straßenende unter dem Gipfel. Trinkwasser in Ivanova Korita und auf halbem Weg zum Gipfel.
Kombinationsmöglichkeit: Mit Tour 12, 14, 15 und 16.
Hinweis: Eintrittsgebühr für das Njegoš-Mausoleum 5 € für Erwachsene, 2,50 für Kinder.

Kirche und Dreschplatz in Ivanova Korita, hinten der Jezerski Vrh mit dem Mausoleum.

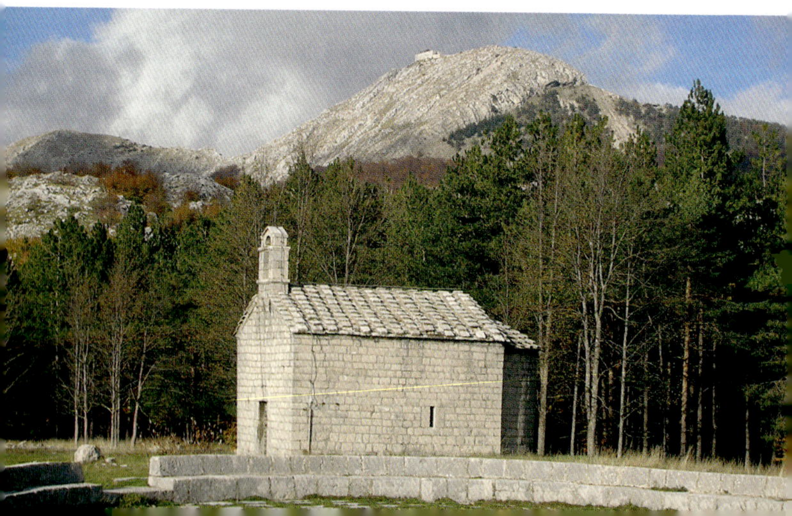

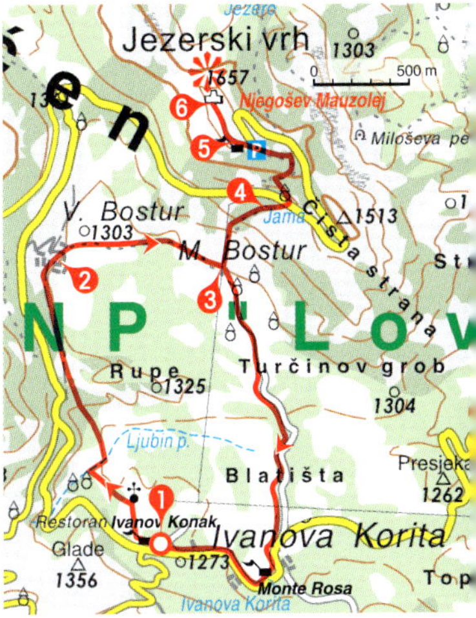

Unser Weg führt vom **Besucherzentrum (1)** durch eine Parklandschaft am Denkmal der Dynastie Petrović vorbei auf die kleine Kirche von Ivanova Korita zu. Davor wenden wir uns bei einem der typischen Dreschplätze (Gumno) links und gehen auf einer Fahrspur zu einer dreieckigen Kreuzung, am Ufer des periodischen Baches Ljubin Potok. Der Markierung folgend diesem entlang nach rechts, nach etwa 100 m das Bachbett queren (Markierung auf der anderen Seite auf einem Baum) und am Fuß des Hanges querfeldein auf ein Steinmäuerchen zugehen, bei dem wir wieder eine deutliche Wegspur vorfinden. Wir steigen auf einem alten Hirtenpfad über eine Höhenstufe durch den Wald an und erreichen schließlich die Felder rund um das Dorf **Velji Bostur (2)**.

Die Markierung leitet uns weglos rechts am unteren Rand der Felder entlang zu einer Gabelung mit Wegweiser, bei der die Küsten-Transversale (PPT) geradeaus führt, während wir auf Weg 757 rechts Richtung Jezerski Vrh (Felsaufschrift) gehen. Kurz nach einer Stromleitung steigen wir bei einem weiteren **Wegweiser (3)** scharf links hinauf. Auf einem alten Fußpfad erreichen wir ein verfallenes Haus und eine Wiese mit einer Höhle rechts. Stufen führen zum steinernen Becken der unterirdischen Quelle **Jama (4)** hinab. Wem das Wasserfüllen hier zu mühsam ist, der kann wenige Höhenmeter weiter bei einer gefassten oberirdischen Quelle (allerdings im Hochsommer trocken) seinen Durst stillen. Wir queren die Asphaltstraße und steigen gegenüber im Wald in mehreren Serpentinen an. In 1490 m Höhe stoßen wir bei einem kleinen Parkplatz wieder auf die Straße, gehen aber sofort wieder links steil auf einem geschotterten Fußweg über den Bergrücken hinauf zum Parkplatz am Straßenende. Unterhalb des kreisförmigen Platzes befindet sich ein **Restaurant (5)** mit herrlichem Ausblick. Danach gehen wir über Stufen zum Portal eines Fußgehertunnels, der direkt zum Gipfel des **Jezerski Vrh (6)** mit dem Njegoš-Mausoleum und der dahinter gelegenen Aussichtsplattform führt.

Am Rückweg auf bekanntem Weg bis zur **Gabelung (3)** bei der Stromleitung und dort links bergab (nicht markiert) nach **Mali Bostur**, wo wir auf eine Schotterstraße stoßen. Auf dieser bequem hinunter ins Tal des Ljubin Potok. Die Straße mündet nahe der Quelle Ivanova Korita und des Hotel-Restaurants Monte Rosa in die von Cetinje kommende Asphaltstraße; auf ihr rechts zurück zum **Besucherzentrum (1)**.

14 Babina Glava, 1474 m

3.30 Std.

Zu einem der schönsten Aussichtspunkte des Lovćen-Gebietes

Nur wenige Berggipfel bieten ein derart schönes Panorama wie die im Südwesten des Lovćen-Gebietes gelegene Babina Glava. Als Hinterlassenschaft der österreichisch-ungarischen Herrschaft gibt es sogar eine bequeme Militärstraße, die bis zum Gipfel führt. In Verbindung mit einem gut markierten Teilstück der Küsten-Transversale und einer Straße, die von der Siedlung Majstori wieder nach Ivanova Korita zurückführt, ergibt sich eine schöne und abwechslungsreiche Rundtour.

Talort: Cetinje, 650 m.
Ausgangspunkt: Ivanova Korita, Nationalpark-Informationszentrum, 1270 m, Parkmöglichkeit. Keine öffentlichen Verkehrsmittel. Anfahrt von Cetinje mit dem Taxi möglich (ca. 20–25 Euro). Wer mit dem Auto in den Nationalpark fährt, bezahlt 2 € Eintritt pro Person.
Höhenunterschied: Ca. 480 m.
Anforderungen: Großteils leichte, im mittleren Teil jedoch zwar markierte, aber teilweise weglose Tour.
Einkehr: Gasthäuser in Ivanova Korita; unterwegs keine. Trinkwasser bei der Quelle Ivanova Korita gegen Ende der Tour.
Kombinationsmöglichkeit: Mit Tour 13, 15 und 16.

Vom Nationalpark-Besucherzentrum in **Ivanova Korita (1)** folgen wir der Straße Richtung Westen, bis wir eine Weggabelung beim ehemaligen Jagdschloss des Fürsten Nikola erreichen. Den Wegweisern nach links folgend gehen wir am Restaurant Ivanov Konak vorbei ca. 10 Min. auf Asphalt durch den wunderschönen Buchenwald hinauf und biegen dann links auf eine recht breite alte Militärstraße ein. Wir gehen stetig bergauf und kommen zu einer **Abzweigung (2)**, bei der wir zum Treštenički Vrh hinaufsteigen könnten (45 Min. zusätzlich, lohnender Ausblick). Hier geradeaus weiter fast eben durch den Wald, dann über einen Bergrücken inmitten zerklüfteter Karstlandschaft mit schroffen Felsen und tiefen Spalten.
Dann geht es wieder bergab zu einer weiteren Gabelung (Höhenkote 1351) mit Wegweiser der Küsten-Transversale. Hier halten wir uns links, dem Weitwanderweg folgend. Zweimal zweigen Wege nach links ab, die aber beide blind enden. Wir gehen in mehreren Serpentinen bergauf und erreichen

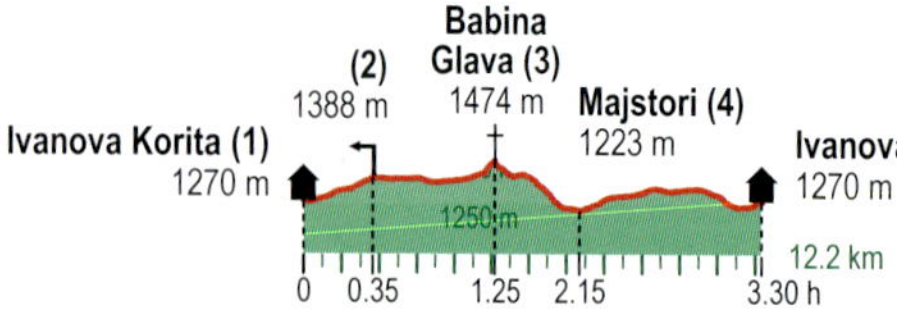

den Gipfel der **Babina Glava (3)**, auf dem wir Reste von Militäranlagen ebenso vorfinden wie einen Kontrollstempel und ein Gipfelbuch. Von hier führt die Markierung ein Stück weglos bergab, dann knapp unterhalb des steil zur Küste abfallenden Bergkammes in südlicher Richtung weiter. Wir kommen an einem ehemaligen Betriebsgebäude eines alten, ein Stück oberhalb am Kamm der Koložunske Grede stehenden Sendemastes vorbei. Es lohnt sich, nochmals die wenigen Meter hinaufzusteigen, um den fantastischen Ausblick, der von Sveti Stefan im Süden und der bereits zu Kroatien gehörenden Halbinsel Prevlaka im Norden reicht, zu genießen. Danach weiter am markierten Weg, nun steiler bergab über einen Grashang. Die Markierung leitet uns nach links, von der Küste weg, und führt auf die Häuser des Weilers **Majstori (4)** zu, bei denen wir bei einem Kriegerdenkmal auf eine Schotterstraße treffen. Auf dieser gehen wir nun an einer alten Zisterne vorbei, erst gemächlich, dann steil über mehrere Serpentinen bergauf. Die Straße führt über mehrere kunstvoll befestigte Steindämme; links über uns liegt wieder der Gipfel des Trešteníčki Vrh. In leichtem Bergauf-bergab gehen wir am Hang entlang und treffen schließlich unmittelbar neben der Quelle von Ivanova Korita beim Hotel-Restaurant Monte Rosa auf die Asphaltstraße von Cetinje auf den Lovćen. Auf dieser gehen wir links und erreichen nach 5 Min. wieder das Besucherzentrum in **Ivanova Korita (1)**.

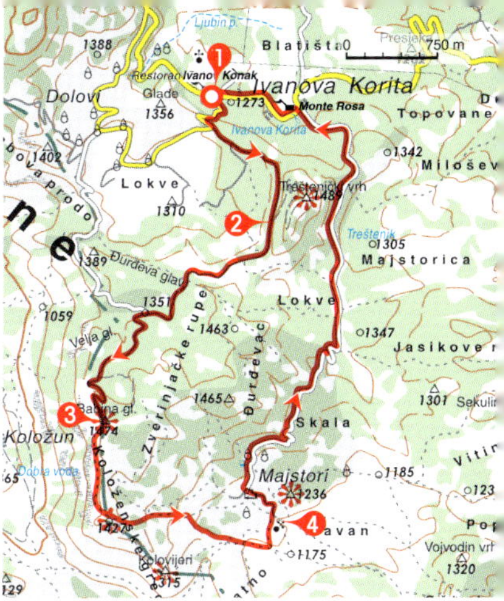

Durch den herbstlichen Buchenwald an der Babina Glava.

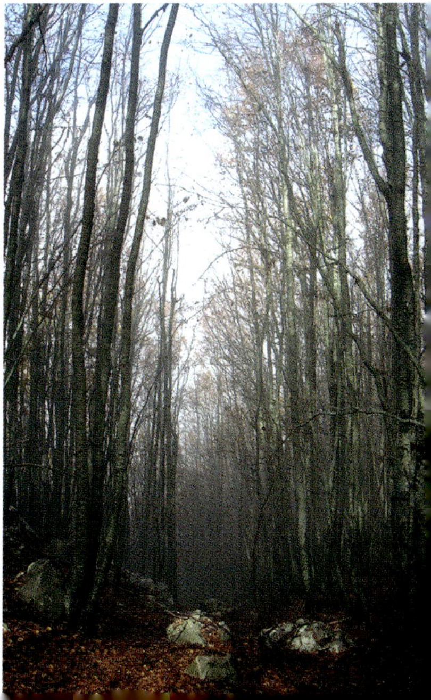

15 Treštenički Vrh, 1489 m

2.15 Std.

Bequem zum Parade-Aussichtsberg im Herzen des Nationalparks

Es mag heute schleierhaft erscheinen, warum man vor fast 100 Jahren mit enormem Aufwand einen flachen, bequemen Militärpfad auf den strategisch wenig bedeutsamen Treštenički Vrh angelegt hat, der noch dazu wenige Meter unterhalb des Gipfels unvermittelt endet. Wie dem auch sei – dieser Pfad ermöglicht den Wanderern in Verbindung mit weiteren alten Militärwegen heute einen der bequemsten Gipfelanstiege des Lovćen-Nationalparks und eine wunderschöne, abwechslungs- und aussichtsreiche Rundwanderung.

Talort: Cetinje, 650 m.
Ausgangspunkt: Ivanova Korita, Nationalpark-Informationszentrum, 1270 m, Parkmöglichkeit. Keine öffentlichen Verkehrsmittel; Anfahrt von Cetinje mit dem Taxi möglich (ca. 20–25 Euro). Wer mit dem Auto in den Nationalpark fährt, bezahlt 2 € Eintritt pro Person.

Höhenunterschied: Ca. 270 m.
Anforderungen: Leichte Tour, die fast zur Gänze alten österreichischen Militärwegen folgt; durchgehend markiert.
Einkehr: Gasthäuser und Trinkwasser nur in Ivanova Korita, unterwegs keine.
Kombinationsmöglichkeit: Mit Tour 13, 14 und 16.

Vom Nationalpark-Besucherzentrum in **Ivanova Korita (1)** folgen wir der Straße Richtung Westen, bis wir eine Weggabelung beim ehemaligen Jagdschloss des Fürsten Nikola erreichen. Den Wegweisern nach links folgend gehen wir am Restaurant Ivanov Konak vorbei ca. 10 Min. auf Asphalt durch den wunderschönen Buchenwald bergauf und biegen dann links auf eine recht breite alte Militärstraße ein. Mit fast unmerklicher Steigung gelangen wir nach 20 Min. auf der Militärstraße zu einer **Abzweigung (2)** mit Rastbänken, wo wir zunächst scharf links in vier lang gestreckten Serpentinen zum Gipfel des Treštenički Vrh ansteigen (Wegende und rote Büchse mit Stempel und Gipfel-

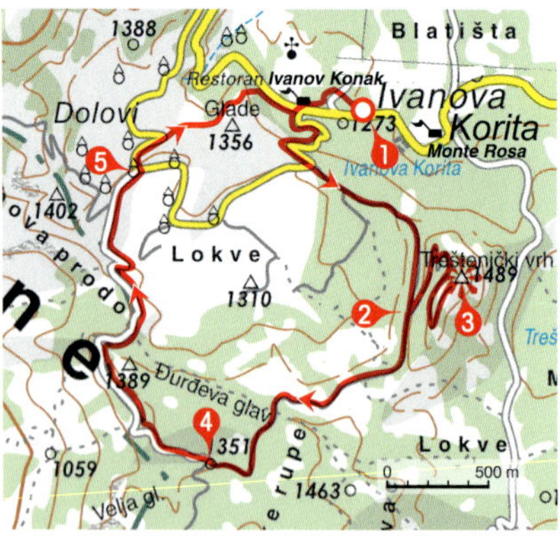

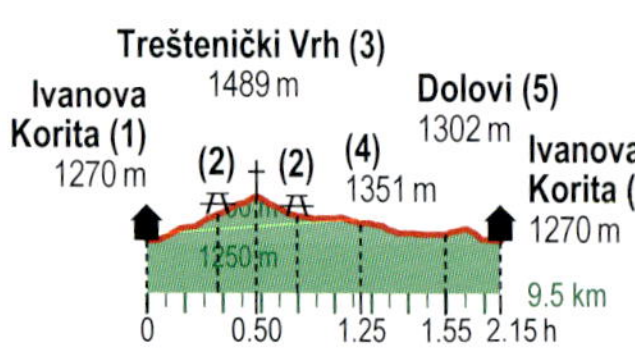

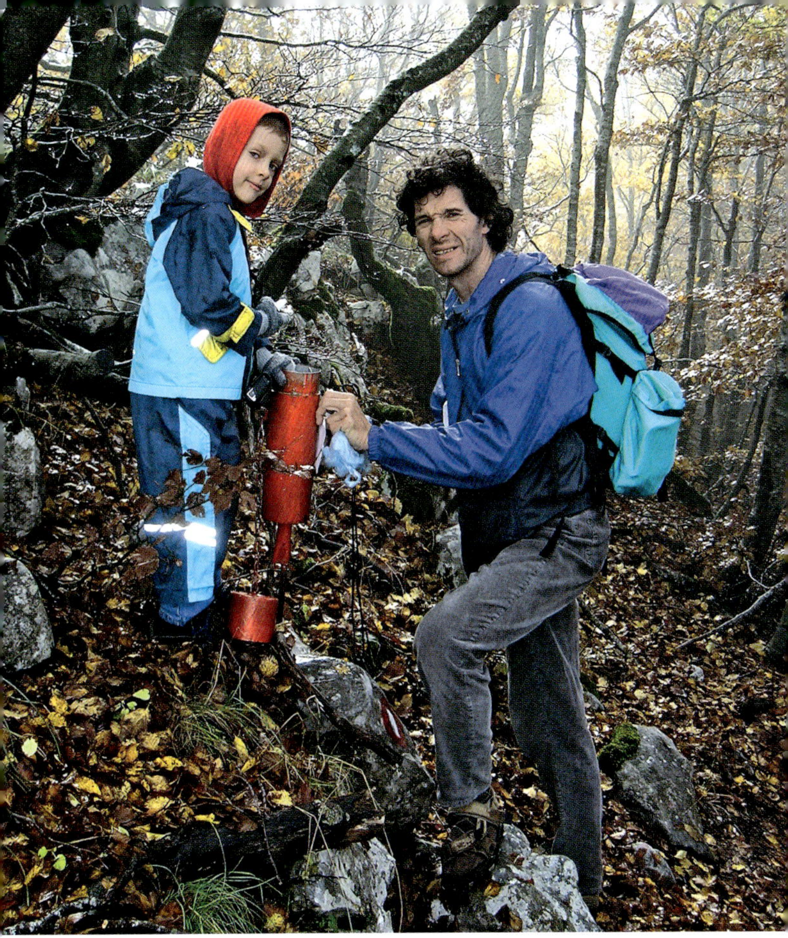

»Gipfelsieg« am Treštenički Vrh.

buch etwa 10 m unterhalb des eigentlichen Gipfels). Der Ausblick vom höchsten Punkt des **Treštenički Vrh (3)** reicht über die Ebene Ivanova Korita zu den Gipfeln Babljak, Štirovnik und Jezerski Vrh; im Nordosten sind das Becken von Cetinje und in der Ferne das Häusermeer von Podgorica und der Skadar-See im Osten sichtbar; im Süden das Hochtal von Majstori und in weiterer Ferne die Berge der Pastrovska Gora.

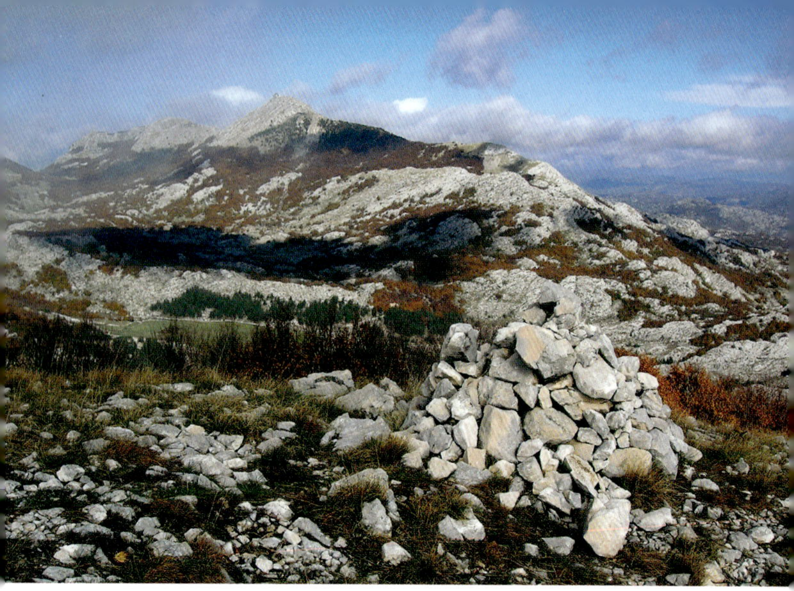

Blick zum Jerzerski Vrh.

Wir gehen zur **Abzweigung (2)** zurück und dort geradeaus weiter auf der Militärstraße durch den Wald, dann durch eine schroffe Karstlandschaft mit tiefen Spalten und Schlünden. Bei der nächsten **Gabelung (4)**, am Höhenpunkt 1351, biegen wir rechts auf eine breitere Forststraße Richtung **Dolovi** ein.
Auf dieser kommen wir an einem Aussichtspunkt mit Rastbänken sowie etwas später an einem von moosbewachsenen Steinen umrahmten, schier grundlosen Schlund vorbei (wegen des rutschigen Laubes ringsum unbedingt ausreichenden Abstand halten, Lebensgefahr!).
Wir gelangen ins seichte, von zahllosen Steinmäuerchen unterteilte Hochtal Dolovi, wo wir zunächst auf eine von links oben kommende alt-österreichische Militärstraße stoßen. Leicht ansteigend kommen wir bei den Häusern von **Dolovi** zu einer **Serpentine (5)** einer schmalen Asphaltstraße, auf der wir rund 150 m links leicht bergauf gehen, um sie sogleich in der nächsten Kehre wieder auf einem schmalen, aber deutlich erkennbaren Fußweg über einen kahlen Hügelrücken zu verlassen. An Steinmäuerchen entlang nach links geht es wieder in lichten Buchenwald hinein, in dem wir gemächlich absteigen und schließlich auf eine Skipiste (Schneise) hinaustreten. Dieser folgend erreichen wir schon in Sichtweite des Restaurants Ivanov Konak die Straße und gehen zuletzt auf bekanntem Weg zum Besucherzentrum in **Ivanova Korita (1)** zurück.

5.30 Std.

Von Cetinje auf den Lovćen

16

Der »klassische« Aufstieg nach Ivanova Korita

Bereits seit fast 100 Jahren führt eine gut ausgebaute, mittlerweile asphaltierte Straße von Cetinje bis knapp unter den Gipfel des Jezerski Vrh. Dass es für Wanderer trotzdem »Ehrensache« ist, den Aufstieg zu Fuß zu bewältigen, versteht sich von selbst, zumal es parallel zur Straße noch mehrere alte Hirtenpfade gibt und man nur kurze Abschnitte auf Asphalt zurücklegen muss.

Ausgangspunkt: Cetinje, 650 m. Parkmöglichkeit im Ort, am besten am Beginn der Lovćenska Ulica. Vom Busbahnhof durch das Stadtzentrum auf der Straße Richtung Kotor ca. 20 Min.
Höhenunterschied: Rund 680 m.
Anforderungen: Wenig anspruchsvolle Tour, die zum größten Teil auf alten Maultierpfaden und Straßen verläuft. Kurze steilere Abschnitte; durchwegs deutlich erkennbare und markierte Wege.
Einkehr: Zahlreiche Lokale in Cetinje, Gasthäuser und Trinkwasserquelle in Ivanova Korita.
Kombinationsmöglichkeit: Mit Tour 13, 14 und 15.

Bequeme Wege führen von Cetinje auf den Lovćen.

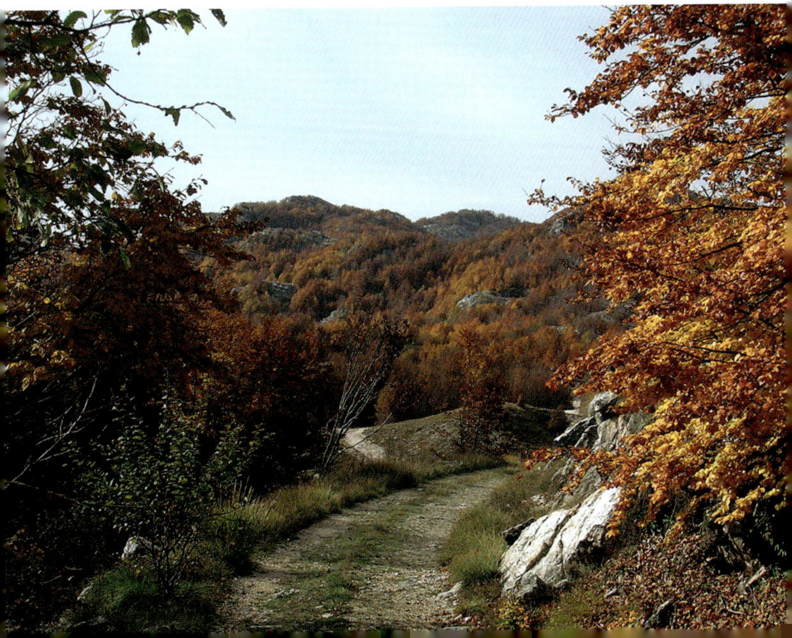

Vom Stadtzentrum in **Cetinje (1)** gehen wir auf der Hauptstraße Richtung Kotor bis zur Abzweigung der Lovćenska Ulica (Wegweiser »Lovćen«). Auf dieser etwa 20 Min. bergauf zum Vorort Umci, wo der markierte Wanderweg Nr. 753 von der Straße nach rechts abzweigt. Wir wandern auf einer schmalen Dorfstraße zwischen Häusern leicht bergauf und gelangen nach wenigen Minuten wieder auf die Lovćen-Straße, an der links ein Denkmal steht. Gerade voraus, in der ersten Kehre der Straße, führt der Wanderweg steil den Hang hinauf. Ein roter Wegweiser zeigt nach Ivanova Korita. Im Zickzack rechts haltend bergauf kommen wir an einem guten Aussichtspunkt über die Stadt vorbei; dort wendet sich die Wegspur nach links und trifft wieder auf die Straße. Auf dieser gehen wir um einen Bergrücken herum nach rechts, bis nach knapp 500 m rechts ein schmales Asphaltsträßchen abzweigt (Wegweiser nach Gornič). Teils auf diesem, teils auf markierten Abschneidern lassen wir die Häuser von **Gornič (2)** hinter uns. Eine steile Geländestufe im Buchenwald wird im Zickzack überwunden; der alte Hirtenpfad ist hier aufwendig mit riesigen Steinblöcken befestigt. Nach 30 Min. ab Gornič ist bereits der steilste Teil des Anstiegs geschafft; auf 1043 m Höhe überschreiten wir bei einem Strommast einen kleinen Sattel und damit die Grenze des Nationalparks. Bald treffen wir in einer Kehre auf eine Schotterstraße, auf der wir wieder die Lovćen-Straße erreichen. Wer die folgenden 1,2 km nicht auf Asphalt zurücklegen möchte, kann in die Talsenke links absteigen und parallel auf einem Fahrweg gehen. Dieser trifft wieder auf die Straße. Kurz darauf erreicht man eine Gruppe von Häusern, bei denen in einer Linkskurve ein Schotterweg steil rechts bergauf abzweigt.

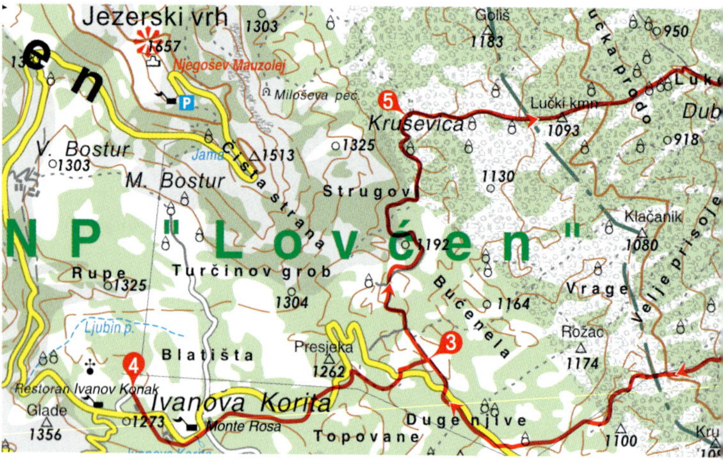

Auf diesem etwa 100 m, bis es links auf einem weiteren Schotterweg **(3)** erneut bergab geht. Diese Abzweigung für den Rückweg merken.

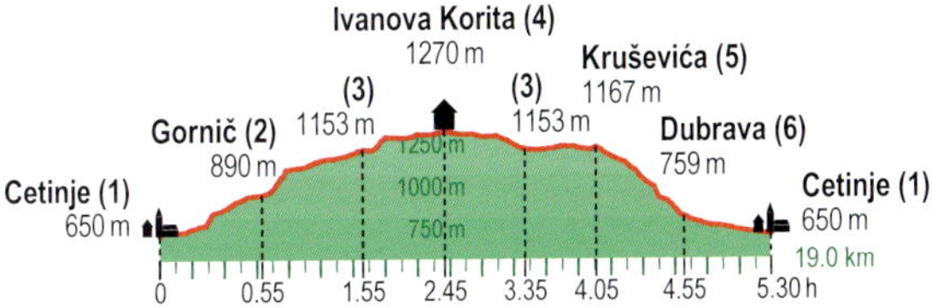

Wir treffen wieder auf die Straße und gehen diese bergauf. Nach wenigen Metern zweigt links noch eine letzte Abkürzung ab. Schließlich kommen wir bei einem Nadelwäldchen zur Abzweigung von Weg Nr. 756 Richtung Jezerski Vrh und kurz darauf zur Quelle **Ivanova Korita** (mit großem Wasserbehälter; namensgebend für die Siedlung und den gesamten Talkessel). Knapp 5 Min. davon entfernt erreichen wir das Kerngebiet des Nationalparks mit **Besucherzentrum (4)**, Restaurants, Bungalows und Rastplätzen. Hier kann man an die weiteren Touren des Gebietes anschließen, am besten mit Übernachtung und Weitermarsch am nächsten Tag.

Für den Rückweg folgen wir dem bekannten Weg zur **Abzweigung (3)**, die wir uns gemerkt haben und wenden uns links am Weg Nr. 763 Richtung Kruševića. Auf einer guten Schotterstraße erreichen wir in 30 Min. das erste bewohnte Haus von **Kruševića (5)**, dahinter zweigt links der Fußweg nach Bukovica und Njeguši ab. Wir bleiben auf der Schotterstraße (753 A), nun merklich bergab (eine Serpentine kann man rechts auf einem Fußpfad abschneiden), und erreichen eine rechteckige Wiese mit Fahrspuren in drei Richtungen. Hier geradeaus ans Ende des Fahrwegs, der in einen steinigen Hirtenpfad übergeht.

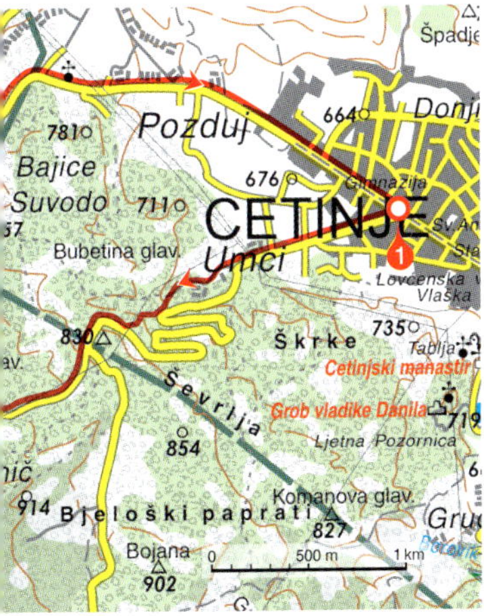

Auf diesem zunächst durch den Wald und nach 30 Min. ab Kruševića durch eine terrassenförmige Kulturlandschaft bergab bis zu einem breiten, durch Auswaschung und Steinschlag in Mitleidenschaft gezogenen, aber noch gut gangbaren Weg (759). Auf ihm im Tal weiter bergab erreichen wir schließlich eine Häusergruppe. Durch kahles, felsiges Gelände kommen wir zuletzt bei den Häusern von **Dubrava (6)** – einem Ortsteil Cetinjes – auf eine Asphaltstraße; rechts bergab sind es noch 2,5 km zum Ausgangspunkt im Zentrum von **Cetinje (1)**.

17 Velji Đinovo Brdo, 863 m

2.30 Std.

Stadtspaziergang mit hochalpinen Einlagen in der alten Residenzstadt

So viele Touristen auch in der alten Hauptstadt Montenegros Halt machen, um die zahlreichen Sehenswürdigkeiten zu besichtigen, so wenige kommen auf die Idee, dass man hier auch eine durchaus empfehlenswerte Wanderung zu einem schönen Aussichtsgipfel machen kann. Dabei lässt sich diese auch ideal mit einer Besichtigung mehrerer touristischer Attraktionen der Stadt verbinden.

Ausgangspunkt: Hauptplatz von Cetinje, beim Denkmal des Ivan Crnojevića, 645 m. Parkmöglichkeit in der Nähe hinter dem Vladin Dom (Nationalmuseum), oder kostenpflichtiger Parkplatz etwas weiter südlich. Regelmäßige Busverbindung ab Budva und Podgorica; vom Busbahnhof durchs Stadtzentrum sind es 10 Gehminuten zum Hauptplatz.

Höhenunterschied: Rund 260 m.
Anforderungen: Großteils leichte Wanderung auf bequemen Wegen und mit geringen Steigungen; eine kurze Kraxelei zum Grabmal des Fürsten Danilo, die aber umgangen werden kann (siehe unten, 15 Min. zusätzlich).
Einkehr: Nur in Cetinje, kein Trinkwasser unterwegs.

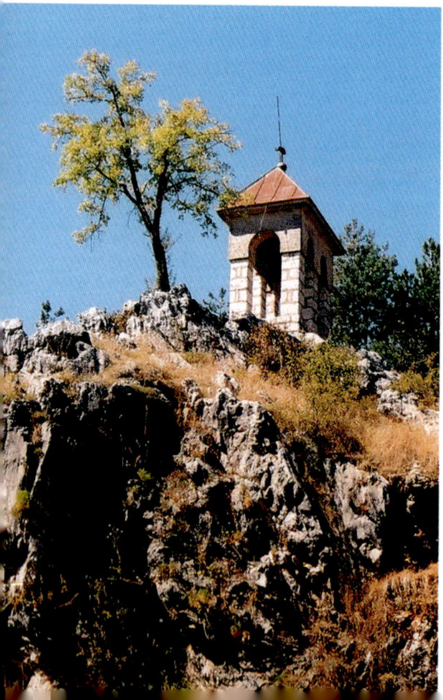

Vom Hauptplatz in **Cetinje (1)** gehen wir durch den Park zwischen dem Palais des Fürsten Njegoš und dem Nationalmuseum vorbei auf den Berghang zu, dann folgen wir einem geschotterten Serpentinenweg hinauf zu einer Abzweigung in der zweiten Kehre, wo wir uns links halten und auf einen großen, ebenen Platz gelangen. An dessen anderer Seite ist bereits das kleine Glockentürmchen **Tablja** und schräg unter uns die mit einem Gitter versperrte Tropfsteinhöhle (keine Besichtigung) zu sehen. Wir gehen links und finden in der nächsten Linkskurve einen schmalen Fußweg, der nach rechts hinauf zu dem Türmchen führt (Abstecher, ca. 10 Min. ab Start der Wanderung, schöner Aussichtspunkt).

Das Glockentürmchen Tablja.

Links haltend (vom Abstecher zurückkehrend rechts) an der Steinmauer entlang kommen wir zum Ende des breiten Wegs, wo ein schmaler Steig beginnt, den wir nach rechts hinaufgehen. Der Verlauf des Wegs ist klar erkennbar; ein paar Mal muss man unter Umständen die Hände zu Hilfe nehmen, der Steig ist aber nie ausgesetzt. (Alternativ dazu kann man zurück zum Kloster gehen und auf dem Spazierweg am Fuß des Hügels bis zur Abzweigung des befestigten Fußwegs zum Grabmal.) Wir gelangen so von der Rückseite zum auf einem Felsgipfel über der Stadt errichteten **Grabmal des Fürsten Danilo (2)**. Ein befestigter Fußweg bringt uns wieder hinab in Richtung der Stadt. Auf einem Spazierweg gehen wir rechts, am großen Freilichttheater vorbei zu einer schmalen Straße, der wir rechts zwischen Häusern leicht bergauf folgen.

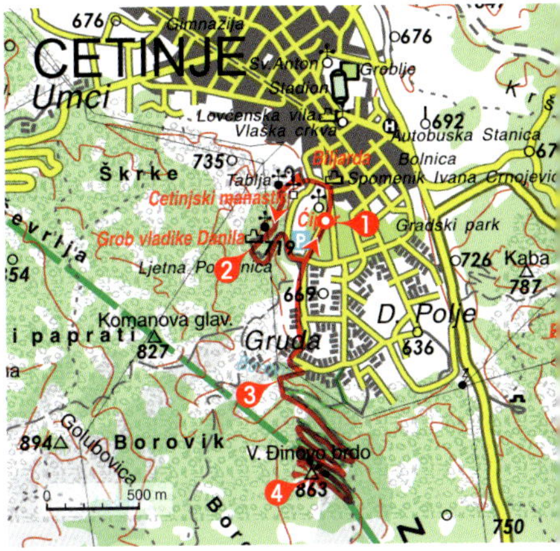

In einer scharfen Linkskurve zweigt rechts eine Schotterstraße ab, die ins Tal des periodischen Baches Borovik hineinführt. Hinter dem letzten Haus auf der linken Seite nehmen wir den Weg nach links und biegen nach 100 m den roten Markierungen folgend nochmals scharf links bergauf ab **(3)**, zunächst etwas steiler, dann auf einem bequemen, durchgehend mit leichter Steigung angelegten Fußweg. Unterhalb mächtiger Felsen geht es nun weiter bergauf, zu einer Abzweigung, bei der ein steilerer Pfad geradeaus weiterführt, während unser bequem angelegter Weg eine Kehre macht und von hier aus in vier lang gestreckten Serpentinen den Gipfel des **Velji Đinovo Brdo (4)** (mit Resten eines hölzernen Gipfelkreuzes) erreicht. Der Abstieg erfolgt auf bekanntem Weg bis zu der Stelle, an der wir hinter dem Freilichttheater wieder auf die Straße getroffen sind. Hier nun geradeaus weiter und, eine breite Straße querend, hinüber auf den Autobus- und Touristenparkplatz von Cetinje. Wir gehen auf einem Fußweg an dessen rechtem Rand und erreichen entlang der Außenmauer des Palastes von König Nikola wieder den Hauptplatz in **Cetinje (1)**.

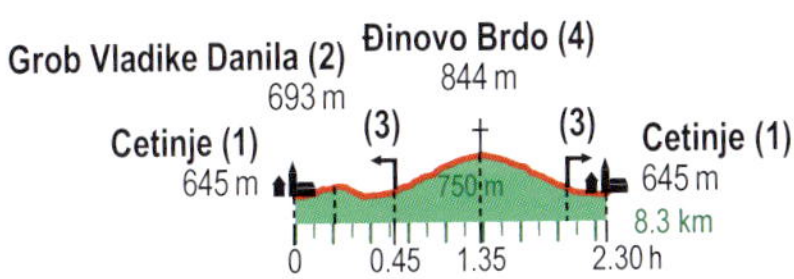

18 Goli Vrh, 1087 m

5.00 Std.

Grandiose Aussicht über Küste und Skadar-See

Der Goli Vrh ist einer der wenigen Aussichtsgipfel im Küstengebirge, von denen man sowohl das Meer als auch den Skadar-See sehen kann und auf dem es sogar ein Gipfelkreuz gibt. Am Weg liegen auch die altösterreichische Festung Kosmač, die kleine Bergkirche Ograđenica und der eindrucksvolle »Jegorov Put« – ein Stufenweg, der von einem russischen Mönch alleine in zehnjähriger Arbeit errichtet wurde.

Talort: Bečići, 1 m.
Ausgangspunkt: Brajići, 783 m. Autofahrer parken am besten auf einem der Parkplätze am nördlichen Ortsrand von Bečići an der Grenze zu Budva. Busverbindung Budva – Cetinje – Podgorica alle 20–30 Min., am besten ab der Haltestelle an der Straßenkreuzung Richtung Cetinje.
Endpunkt: Pržno, 10 m. Haltestelle des lokalen Busses Sveti Stefan – Budva; mit diesem zurück nach Bečići.
Höhenunterschied: Ca. 400 m im Aufstieg, 1170 m im Abstieg.
Anforderungen: Großteils breite, bequeme Militärstraße; letzter Anstieg zum Gipfel weglos und beschwerlich.
Einkehr: Konoba in Brajići und Lokale in Pržno, unterwegs keine. Trinkwasser an der Quelle Mrtvica (saisonal manchmal ausgetrocknet) und am oberen Ende des Jegorov Put.
Kombinationsmöglichkeit: Mit Tour 19.

Von der Hauptstraße Budva – Cetinje zweigt etwa 100 m vor der Kafana Kosmač rechts durch den Ort **Brajići (1)** eine schmale, markierte und nur für wenige Hundert Meter asphaltierte Straße ab. In der ersten Serpentine biegen wir rechts auf einen steileren, schmaleren Weg zu den Ruinen der Festung **Kosmač (2)** ab (sehr sehenswert; dazu beeindruckender Ausblick auf die Riviera von Budva).

Am anderen Ende der Festung auf einer Militärstraße wieder bergab zur breiteren, von Brajići kommenden Straße und auf dieser weiter, der Markierung folgend. Wir passieren die gefasste Quelle **Mrtvica (3)** und ein einzelnes Haus, wo die Straße bei einer alten Zisterne unter einem großen Baum endet. Weiter geht es geradeaus leicht ansteigend auf einem gut befestigten, aber teilweise bis auf einen schmalen Pfad überwachsenen Weg zu einem **Denkmal** vor einer größeren Senke. Kurz darauf weist ein roter Wegweiser links hinauf zum Gipfel des Goli Vrh.

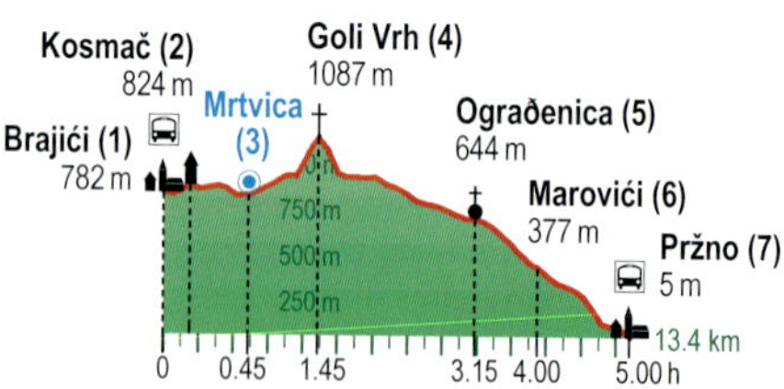

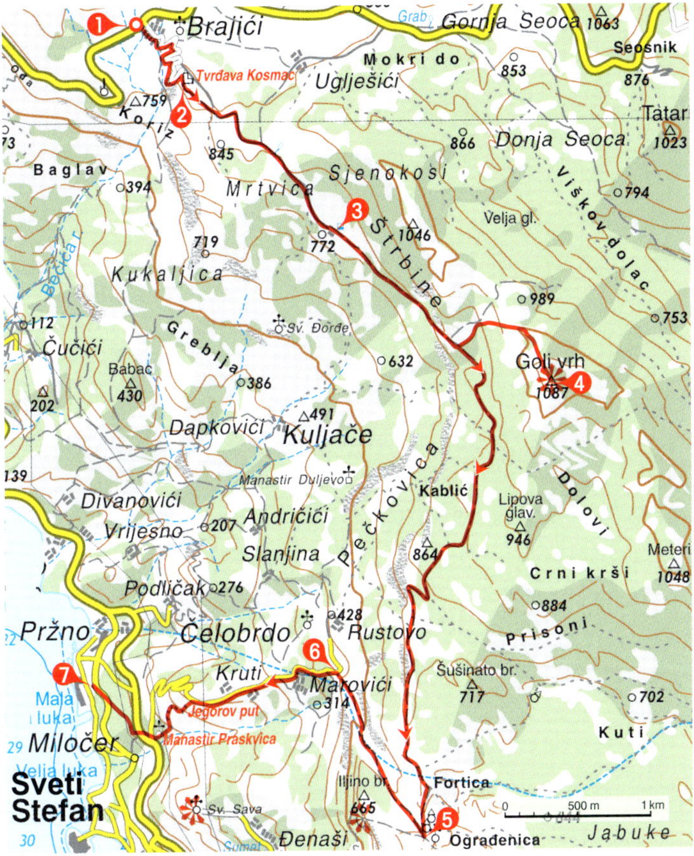

Der Anstieg ist weglos, unmarkiert, erfordert besondere Aufmerksamkeit und sollte nur mit sehr gutem Orientierungssinn und/oder GPS gewagt werden: Wir halten uns am Rand der Senke, gehen dann in einem Bogen nach rechts und folgen dem Bergkamm zum höchsten Punkt des **Goli Vrh (4)**.

Da der Abstieg auf der Südseite noch schwerer zu finden ist als der Aufstieg, gehen wir auf demselben Weg zurück zur Straße. Auf dieser links (nach 20 Min. kommen wir erneut an einem Wegweiser zum Goli Vrh, den wir ignorieren). Immer der Militärstraße folgend gehen wir großteils bergab, immer

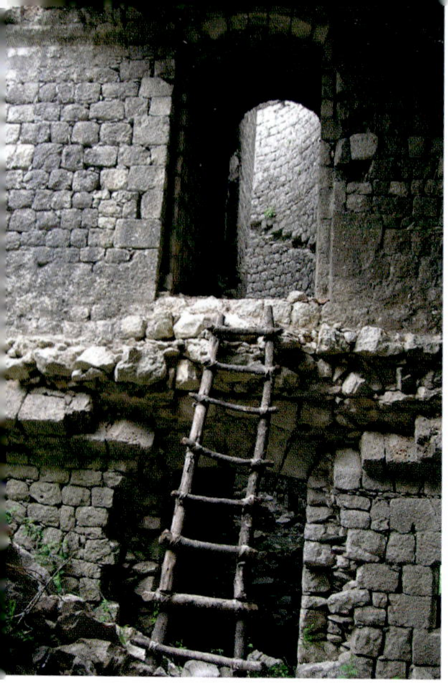

Festung Kosmač.

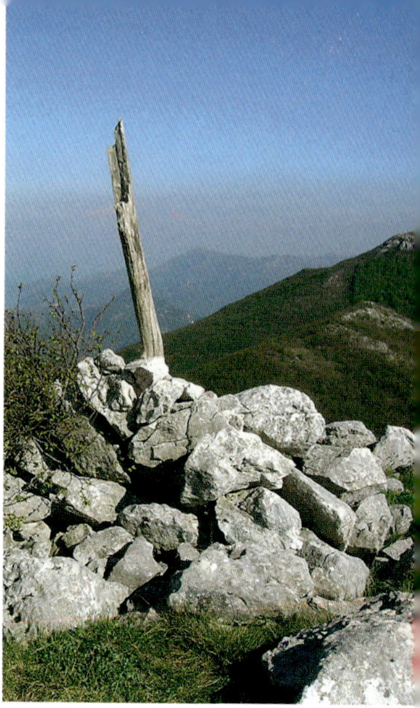

Gipfelblick Richtung Skadar-See.

wieder mit schönem Blick auf die Küste. Wir stoßen auf eine breitere Schotterstraße, kommen an einem Aussichtspunkt (mit Rastbank) vorbei, dann an einer alten Pumpstation der Wasserleitung. 50 m weiter biegen wir links auf einen Fußweg ab, der uns markiert zur Bergkirche von **Ograđenica (5)** (Rastbank, Kontrollpunkt der Transversale) bringt. Hier rechts Richtung Sveti Stefan bergab, auf einem Weg in einem Tal, der bald wieder auf die Schotterstraße von vorhin trifft. Wir folgen ihr in mehreren steilen Serpentinen bergab und gelangen schließlich auf eine **Asphaltstraße (6)**, die wir links hinuntergehen. Wir wandern an den Häusern der Siedlungen **Marovići** und Kruti vorbei und gelangen zu einem Aussichtspunkt mit Trinkbrunnen.
Hier beginnt ein kunstvoll befestigter, aus Hunderten Stufen bestehender Fußweg, der sich hinab zum Kloster **Praskvica** windet. Am oberen Ende erinnert eine Gedenktafel an den russischen Mönch, der diesen Weg ganz alleine gebaut hat. 30 Min. danach erreichen wir einen Friedhof und kurz darauf das Kloster. Über dessen Zufahrtsstraße gehen wir zur Kreuzung mit der von oben kommenden Asphaltstraße, nehmen halb links einen Fußweg hinunter zur Küstenmagistrale und schräg gegenüber einen Fußweg, der uns teils über Stufen in den Ort **Pržno (7)** zu einem Busumkehrplatz beim Hotel Maestral bringt. Von hier mit dem Bus zurück nach Bečići.

4.00 Std.

Velji Kosmač, 881 m

19

Wunderschöner Aussichtsberg in der Pastrovska Gora

Der Velji Kosmač ist der höchste Gipfel in der Kette von Bergen, die unmittelbar über der Steilküste zwischen Budva und Petrovac aufragen. Er bietet eine schöne Aussicht über die Küste und das bergige Hinterland und ist auf schön trassierten, alten Militärpfaden von der Passhöhe zwischen Petrovac und Virpazar aus bequem erreichbar.

Talort: Petrovac na Moru, 1 m.
Ausgangspunkt: Poljice, 654 m. Parkmöglichkeit direkt an der Straße Petrovac – Podgorica. Busverbindung ab Budva bzw. Podgorica.
Höhenunterschied: Knapp 500 m.
Anforderungen: Großteils guter Weg auf alten Militärpfaden; zuletzt steiler, wegloser Gipfelanstieg.
Einkehr: Keine; auch kein Trinkwasser.
Variante: Vom Velji Kosmač weiter auf die Strimnja, 852 m, 15 Min. einfach; Beschreibung siehe unten.
Kombinationsmöglichkeit: Mit Tour 18: Von der Abzweigung zum Velji Kosmač links weiter Richtung Ograđenica, von wo man zum Kloster Praskvica und nach Pržno absteigen kann.

Wegkreuz in der Pastrovska Gora.

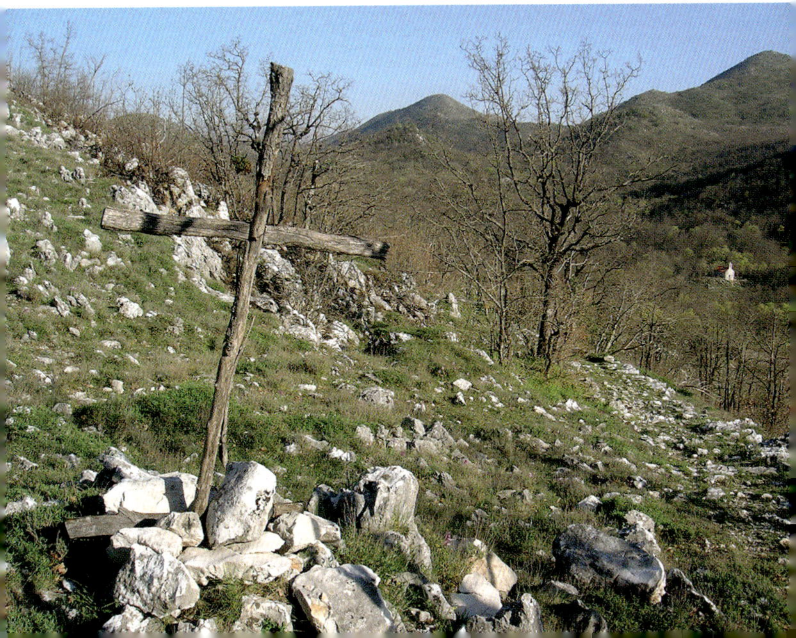

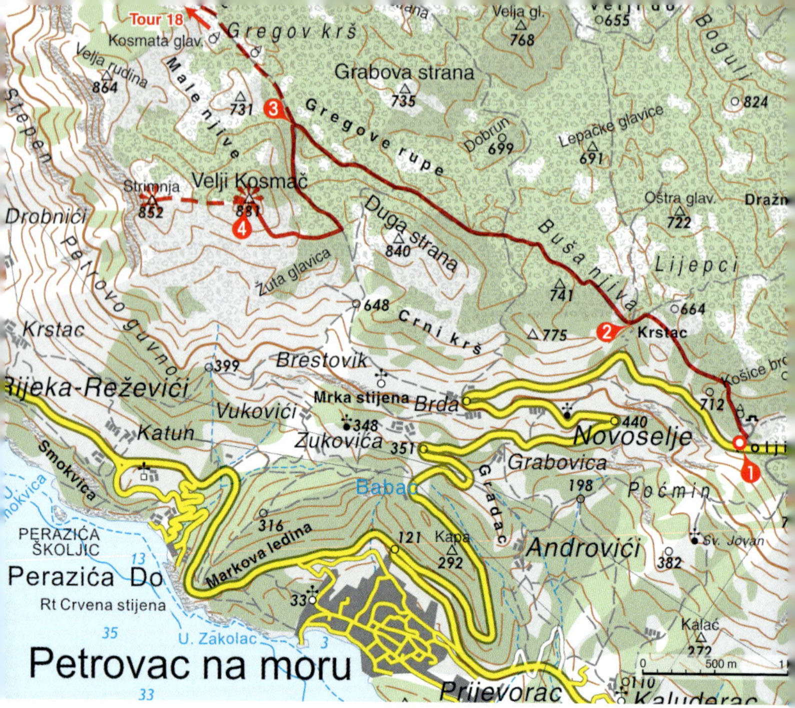

An der Passhöhe bei **Poljice (1)**, 50 m vor dem Kilometerstein 931, zweigt links bergab ein Fahrweg ab, auf dem wir nach wenigen Metern zu einer Wassergrube kommen. Hier gehen wir links auf dem deutlich markierten Fußweg, der ein Privatgrundstück mit Jagdhaus umgeht. Der Fußweg führt über einen kleinen Bergsattel und dahinter in mehreren lang gestreckten Serpentinen wieder bergab – der Weg ist auf der ganzen Strecke gut markiert. Nach ungefähr 30 Min. kommen wir zu einer Kreuzung am Sattel **Krstac (2)** mit Rastbank (Wegweiser talwärts Richtung Novoselje).

Unser Weg führt geradeaus weiter, wieder leicht bergauf und abwechselnd durch lockeres Buschwerk und lichten Wald. Nach rund 30 Min. erreichen wir eine weitere Rastbank und 20 Min. später eine mit einer alten roten Blechtafel beschilderte **Abzweigung (3)**. Dahinter zweigt links ein kaum noch erkennbarer, aber relativ neu markierter Fußpfad bergauf ab, auf dem wir zu einem flachen Bergsattel hinaufgehen. Ab dort weiterhin markiert, aber weglos rechts am Rand der Senke bergauf auf den Bergkamm, wo sich bereits ein wunderbarer Ausblick auf die Küste öffnet. Rechts haltend geht es das letzte Stück zum Gipfel des **Velji Kosmač (4)** hinauf.

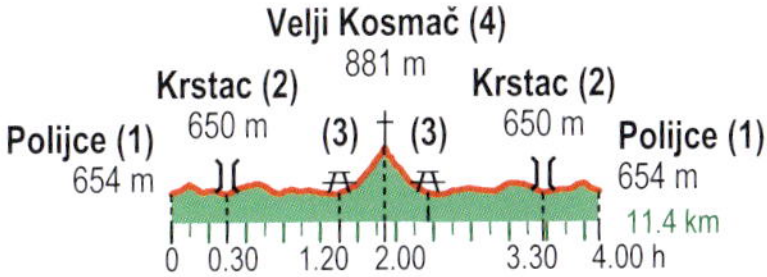

Wer möchte, kann noch (unmarkiert, aber von der Orientierung her problemlos) auf der anderen Seite des Berges hinunter zu einem kleinen Vorgipfel, der 852 m hohen Strimnja, gehen: Diese fällt, im Gegensatz zum auf allen Seiten relativ flachen Velji Kosmač, zum Meer hin mit senkrechten Felswänden ab und bietet dadurch auch einen Ausblick auf die direkt darunter liegende Küste.

Der Rückweg vom Velji Kosmač nach **Poljice (1)** erfolgt auf bekanntem Weg.

Blick Richtung Petrovac.

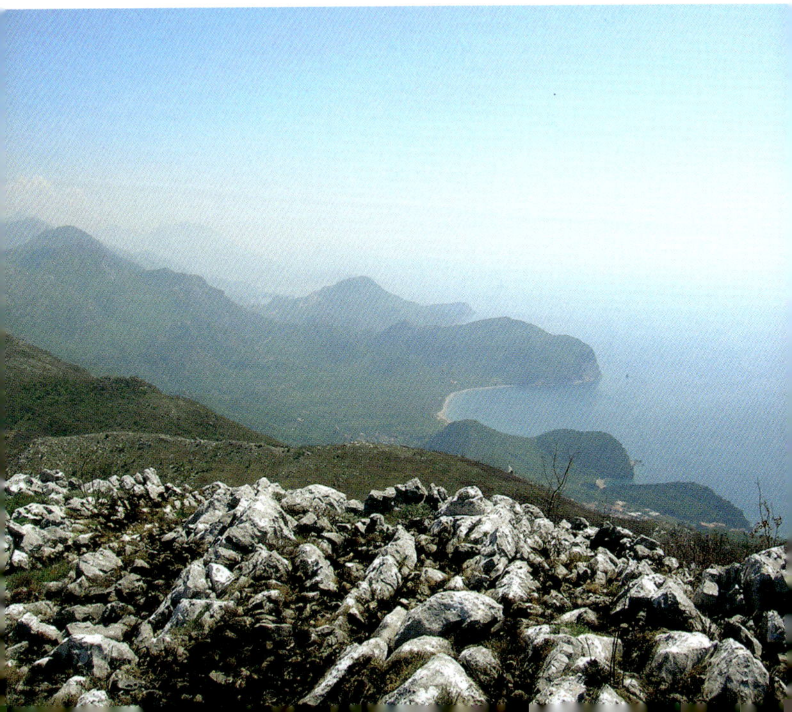

20 Rijeka Crnojevića

2.00 Std.

Kulturhistorisch bemerkenswerte Runde in ungewöhnlicher Landschaft

Wer durch das verschlafene, fast verlassene Dörfchen Rijeka Crnojevića schlendert, würde nie vermuten, welche Bedeutung der Ort in vergangenen Zeiten hatte. Hier lag nicht nur die älteste Druckerei auf dem Balkan, sondern in unmittelbarer Nähe auch der Ursprung der alten montenegrinischen Dynastie Crnojević – lange, bevor Cetinje zur Hauptstadt wurde. Neben den Resten der alten Stadt, einer bemerkenswerten Steinbrücke und Ruinen alter Mühlen kann auch noch eine große Karsthöhle besichtigt werden.

Ausgangspunkt: Alte Brücke (»Stari Most«) in Rijeka Crnojevića, 10 m, Parkmöglichkeit. Keine öffentlichen Verkehrsmittel.
Höhenunterschied: Knapp 200 m.
Anforderungen: Großteils leichter, gut markierter Weg mit einzelnen kurzen, steilen und bei Nässe rutschigen Stellen. An einer Stelle muss ein Felsen unter Zuhilfenahme der Hände überstiegen werden. Das Betreten der Höhle ist nur nach kurzer Kraxelei über Felsblöcke möglich. Die Flussquerung über Steine ist bei höherem Wasserstand nicht begehbar, ansonsten sind Stöcke dabei sehr hilfreich!
Einkehr: Gasthäuser in Rijeka Crnojevića, unterwegs keine. Der Fluss hat oberhalb des Ortes Trinkwasserqualität!
Varianten: 1. Bei hohem Wasserstand muss man vom Wegpunkt 2 auf demselben Weg wieder nach Rijeka Crnojevića zurückkehren.
2. Am Ende der Tour kann man am Abstieg von Obodski Grad scharf links auf einem Fahrweg zu einem Haus und auf dem anschließenden Dammweg direkt zur alten Brücke Stari Most zurückgehen (30 Min. kürzer).

Wir wandern von der sehenswerten alten Steinbrücke **Stari Most (1)** im Zentrum von Rijeka Crnojevića auf der Fußgeherpromenade an mehreren Lokalen vorbei flussaufwärts. Bei einem verfallenen Haus mit Basketballkorb gehen wir rechts vorbei und treffen auf eine Schotterstraße, der wir im Tal an einer verfallenen Mühle vorbei folgen. Wir kommen an zwei Häusern vorbei zu einer Stelle, an der rechts ein Fußpfad bergauf Richtung Cetinje abzweigt, bleiben aber auf der Schotterstraße im Tal. Diese endet am Gittertor eines alten Wasserkraftwerks, das man links am Zaun entlang umgeht. An einem Rastplatz und einer aufgegebenen Mühle (im Inneren sind noch die Mühlsteine erhalten) vorbei gehen wir auf einem Pfad ent-

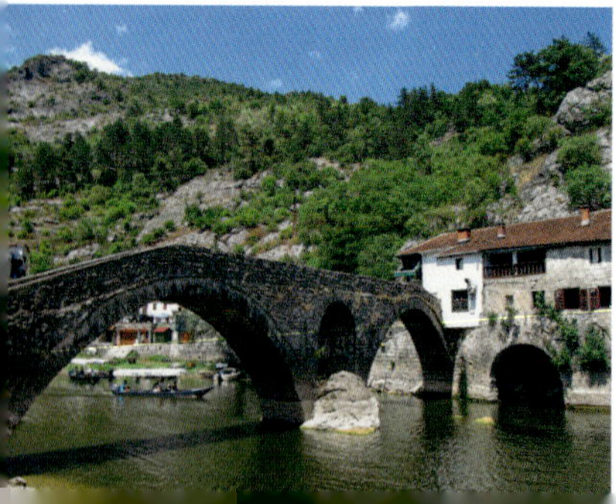

Die alte Brücke (Stari Most) von Rijeka Crnojevića.

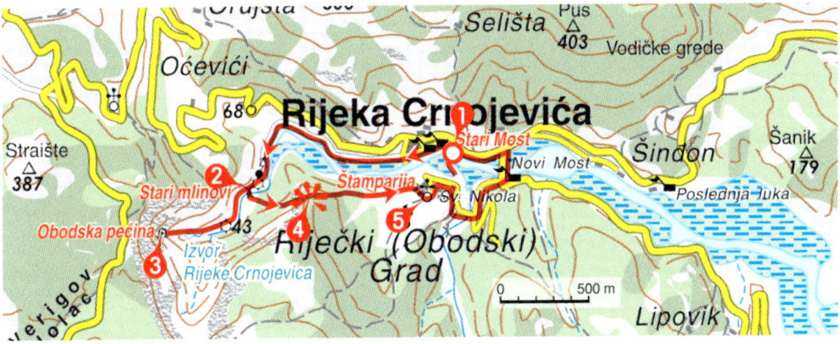

lang des Ufers zu einem großen, in den Fluss hineinragenden **Felsen (2)**, den man überklettern muss. Wenige Meter oberhalb zweigt unser späterer Rückweg nach links über den Fluss ab. Wir wandern über felsigen Grund zunächst unterhalb eines Wasserkanals, dann in diesem weiter flussaufwärts. Hinter einem verfallenen Kraftwerk steigt der Weg steil, zum Teil über Holzstufen, zu einem abgedeckten Wasserkanal an. Auf diesem kurz nach links, dann bei einer Infotafel scharf rechts bergauf. Ein Felsrücken wird, wieder auf Holzstufen, überstiegen, es geht kurz bergab auf die Höhe des Kanals, dann wieder bergauf und zuletzt auf einem fast ebenen Weg zum Talschluss, wo die gewaltige Karsthöhle **Obodska Pećina (3)** liegt. (Wer in die Höhle klettern möchte, orientiert sich an roten Linien auf den Felsen.)
Auf demselben Weg zurück zur **Abzweigung (2)**, dort – wenn es der Wasserstand erlaubt – über den Fluss ans andere Ufer und diesem entlang kurz nach links. Nun auf einem sehr steilen Pfad durch den Wald und zuletzt über Schotter bergauf zu einem **Aussichtspunkt (4)** mit überdachtem Rastplatz auf einem Felsen. Von hier bietet sich ein schöner Blick auf das Tal des Flusses. Auf der anderen Seite folgen wir den Markierungen kurz bergab, dann fast eben auf einem Spazierweg zwischen überwachsenen Steinen durch den Wald. Wir treffen schließlich auf eine Asphaltstraße, auf der wir links bergauf zur Kirche der alten Siedlung **Obodski Grad (5)** gehen. Auf der Straße wandern wir nun in zwei Serpentinen bergab und kommen zu einer Stelle, an der scharf links ein Fahrweg zu einem Haus abzweigt (Abkürzung zur alten Brücke, siehe Variante). Die Straße führt in ein Seitental hinein, über eine Brücke und dann weiter eben flussabwärts zur »neuen« (ebenfalls bereits über hundert Jahre alten) Brücke Novi Most, bei der es auch ein Fischlokal gibt. Über die Brücke gehen wir hinüber zu einem Kriegerdenkmal, wenden uns an der T-Kreuzung nach links und gelangen so zurück ins Ortszentrum bei der alten Steinbrücke **Stari Most (1)**.

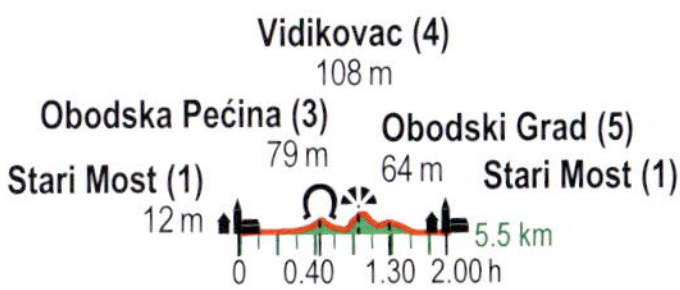

21 Durch das Tal der Orahovštica

4.30 Std.

Einsame Runde im Nationalpark Skadarsee

Der auf einer Insel im Überschwemmungsgebiet des Skadarsees gelegene Marktort Virpazar ist das touristische Zentrum der Region Crmnica. Durch seine Lage direkt an der Hauptstraße und der Bahnlinie Podgorica – Bar ist er Ausgangspunkt für die meisten organisierten Bootsrundfahrten auf dem See. Ins Hinterland verirren sich jedoch kaum Touristen, und so wird man auf dieser Runde zu alten Hausruinen und Steinbrücken im Tal des Flusses Orahovštica nur selten andere Wanderer treffen.

Ausgangspunkt: Bahnhof Virpazar, 12 m, Parkmöglichkeit. Anfahrt auf der M2 Petrovac – Podgorica und dann auf einer Ortsstraße entlang der Bahngleise zum Bahnhof. Zahlreiche Zugverbindungen ab Podgorica oder Bar.

Höhenunterschied: Ca. 300 m.

Anforderungen: Am Anfang und Ende der Tour hauptsächlich Asphalt- und Schotterwege, im Mittelteil großteils schmale, zum Teil etwas verwachsene Fußpfade. Spärliche Markierungen.

Einkehr: Taverne bei der Furt in Orahovo; zahlreiche Cafés und Restaurants im historischen Ortszentrum von Virpazar. Kein Trinkwasser unterwegs.

Varianten: 1. Falls die Furt bei Orahovo unpassierbar ist, kann sie umgangen werden. Dazu geht man auf einer Schotterstraße am Ufer entlang flussaufwärts und folgt an der Stelle, wo sie sich bei einem Pumpwerk nach links biegt, halb rechts einem Pfad entlang des Ufers durchs Gestrüpp. Wo dieser in eine Lichtung mündet, hält man sich rechts und quert den Fluss auf dem Rohbau einer Betonbrücke. Am anderen Ufer steigt man einen Trampelpfad hinauf zur Straße. Gehzeit gleich.

2. Autofahrer können auch nur eine kurze Runde zwischen Babin Most und Opačac machen und an der Abzweigung zur Babin Most parken (Parkmöglichkeit rechts der Straße etwa 50 m hinter der Abzweigung); Gehzeit ca. 2.30 Std.

3. Abstecher zur Festung Besac: Die kürzlich schön restaurierte Festung Besac erreicht man von Virpazar aus über die Brücke, die auf den Felsen mit dem Kriegerdenkmal zuführt. Dann auf der ansteigenden Straße am Postamt vorbei, bis ein Steinplattenweg beschildert nach scharf rechts zur Festung führt. Am Rückweg kann man auch abkürzen, indem man gleich vor dem Tor einen Fußpfad bergab nimmt, der bei den ersten Häusern von Virpazar wieder auf die Straße trifft. Eintritt in die Festung 2 Euro, Gehzeit 25 Min. zusätzlich.

Tipp: Am schönsten ist die Tour im Frühjahr und Herbst oder nach längeren Regenperioden, wenn der Fluss ausreichend Wasser führt.

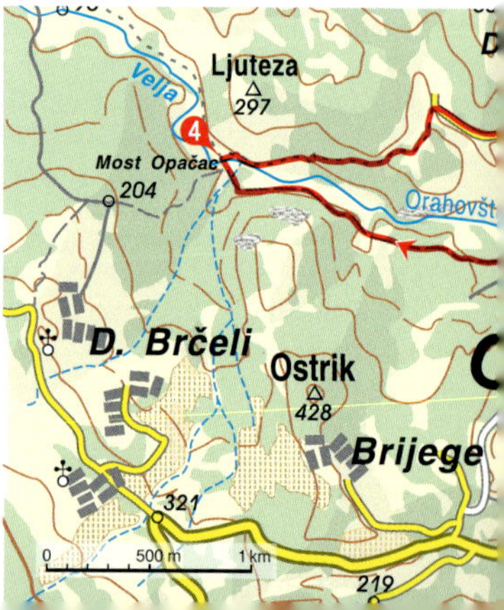

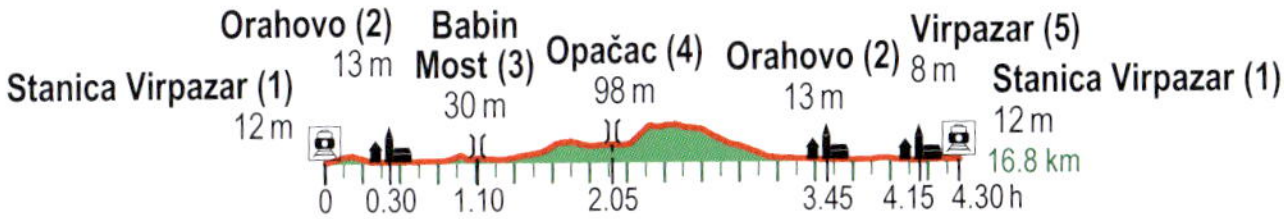

Vom **Bahnhof Virpazar (1)** gehen wir in südwestlicher Richtung entlang der Gleise und folgen der Straße, die an einer Schule, einem Gesundheitszentrum und der Kirche vorbei bergauf führt und auf die Magistrale Petrovac – Podgorica trifft. An dieser entlang weiter leicht bergauf und wenige Meter hinter der großen Kreuzung mit der Schnellstraße zum Sozina-Tunnel rechts auf einer Schotterstraße, die sich nach 20 m wieder gabelt. Hier halb links bergab ins Tal Suvodo und dieses schnurgerade auf der Schotterstraße durchschreiten. Wir kommen zu einer gepflasterten Furt, die man bei Trockenheit durchqueren kann; andernfalls muss man auf der oben angeführten Variante zu einer Brücke stromaufwärts ausweichen. Auf der anderen Seite des Flusses befinden sich die Häuser des kleinen Ortes **Orahovo (2)** sowie direkt an der Furt eine kleine Taverne mit Terrasse. Wir gehen nun auf einer Asphaltstraße parallel zum Fluss aufwärts.

Nachdem wir den Ort hinter uns gelassen haben, entfernt sich die Straße vom Ufer und steigt am Hang entlang an. 50 m vor einer Brücke in einer scharfen Linkskurve zweigt scharf links eine breite Schotterstraße ab, die wir hinabgehen. Nach einer Kehre nach rechts erreichen wir den flachen Talgrund und kommen zu einer Stelle, an der die Straße nach rechts knickt, während wir geradeaus auf die bereits vor uns sichtbare alte Steinbrücke **Babin Most (3)** zugehen und diese überqueren.

Auf der anderen Seite kurz auf einem Fußpfad rechts aufwärts, wo wir nach wenigen Metern wieder auf die Schotterstraße treffen und ihr flussaufwärts

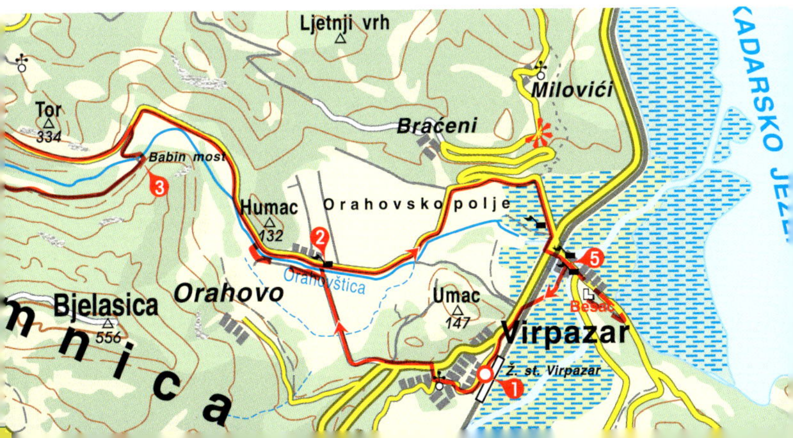

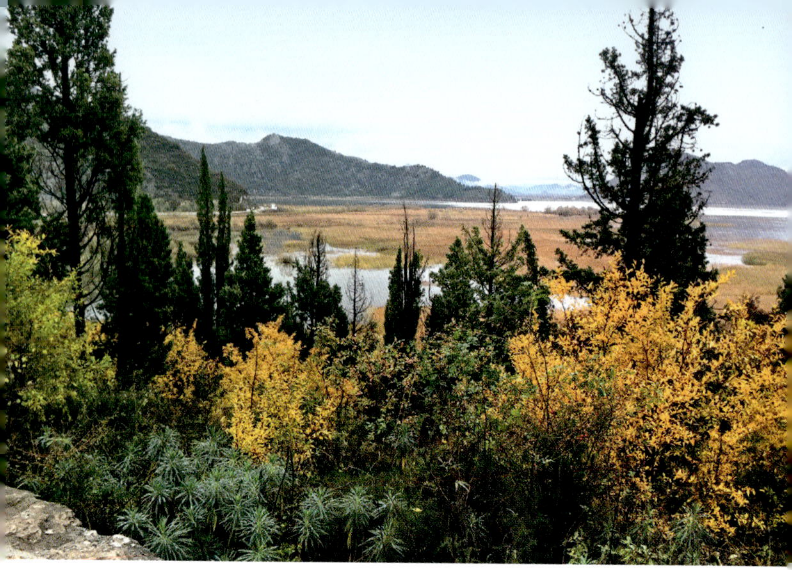

Herbststimmung beim Aufstieg zur Festung Besac.

an einer überwachsenen Hausruine vorbei folgen. 20 Min. nach der Brücke kommen wir möglicherweise zu einem Wegweiser zur Quelle Izvor Javor und weitere 10 Min. später zu einem weiteren Wegweiser, der rechts zum Dorf Dupilo und zur (2016 eingestürzten und bislang nicht wieder aufgebauten) Brücke Most Mareneškove zeigt. Hier gehen wir links Richtung Sjenokosi und Opačac, folgen dabei aber nicht der breiten, nun steiler bergauf verlaufenden Schotterstraße, sondern wenige Meter neben dem Wegweiser einem alten Fahrweg, der in einem Graben halb rechts bergauf führt. Der Weg schlängelt sich durch dichten Wald aufwärts und quert mehrere kleine Bäche. Auf einer unbewaldeten Hügelkuppe kann man ein Stück nach rechts gehen und hat dort einen schönen Blick hinunter auf den Fluss, der hier durch eine enge Klamm mit Wasserfällen strömt.
Anschließend führt der Weg kurz steil bergab und tritt wieder in einen dichten Wald mit moosüberwachsenen Bäumen ein. Schließlich erreichen wir, nun wieder deutlich in kurzen Abständen markiert, abermals den Fluss und queren diesen auf der alten Steinbrücke **Opačac (4)**, bei der sich auch eine Rastbank befindet.
Am anderen Flussufer biegt sich der markierte Weg flussabwärts, führt ein Stück am Ufer entlang und steigt dann teils mit Stufen und Serpentinen entlang des felsigen Hanges an. Wir kommen in ein Hochtal mit Obstbäumen, in dem wir auf den Zaun einer Viehweide treffen, die wir, einem Holzwegweiser

nach Virpazar folgend, rechts umgehen. 10 Min. später stoßen wir bei mehreren Häusern auf eine schmale Asphaltstraße, auf der wir uns nach rechts wenden. Wir folgen ihr hoch über dem Tal bis zum Dorf **Dupilo**, an dessen Beginn ein rot markierter Pfad rechts abzweigt. Auf ihm kann man bergab gehen, um nach wenigen Metern zu einer Quelle zu kommen. (Die weitere Markierung führt von dieser Seite hinunter zur eingestürzten Brücke Most Mareneškove.) Für den weiteren Rückweg folgen wir der kaum befahrenen Straße bergab zu der Brücke in der Kurve, vor der wir zur Babin Most abgezweigt sind, und weiter wie bekannt zur Taverne bei der Furt in **Orahovo (2)**. Jetzt gehen wir geradeaus weiter entlang des Flusses. Die Straße biegt sich nach links und trifft nach einer Weile auf eine breitere, vom Berg herunterführende Straße. Ihr folgend kommen wir über einen Damm am Restaurant Crmnica vorbei zur Magistrale, auf der wir 20 m nach rechts über eine Brücke gehen; dann überqueren wir nach links die Eisenbahn und erreichen das historische Ortszentrum von **Virpazar (5)**. In dem winzigen, auf einer Insel gelegenen Dorf gibt es mehrere Einkehrmöglichkeiten. Geradeaus über eine weitere Straßenbrücke kann man einen Abstecher zur Festung Besac machen (Variante), ansonsten geht man vor der Brücke rechts, am Nationalpark-Infozentrum und einem Restaurantschiff vorbei zu einem kleinen Brücklein, das aus dem Ort hinausführt. Der daran anschließende Damm trifft wieder auf die Bahnstrecke, die wir queren, um auf der anderen Seite die Straße links bergauf zu nehmen. An einer Bushaltestelle vorbei, gleich dahinter die Dorfstraße halb links entlang der Bahn zurück zum **Bahnhof Virpazar (1)**.

Die alte Steinbrücke Babin Most.

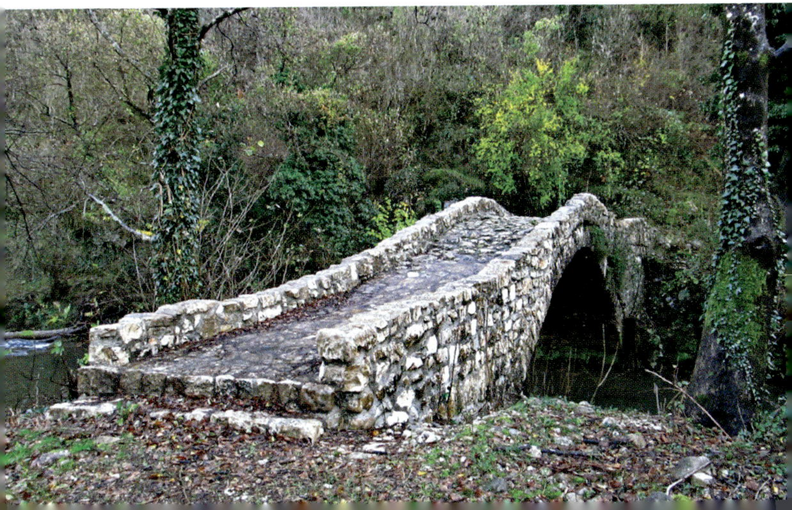

Gebirge des mittleren Montenegro

Im zentralen Bereich Montenegros liegen einige der urtümlichsten, teilweise noch wenig erschlossenen Gebirgslandschaften Montenegros: Das Žijovo-Gebirge an der Grenze zu Albanien, die Komovi südlich des Trešnjevik-Passes, der die Orte Kolašin und Andrijevica verbindet, und der aus den Gebirgen Prekornica und Moračka Planina bestehende Gebirgsstock zwischen den Tälern von Zeta und Morača. Aus Letzterem wurden aufgrund der Weitläufigkeit und schlechten Erreichbarkeit vorerst nur zwei Touren aufgenommen, deren Ausgangspunkte direkt an den Hauptstraßen von Podgorica Richtung Nikšić bzw. Richtung Kolašin liegen und die gegensätzlicher nicht sein könnten: Der alte Fußweg, der durch Kulturlandschaft zum hoch in einer Felswand gelegenen Kloster Ostrog führt, und im Gegensatz dazu der Pfad durch den berühmten Mrtvica-Canyon, der erst in den 1970er-Jahren durch eine bis dahin unzugängliche Schlucht geschlagen wurde und heute zu den absoluten Top-Touren in Montenegro zählt.
Das Žijovo-Gebirge, auch Kučka Krajina genannt, ist in etwas mehr als einer Autostunde von Podgorica (auf der Nebenstraße über Ubli) oder von Kolašin (über Mateševo und Veruša) aus erreichbar. Es gehört zum Massiv der Prokletije, des höchsten Gebirges der Dinariden, das sich vom Osten Montenegros entlang der Grenze zu Albanien bis ins Grenzgebiet zu Serbien erstreckt.
Zentraler Punkt ist der traumhaft gelegene Bergsee Bukumirsko Jezero. Um ihn herum gruppieren sich mehr als ein Dutzend über 2000 m hohe Gipfel, allesamt lohnenswert – wir präsentieren hier eine kleine Auswahl der interessantesten und zugleich am leichtesten zugänglichen Ziele. Bei Veruša befindet sich auch der Anfangspunkt des ersten montenegrinischen Weitwanderwegs, der »Crnogorska Transverzala 1«, kurz CT-1, die über den lang ge-

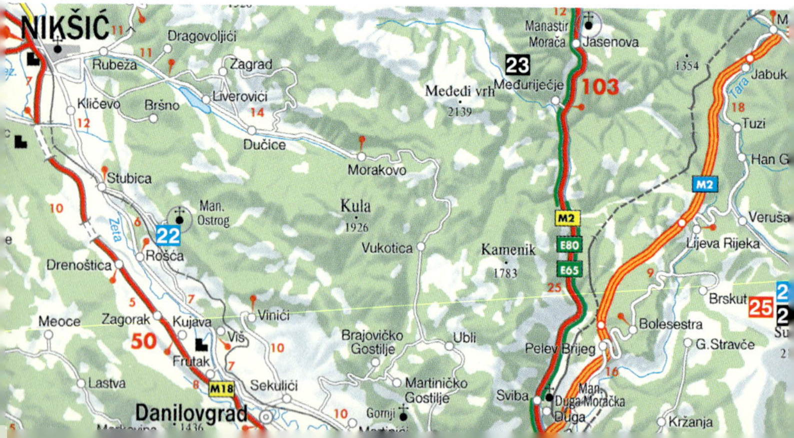

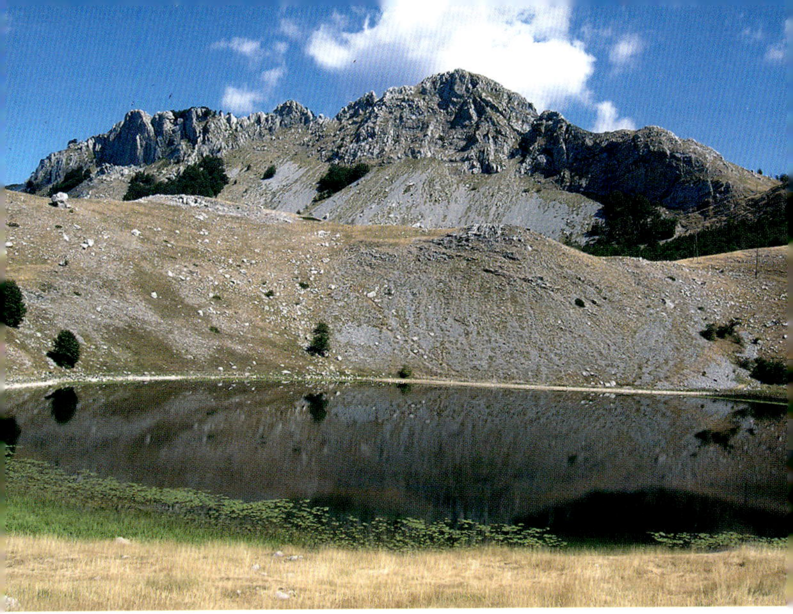

Am Bukumirsko Jezero.

streckten Bergrücken des Maglić nordwärts nach Carine im Gebiet der Komovi weiterführt und im Durmitor endet.

Die Komovi gehören geologisch nicht zu den Prokletije, auch wenn sie ähnlich schroffe, steile Formen aufweisen. Viele Kenner der montenegrinischen Bergwelt, so auch der berühmte montenegrinische Bergsteiger und Biologe Daniel Vincek, halten sie für die faszinierendste und eindrucksvollste Berggruppe im Norden des Landes. Zwei Felstürme – im Westen der Hauptgipfel Kom Kučki mit seinem Nebengipfel Ljevoriječki Kom, im Osten der Kom Vasojevički – überragen die umgebenden Gipfel und Hochflächen um mehr als 600 Meter und bieten damit einen grandiosen Ausblick. Als Alternative zu den zum Teil schwierigen, ausgesetzten Aufstiegen auf die Felszacken bietet sich die Umrundung des gesamten Komovi-Massivs an, die an einem Tag zu bewältigen ist. Ausgangspunkt für alle in diesem Kapitel beschriebenen Touren ist der an der Nordseite der Komovi auf der Hochfläche Štavna gelegene Eko-Katun Štavna, in dem es Holzhäuser mit Übernachtungsmöglichkeit und ein täglich geöffnetes Restaurant gibt.

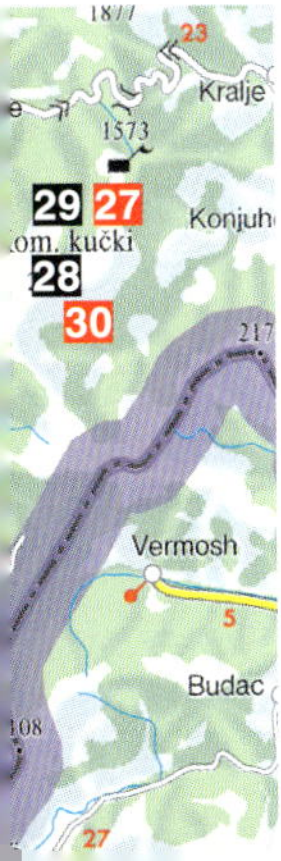

22 Manastir Ostrog

3.00 Std.

Besinnliche Wanderung zu einem der wichtigsten Wallfahrtsorte

Hoch in einer Felswand über dem Tal der Zeta in der Nähe von Nikšić thront in einer natürlichen Höhle das Kloster Ostrog, das Ziel vieler Wallfahrer aus Montenegro, aber auch aus Serbien und Bosnien-Herzegowina ist. Dem heiligen Vasilije, dessen hier aufbewahrter Leichnam seit seinem Tod im Jahr 1671 keine Spuren von Verwesung zeigt, werden nicht nur zu Lebzeiten, sondern bis heute zahlreiche Wunderheilungen zugeschrieben. Einige Pilger kommen hierher sogar barfuß über den steinigen Weg vom Hospiz oder vom Bahnhof herauf.

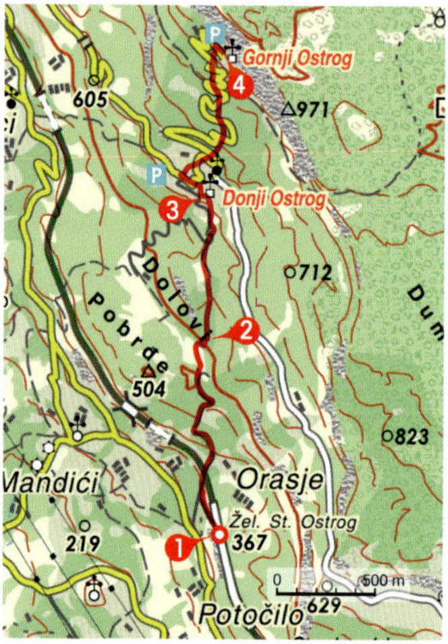

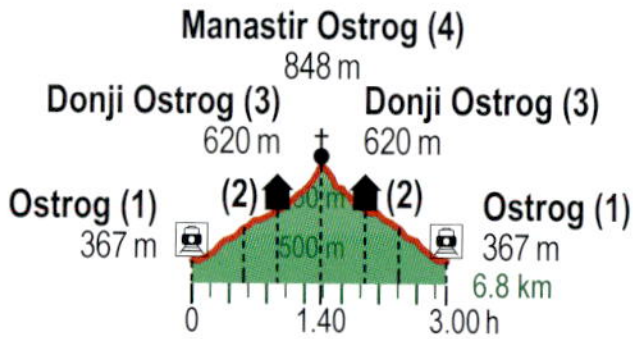

Talort: Danilovgrad, 30 m.
Ausgangspunkt: Bahnhof Ostrog, 367 m. Anfahrt mit dem Auto auf der Schnellstraße Podgorica – Nikšić bis zum Wegweiser zum Kloster Ostrog beim Ort Bogetici. Man fährt unter der Bahn und unter einer Druckrohrleitung hindurch und biegt unmittelbar hinter einem Friedhof rechts bergab ab. Die einspurige Asphaltstraße, auf der man sich immer links hält, kreuzt nochmals die Bahn und passiert 4 km hinter der Abzweigung erneut einen Friedhof. Nach einem weiteren Kilometer zweigt links eine steile, schmale Asphaltstraße ab, die zum Bahnhof hinaufführt. Öffentlich erreicht man den Bahnhof Ostrog ca. 5- bis 6-mal täglich mit Regionalzügen Richtung Nikšić.
Höhenunterschied: Rund 500 m.
Anforderungen: Leichte Tour auf alten Pflasterwegen und Forststraßen; durchgehend markiert.
Einkehr: Einkehrmöglichkeit und Trinkwasser beim Hospiz Donji Ostrog. Im oberen Kloster gibt es Snack-, Getränke- und Kaffeeautomaten.
Hinweis: Das Kloster ist ein Ort der Ruhe und Andacht und darf nur in angemessener Kleidung (Knie und Schultern müssen bedeckt sein) betreten werden.

Das Kloster Gornji Ostrog.

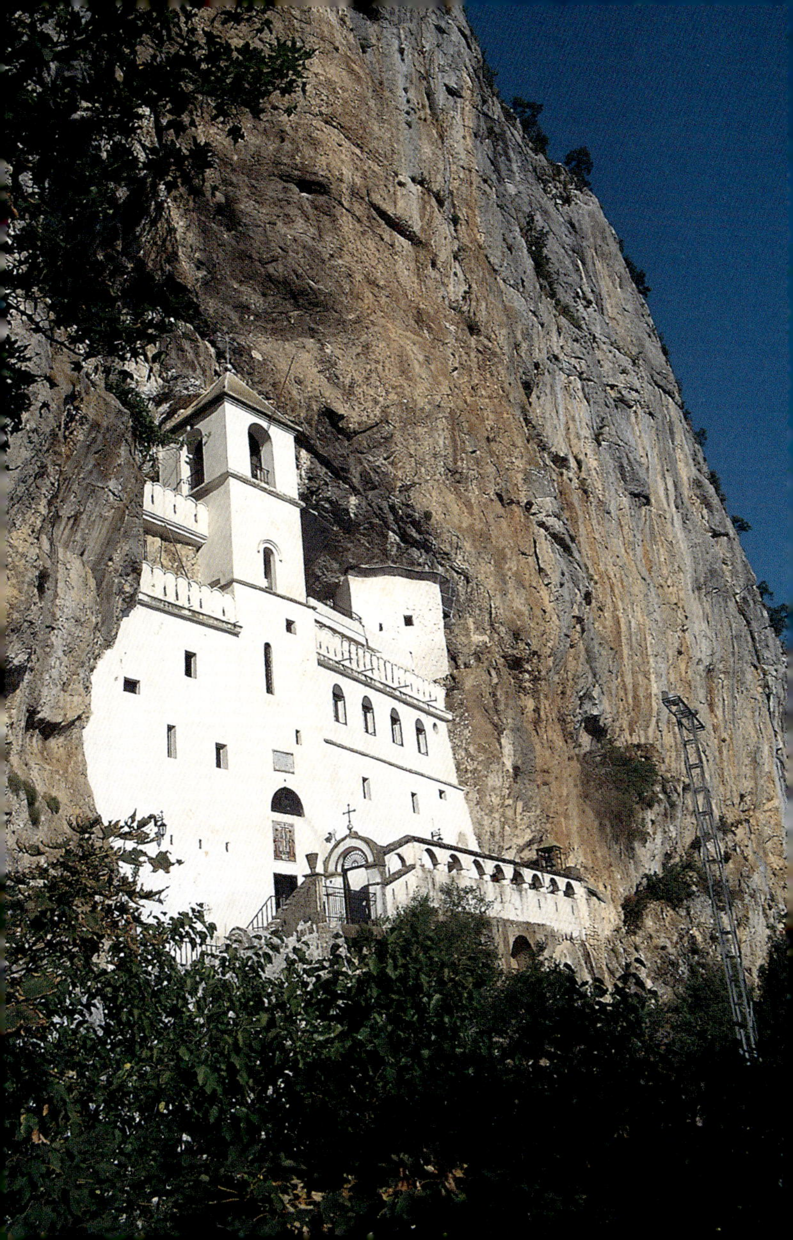

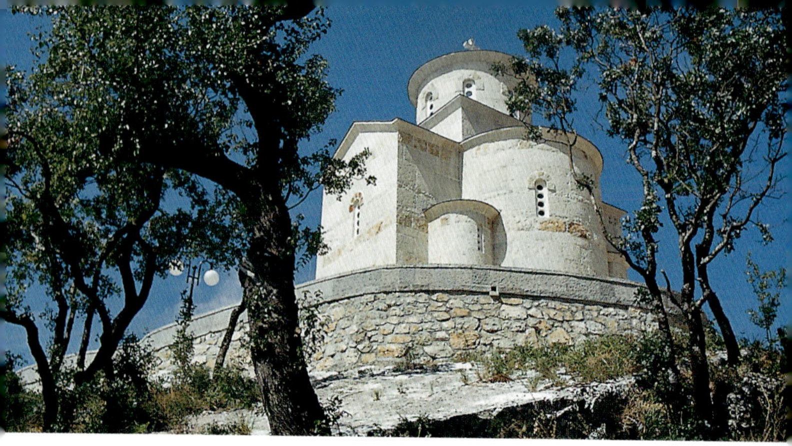

Die »neue« Kirche beim unteren Kloster.

Wir beginnen unsere Wanderung beim **Bahnhof Ostrog (1)**, der erst 2012 im Zuge der Wiederaufnahme des Bahnverkehrs zwischen Podgorica nach Nikšić nach zwanzigjähriger Unterbrechung renoviert und barrierefrei umgebaut wurde. Auf einer Asphaltstraße queren wir die Bahngleise und biegen kurz dahinter links ab (Wegweiser in kyrillischer Schrift zum Kloster). Auf einem Fahrweg geht es weiter bis kurz vor einem Haus, wo wir links einen schmalen Fußweg steiler bergauf nehmen. Wir gehen durch lichten Wald und Buschwerk auf deutlich erkennbarem, steinigem Weg bergauf; der Weg führt auf eine große, ebene **Wiese (2)**, über die hinweg der Blick auf die Felswand mit dem Kloster frei ist. Wir queren die Wiese und gehen am gegenüberliegenden Waldrand links leicht bergauf. Auf einem markierten Fußweg steigen wir kontinuierlich an, bis wir auf einen neuen, breiten Fahrweg treffen. Auf diesem geht es bergauf, zuletzt an mehreren neuen Häusern vorbei, zum unteren Klosterareal **Donji Ostrog (3)**, mit Parkplatz, Restaurant, Souvenir- und Imbissständen.

Von hier führt eine Asphaltstraße bergauf. Ein markierter Fußweg schneidet die Serpentinen ab; wir folgen ihm hinauf zu einer neu erbauten kleinen Kirche, in deren Nähe ein Fußweg über Stufen bergauf abzweigt. Auf ihm, immer wieder die Straße kreuzend, teils steinig, teils gepflastert und immer wieder durch Stufen unterbrochen zum Parkplatz und Straßenende beim Kloster **Gornji Ostrog (4)**.

Bevor man nun auf bekanntem Weg zum Ausgangspunkt hinabsteigt, sollte man unbedingt das Kloster besichtigen. Der eigentliche »Gipfelsieg« ist erst errungen, wenn man von der Terrasse neben dem Glockentürmchen, wo mitten in der steinigen Felswand ein jahrhundertealter Weinstock gedeiht, die herrliche Aussicht über das Tal der Zeta genossen hat.

4.30 Std.

Mrtvica-Canyon

23 TOP

Auf schmalem Steig durch die aufregendste Schlucht Montenegros

Andere Schluchten des Balkan mögen tiefer oder länger sein als die der Mrtvica, aber keine kommt nur annähernd an das heran, was sich dem Wanderer hier bietet: Zu beiden Seiten ragen mehrere Hundert Meter hohe Felswände senkrecht empor, sodass der Pfad, dem wir folgen, stellenweise regelrecht aus dem Felsen herausgehauen wurde. Eine steinerne Bogenbrücke aus dem 19. Jahrhundert, Karstquellen und dschungelartige Vegetation machen einen zusätzlichen Reiz der Tour aus.

Das natürliche Felstor »Kapija Želja«.

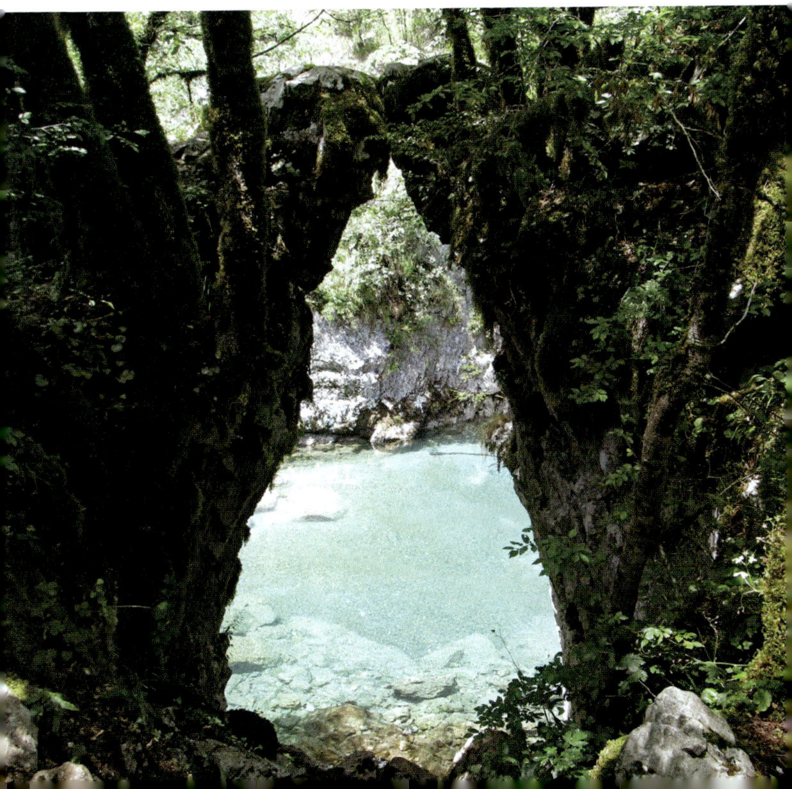

Ausgangspunkt: Međuriječje, Kafana an der Hauptstraße Podgorica – Kolašin, 223 m. Busverbindung etwa stündlich. Die leicht zu übersehende Abzweigung befindet sich etwa 1200 m nach der Brücke über die Morača beim ersten Haus auf der linken Straßenseite.

Anforderungen: Großteils schmale Pfade, die teilweise ausgesetzt sind. Trittsicherheit ist unbedingt nötig. Am Hinweg ein kurzes Stück Asphalt und Schotterstraße, am Rückweg ein Stück auf einer Forststraße. Der Weg ist bis auf die ersten 500 m durchgehend markiert.

Gefahren: Diese Tour keinesfalls im Frühjahr unmittelbar nach der Schneeschmelze oder nach stärkeren Regenfällen begehen – extreme Steinschlaggefahr! Im Mittelteil der Schlucht gibt es weder Mobilfunk- noch GPS-Empfang!

Einkehr: Kafana am Ausgangspunkt. Das Wasser im Fluss kommt oberhalb der Siedlung direkt aus einer Karstquelle und kann bedenkenlos getrunken werden.

Hinweis: Um den Wanderweg in den Mrtvica-Canyon tobt seit Jahren ein Kleinkrieg zwischen verschiedenen lokalen Bauern und den Wandervereinen. Mal werden angebrachte Markierungen mutwillig zerstört, dann wieder erneuert oder Umgehungswege angelegt. Eine Zeitlang wurden Autofahrer, die auf der Wiese am Beginn des Fußwegs parkten, mit »Raubrittermethoden« zur Kasse gebeten. Deshalb unbedingt schon an der Hauptstraße parken und, falls der erste Teil des Weges gesperrt sein sollte, die bei den Varianten beschriebene Umgehung wählen.

Varianten: 1. Um den ersten Teil des Weges zu umgehen, folgt man den im Text erwähnten Markierungen über einen Fußgehersteg ans andere Ufer und

Die steinerne Brücke über die »Zeleni Vir« genannte Engstelle der Mrtvica.

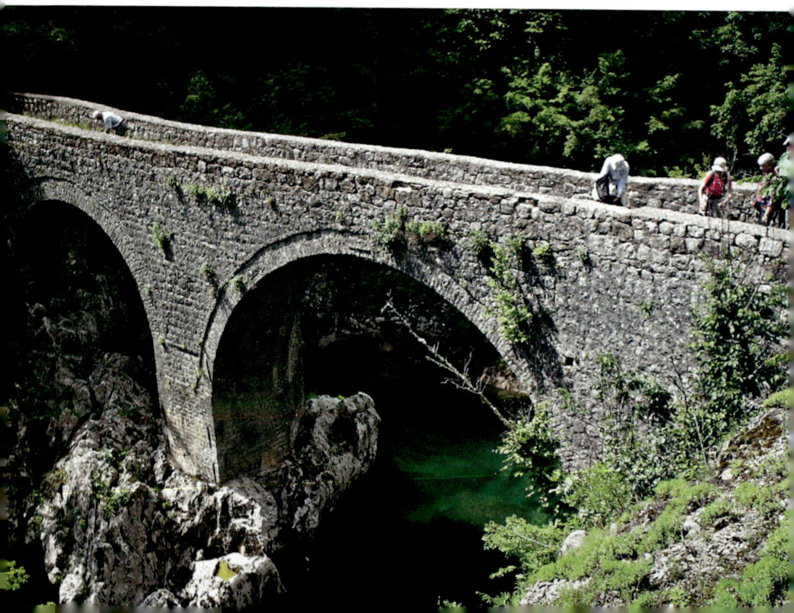

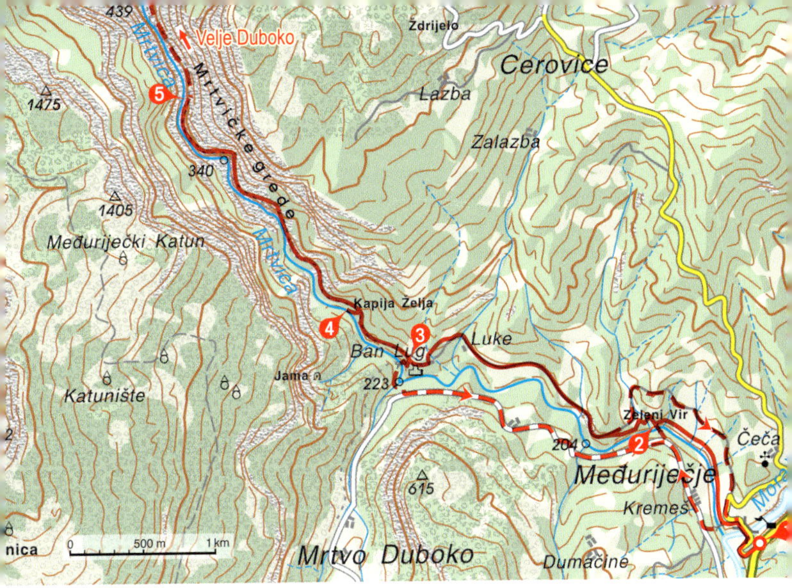

kommt dort nach 5 Min. steilem Aufstieg auf eine Asphaltstraße. Auf dieser geht man nach rechts und nimmt nach 500 m einen Fußweg rechts bergab, auf dem man direkt zur Brücke Zeleni Vir gelangt. Gehzeit 5 Min. länger.

2. Konditionsstärkere Wanderer können von der Plaža noch beliebig weit durch den Canyon aufwärts gehen; spätestens ab dem Punkt, wo man das ausgetrocknete Flussbett quert, wird der Weg aber unspektakulär und lohnt nicht mehr; hier sollte man umkehren (insgesamt etwa 2 Std. zusätzlich). Eine halbe Stunde nach der Flussquerung käme man ins Bergdorf Velje Duboko (keine Einkehr, keine Übernachtung). Eine Rückfahrt per Taxi von dort ist nur mit geländegängigen Wagen auf schlechten Schotterstraßen möglich und teuer (ca. 65–90 Euro). Will man dennoch den Canyon auf ganzer Länge durchwandern, empfiehlt es sich, zuerst nach Velje Duboko zu fahren und von dort abwärts zu gehen; die Rückfahrt kann dann per Bus erfolgen. Der Einstieg in den Canyon ist markiert, lässt sich aber auch vor Ort leicht erfragen; die Einheimischen zeigen gerne den Weg.

3. Wer am Ende der Tour schon müde ist und sich den steilen, schmalen Abstieg nach Zeleni Vir ersparen möchte, der kann auch einfach auf dem Fahrweg bleiben. Dieser ist zwar etwas länger, aber bequem zu gehen. Er führt an mehreren Häusern vorbei und trifft schließlich auf eine Asphaltstraße. Auf dieser gelangt man rechts bergab zur Pionierbrücke über die Morača. Gehzeit 10–15 Min. länger.

4. Sollte die alte Brücke Rimski Most (2021 durch Hochwasser zerstört) wieder aufgebaut worden sein, kann man für den Rückweg auch an der Abzweigung (3) rechts gehen. Über einen schmalen Pfad gelangt man, nachdem man ein einmündendes Bächlein gequert hat, hinauf zur Schotterstraße am orografisch rechten Ufer der Mrtvica und kann auf dieser bequem talauswärts wandern. Über den bei Variante 1 beschriebenen Fußgehersteg gelangt man schließlich wieder zu der Wiese vom Anfang der Tour.

Von der Kafana an der Hauptstraße in **Međuriječje (1)** auf Asphalt bergab und über eine Pionierbrücke ans andere Ufer der Morača. Drüben in der scharfen Rechtskurve der Asphaltstraße links auf einen Schotterweg, der auf eine große Wiese führt. Die Markierungen geradeaus weiter führen zu einer Stahlbrücke über die Mrtvica (Variante 1), wir aber gehen noch vor der Wiese rechts einen auf den ersten Metern steilen Pfad hinauf (verwachsen oder freigeschnitten, Markierungen übermalt oder erneuert – siehe Hinweis.) Zwischen Hecken und Sträuchern gehen wir ins Tal hinein. Zunächst liegen unterhalb noch Wiesen, dann nähert sich der Weg dem Ufer der Mrtvica und führt an diesem entlang. Nach etwa 30 Min. kommen wir zur alten steinernen Bogenbrücke von **Zeleni Vir (2)**, die unter dem Fürsten Danilo errichtet wurde (woran eine Gedenktafel erinnert). Wir bleiben am diesseitigen Ufer und gehen einen steilen Weg hinauf. Nach Querung eines Bächleins steigt der Weg nochmals steil durch den Wald an, dann trifft man auf eine Schotterstraße, der man weiter ins Tal hinein folgt. Man kommt an Obst- und Gemüsegärten und einem Gehöft vorbei, geht dabei mehrere kleine Seitentäler aus und gelangt schließlich zu einer ebenen Flussterrasse, auf der ein einzelnes Haus steht. Der Wanderweg umgeht das Privatgrundstück rechts am Hang. Dahinter biegt der Weg nach rechts und wir gelangen zu einer **Abzweigung (3)** am Beginn des eigentlichen Mrtvica-Canyons.
Links unter uns sind die Fundamente der »Rimski Most«, einer bereits in byzantinischer Zeit errichteten Brücke sichtbar. Wir bleiben aber am bisherigen Ufer und folgen dem anfangs noch breiten Fußweg in die immer enger werdende Schlucht hinein. Links zweigt ein Seitental ab, aus dem ein einer Karstquelle entspringender Fluss in die Mrtvica mündet. Nach etwa 15 Min. liegt wenige Meter links, vom Weg aus nicht sichtbar, inmitten moosüberwachsener Bäume ein natürliches Felstor, **Kapija Želja (4)**, das »Tor der Wünsche«. Man kann es aber kaum verfehlen, da der Stichweg, der dorthin führt, der einzige nach links abzweigende Pfad ist. Das Tal verengt sich weiter, der Weg wird steiler. Moos und Flechten hängen von den Bäumen; dazwischen dichte, dschungelartige Vegetation. Der Weg steigt mal hoch über den Fluss an (unter uns ist ein großer Wasserfall zu sehen), dann nähert er sich diesem wieder. Nach 30 Min. ab Kapija Želja kommen wir zu einer Stelle, an der man im Wasser unterhalb einer Stromschnelle sogar baden könnte. Ein Stück weiter passieren wir riesige Steinblöcke, die von der Wand hinunter in die Schlucht gestürzt sind; dahinter steigt der Weg wieder hoch hinauf an.

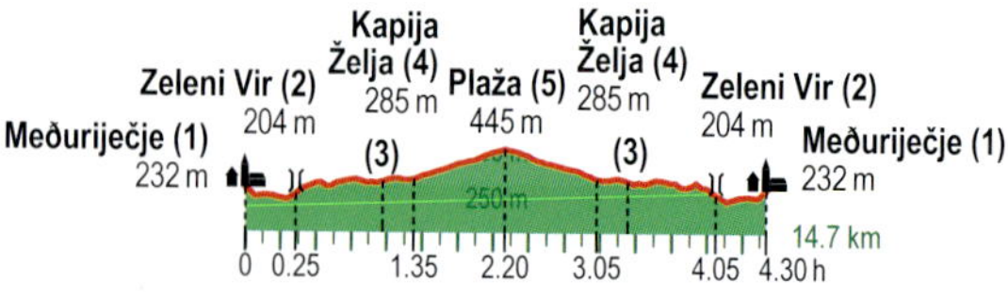

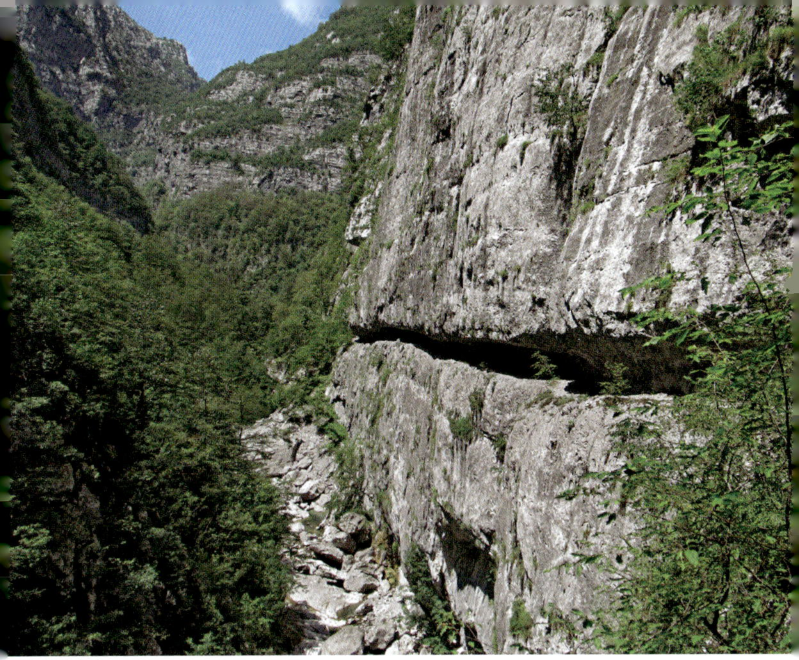

Der aus dem Felsen gehauene Pfad durch die Mrtvičke grede.

Schließlich weist ein Schild auf die »Mrtvičke grede« (Wände) hin, die nun folgen: Bereits aus einiger Entfernung erkennt man den Pfad, der auf einer Länge von gut 200 m komplett aus der senkrechten Felswand gehauen wurde. Wir gehen ihn entlang und kommen nach etwa 10 Min. zu einem Schild, das links hinab zu einem **Plaža (5)** – »Strand« – weist. Hier kann man unter großen Bäumen rasten; je nach Wasserstand plätschert an dieser Stelle das Wasser vorbei, bei Trockenheit sammelt es sich in kleinen natürlichen Becken oberhalb und unterhalb dieser Stelle. In etwa die Mitte des Canyons ist hier erreicht, die spektakulärsten Teile liegen hinter uns.
Wir kehren um und gehen zwangsläufig auf demselben Weg zurück, wobei sich aus der anderen Richtung wieder gänzlich neue Perspektiven und Anblicke eröffnen. Falls die Römerbrücke wieder aufgebaut sein sollte, kann man bei der **Abzweigung (3)** über diese gehen und der Variante 4 folgen oder man bleibt an der Stelle, an der man nach dem steilen Aufstieg vom Zeleni Vir auf die Schotterstraße getroffen ist, auf dieser (Variante 3). In jedem Fall gelangt man zurück zur Pionierbrücke über die Morača und geht auf Asphalt das letzte Stück zurück hinauf zur Kafana in **Međuriečje (1)**.

24 Torač, 1876 m

2.45 Std.

Einstimmungstour im Žijovo-Gebirge

Obwohl der Berggipfel des Torač weder über ein Gipfelbuch verfügt noch eine bedeutende Höhe aufweist, bietet er doch aufgrund seiner zentralen Lage inmitten des Massivs einen phänomenalen Ausblick auf die umliegenden Gipfel. Sowohl Treskavac als auch Štitan, Surdup, Maglić und Vila sind von dieser unscheinbaren Kuppe – übrigens zugleich die kontinentale Wasserscheide zwischen Adria und Schwarzem Meer – sichtbar.

Talort: Veruša, 1220 m.
Ausgangspunkt: Bukumirsko Jezero, 1445 m. Anfahrt entweder von Podgorica über Ubli oder von Kolašin über Mateševo und Veruša. Geländegängige Autos können noch ca. 2 km weiter bis zum Katun Jezero fahren, spart insg. ca. 1 Std. Keine öffentlichen Verkehrsmittel.
Höhenunterschied: Ca. 460 m.
Anforderungen: Meist problemlose Tour auf teilweise markierten Fußwegen; steiler Abstieg über Grashänge, bei Nässe nicht zu empfehlen – gegebenenfalls auf dem Hinweg bis zum Katun Torač zurückgehen.
Einkehr: Keine. Quellen am Hin- und Rückweg beim Katun Jezero und beim verlassenen Katun Torač.
Kombinationsmöglichkeit: Mit Tour 26.
Tipp: An heißen Sommertagen eignet sich der Bukumirsko Jezero zum Baden.

Die Natur hat den Katun Torač zurückerobert.

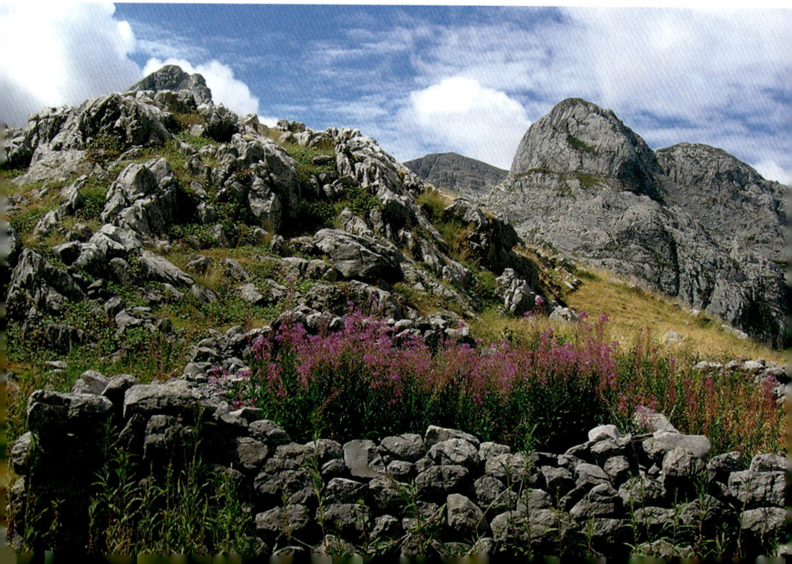

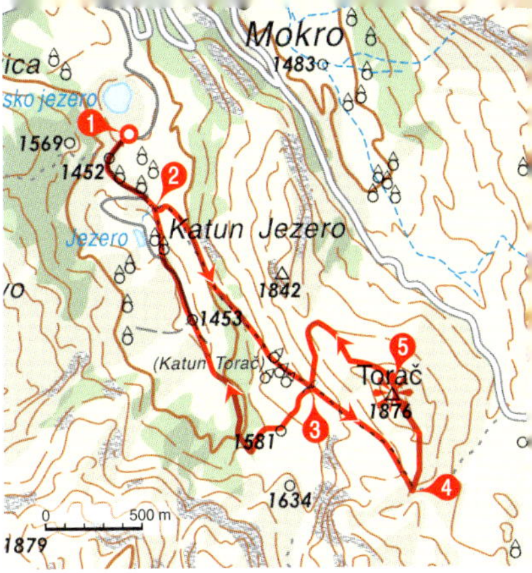

Ausgangspunkt ist der herrlich inmitten einer grandiosen Bergwelt gelegene See **Bukumirsko Jezero (1)**. Von hier auf einer Schotterstraße über einen kleinen Sattel ins Tal hinauf zum **Katun Jezero**, vor dem der markierte Pfad die Straße in einer Rechtskurve nach links verlässt und in 5 Min. zu einer gefassten **Quelle (2)** führt. Hier gibt es eine Weggabelung: Rechts zu den Häusern des Katun und Richtung Štitan und Surdup; wir nehmen den scharf links bergauf führenden Weg Richtung Torač. Rasch an Höhe gewinnend führt er mit schönem Ausblick über das Tal zunächst über Wiesen, dann durch den Wald und in 45 Min. ab der Gabelung auf ein flaches Plateau, wo die weit verstreuten Ruinen der Almhütten des **Katun Torač** liegen. Dahinter wieder stärker ansteigend in 10 Min. zu einer weiteren **Quelle (3)** (Ivzor Torač), die sich gut als Rastplatz eignet. Von hier, wo auch links bergab eine Markierung abzweigt (unser späterer Rückweg), gehen wir gerade weiter bergauf auf einen flachen **Bergsattel (4)**, 1760 m, auf dem wir uns sofort unmarkiert links bergauf wenden. Den großen Talkessel, der in der Ferne vom Bergsattel Širokar und vom lang gestreckten, nach links ansteigenden Bergrücken des Maglić begrenzt wird, zu unserer Rechten steigen wir am Bergrücken in ca. 20 Min. zum Gipfel des **Torač (5)** hinauf.

Der Abstieg erfolgt auf der anderen Seite des Berges zunächst am Kamm entlang auf einen felsigen Nebengipfel zu, dann in eine flache Mulde zwischen den beiden Gipfeln und dort scharf links, immer am steilen Grashang bergab, bis man auf Steigspuren trifft, die zur **Quelle (3)** oberhalb des Katun Torač hinabführen. Nun entlang der schon zuvor erwähnten Markierung weglos talwärts in ca. 15 Min. zum Talgrund, wo wir bei einem großen Steinblock auf einen breiten, markierten Fußweg treffen, der links in Richtung Štitan und Surdup führt. Auf diesem rechts ein Stück eben durchs Tal, dann steil hinab in eine links und rechts von Felsen begrenzte Rinne. In dieser steigen wir ab in einen Wald, in dem es nun bequem bergab geht. Wir erreichen den Talgrund, wo der Fußpfad in einen Fahrweg übergeht, auf dem wir zum **Katun Jezero**, zur vom Beginn der Tour bekannten **Quelle (2)** und zum **Bukumirsko Jezero (1)** zurückkehren.

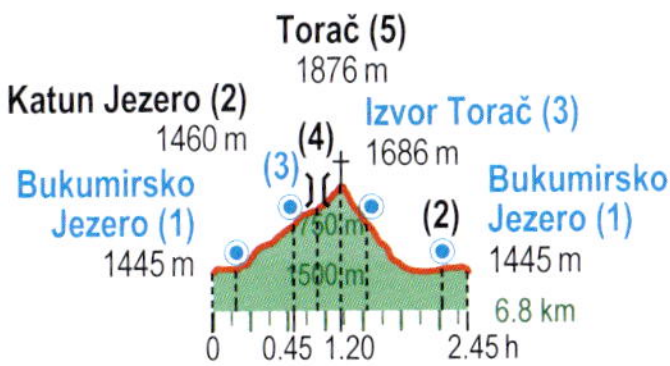

Treskavac, 2024 m

4.45 Std.

Abwechslungsreicher Aufstieg zum Berg mit den fünf Gipfeln

Trotz geringerer Höhe als die Hauptgipfel zählt der markante Rücken des Treskavac zu den beliebteren und häufig bestiegenen Zielen der Kučka Krajina. Insgesamt fünf »Gipfel« weist er auf, von denen von West nach Ost einer immer höher als der vorhergehende ist. Auf dieser Tour wählen wir den direkten Zustieg zum höchsten Punkt und kommen dabei an einem kleinen See vorbei, in der eine endemische, also nur in diesem Gebiet vorkommende Art von Bergsalamandern lebt.

Talort: Veruša, 1220 m.
Ausgangspunkt: Abzweigung der Zufahrtsstraße zum Bukumirsko Jezero beim Katun Popovica, 1460 m. Anfahrt entweder von Podgorica über Ubli oder von Kolašin über Mateševo und Veruša. Keine öffentlichen Verkehrsmittel.
Höhenunterschied: Rund 670 m.
Anforderungen: Problemlose Wanderung auf Fußwegen und Forststraßen; Aufstieg markiert, Abstieg großteils unmarkiert, aber leicht zu finden. Im Gipfelbereich kurze Abschnitte weglos über Grashänge, bei Nässe nicht zu empfehlen.
Einkehr: Keine. Trinkwasserquelle beim Katun Jezero etwas abseits, sonst keine.
Hinweis: Zwischen Wegpunkt 2 und 3 nur spärliche, sehr verblasste Markierungen. Ein GPS-Gerät oder eine entsprechende App leistet hier gute Dienste. Der kleine See Jezerce trocknet in heißen Sommern manchmal komplett aus.

Von der Abzweigung der Straße zum Bukumirsko Jezero beim **Katun Popovica (1)** gehen wir auf dieser, immer links haltend (die Abzweigungen nach rechts führen nur zu Häusern) erst bergauf, dann bergab zum See. An diesem vorbei wieder bergauf Richtung Katun Jezero bis zu einem kleinen **Pass (2)**, wo rechts eine Steinaufschrift zum Treskavac weist. Auf einem markierten, schmalen Fußpfad steigen wir über einen steinigen Hang steil an und queren ein Waldstück. Dann gelangen wir an den Fuß einer nach links ansteigenden Felswand, an deren unterem Rand wir in ein enges Tal und zuletzt steil auf eine Hochfläche hinaufsteigen. Hier gehen wir am rechten Rand einer Senke moderat bergauf, bis der Weg sich in einem großen Bogen nach rechts

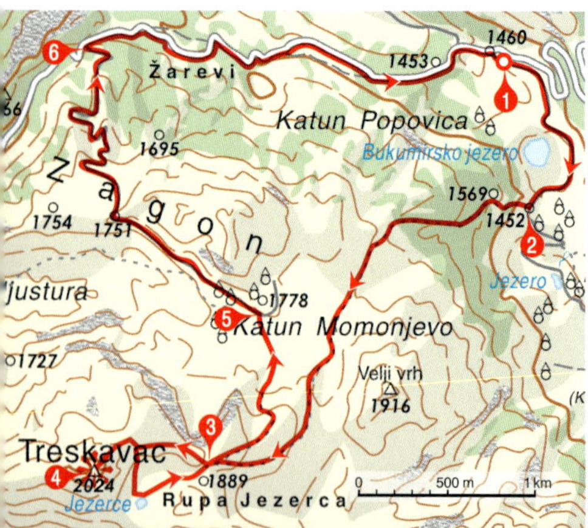

wendet und etwas steiler einen felsigen **Bergsattel (3)** erreicht. Vor uns liegt die mächtige Karstsenke **Rupa Jezerca** und links von uns ragen die Felswände an der Nordflanke des Surdup steil auf.
Wir umrunden die Senke rechts (die Markierungen verlaufen oben am Steilhang, man kann aber auch parallel dazu am flacheren Grashang wenige Meter unterhalb gehen). Wir treffen auf einen deutlichen, von links unten kommenden Pfad und folgen diesem hinauf auf einen Sattel, von dem aus wir scharf links am Bergrücken das letzte Stück hinauf zum Gipfel des **Treskavac (4)** mit Gipfelbuch und Stempel (schöner Ausblick) steigen.

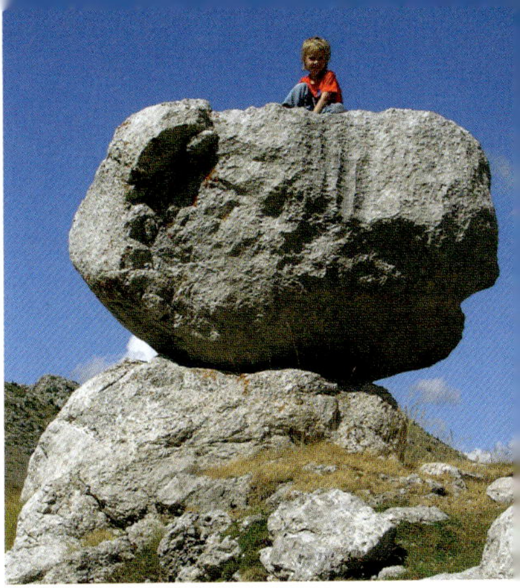

Bizarre Felsformen beim Katun Momonjevo.

Zurück geht es über den Rücken hinab zum Sattel, ab hier am deutlichen Pfad (nicht markiert) direkt zum am Talgrund erkennbaren kleinen See **Jezerce**, in dem die Bergsalamander leben. Hier links und auf deutlichen Wegspuren um die große Karstsenke **Rupa Jezerca** herum. Auf dem dahinter liegenden **Sattel (3)** nur kurz auf dem markierten Hinweg hinab, um diesen sogleich nach der felsigen Rinne wieder zu verlassen: Links haltend auf deutlichen Steigspuren leicht bergab, parallel zu den Felsen links über uns. Zwischen unseren Abstiegsweg und dem Tal, durch das wir gekommen sind, schiebt sich ein flacher Bergrücken. In einem steilen, steinigen Taleinschnitt steigen wir auf deutlichen Wegspuren hinab und halten über eine von großen Steinblöcken übersäte Hochfläche auf die in der Ferne sichtbaren Häuser des **Katun Momonjevo (5)** zu. Ab hier nach links auf einer Schotterstraße, die über einen Bergsattel und dahinter in mehreren kühn trassierten Serpentinen steil bergab führt. Wir treffen auf die breite **Schotterstraße (6)** aus Richtung Ubli, der wir 30 Min. rechts bergab zum Talgrund des **Ubogi Do** folgen, den die Straße in einem weiten Linksbogen quert. Hier zweigt zunächst links eine schmale Forststraße ab (markiert Richtung Veruša), wenige Meter dahinter sind wir wieder zurück beim **Katun Popovica (1)**.

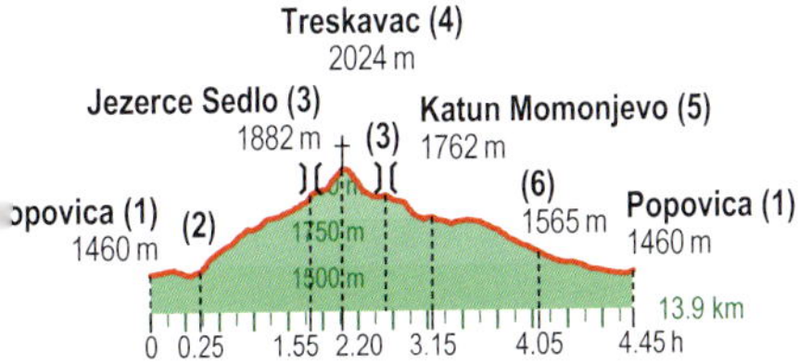

TOP 26 Štitan, 2172 m, und Surdup, 2184 m

5.00 Std.

Aufstieg zum höchsten und zweithöchsten Gipfel des Žijovo-Gebirges

Wie viele andere Gipfel in Montenegro erscheinen die im Zentralbereich der Kučka Krajina gelegenen beiden Felsgipfel Štitan und Surdup auf den ersten Blick bestausgerüsteten, geübten Alpinisten vorbehalten. Tatsächlich aber gibt es von ihrer Rückseite jeweils einen steilen, aber relativ ungefährlichen Zustieg. Auf dieser Tour lassen sich die beiden weniger als einen Kilometer Luftlinie auseinander gelegenen Gipfel bequem an einem Tag besteigen.

Talort: Veruša, 1220 m.
Ausgangspunkt: Bukumirsko Jezero, 1445 m. Anfahrt entweder von Podgorica über Ubli oder von Kolašin über Mateševo und Veruša. Mit einem geländegängigen Auto kann man noch ca. 2 km weiter bis zum Katun Jezero fahren, das spart insgesamt ca. 1 Std. Keine öffentlichen Verkehrsmittel.

Am Talgrund beim Katun Jezero.

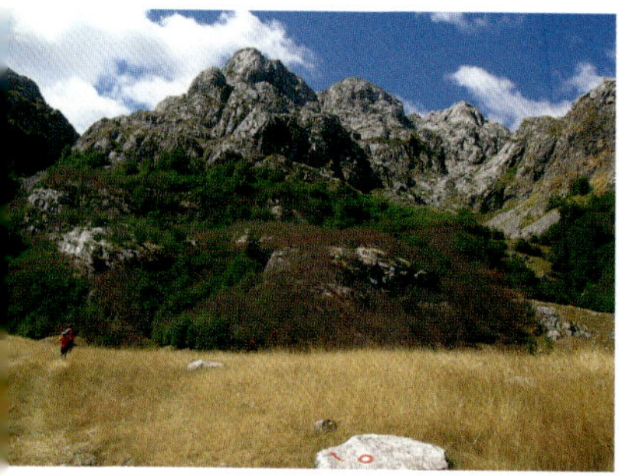

Höhenunterschied: Rund 900 m.
Anforderungen: Großteils gut markierter Wanderpfad; im Gipfelbereich wegloser Anstieg über Grashänge und einige leichte Kletterstellen, bei Nässe nicht zu empfehlen. Abstieg über Schotterfelder und Geröll, früh im Jahr evtl. auch noch Schneefelder. Aufgrund der senkrecht abfallenden Steilwände den markierten Weg nicht verlassen!
Einkehr: Keine. Trinkwasserquelle beim Katun Jezero, danach keine mehr.
Variante: Abstecher zur Höhle Špela: Vom Sattel östlich des Štitan kann man unmarkiert geradeaus bergab gehen und gelangt zu einer Felsrinne, der man folgt (Wegspuren). Durch eine Scharte, die immer steiler wird, steigt man kurz bergab, und sobald man vor sich deutlich den verfallenen Katun Beljeva Rupa sieht, hält man sich links am Hang leicht bergauf zum bereits deutlich sichtbaren Höhleneingang. Die Höhle kann bei plötzlichem Wetterumschwung auch als Notbiwak aufgesucht werden!
Kombinationsmöglichkeit: Mit Tour 24.

Vom Ufer des bezaubernden Bergsees **Bukumirsko Jezero (1)** gehen wir auf einer Schotterstraße über einen kleinen Sattel ins Tal hinauf zum Katun Jezero, vor dem der markierte Pfad die Straße in einer Rechtskurve nach links verlässt und in 5 Min. zu einer gefassten Quelle führt. Hier nehmen wir den rechten Weg und treffen wieder auf die Schotterstraße, die in einen Fahrweg über den grasbestandenen Talgrund übergeht, der sich bald gabelt. Hier halten wir uns geradeaus und steigen nach 30 Min. zunächst durch ein Wäldchen und dann durch ein wildromantisches Felsental über eine Steilstufe an, dann geht es wieder bequem fast eben am Rand einer flachen Mulde entlang. Wir passieren die Abzweigung Richtung Torač (Tour 24), dann folgt eine weitere Geländestufe. Vorbei an einem **Gedenkstein (2)** gelangen wir in einen beeindruckenden Felsenkessel, in dem eine besonders markante Felsgruppe an eine steinerne Riesenschildkröte erinnert. Hier schwenkt der Weg südwärts, und während des Aufstiegs in einem schmalen Tal kommt erstmals der Gipfel des Štitan ins Blickfeld. Auf markiertem Weg steigen wir an der rechten Talseite an bis zu einer **Gabelung (3)** auf 1860 m Höhe, dann geht es über grobe Felsen, Schotter und einen kurzen Geröllhang hinauf zum Bergsattel östlich des Štitan (geradeaus zur Höhle Špela, siehe Variante). Hier scharf rechts über den grasbewachsenen Steilhang weglos zur Schulter des Bergs, dann am Grat mit Respektabstand zum Abgrund die letzten Meter zum Gipfel des **Štitan (4)** mit Buch und Stempel (grandiose Aussicht zu den Komovi und weit nach Albanien hinein).

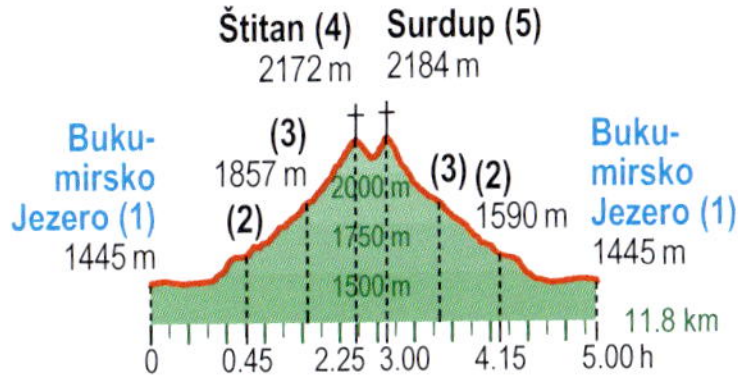

Auf demselben Weg gehen wir am Grat zurück, dann jedoch gerade weiter auf den deutlichen **Sattel**, 2064 m, zwischen Štitan und Surdup zu. Hier der Felsaufschrift folgend zunächst gerade weiter, abermals über einen steilen Grashang hinauf (Markierungen teils schwer sichtbar; im Zweifel eher rechts auf den Gipfelgrat zuhalten; ab dort wieder deutlich markiert) und zuletzt eine Handvoll leichter Kletterstellen überwindend zum höchsten Gipfel des Žijovo-Gebirges, dem **Surdup (5)**. Von hier zurück zum **Sattel** und dort links, steil über Felsen und Geröll bergab. In einem unwirtlichen Talkessel sind auf mehreren Hundert Metern Geröllfelder, Schotterhänge und eventuell Schneefelder zu queren, bis wir zur **Gabelung (3)** auf knapp 1860 m Höhe zurückgelangen, von der wir dem bekannten Weg zurück zum **Bukumirsko Jezero (1)** folgen.

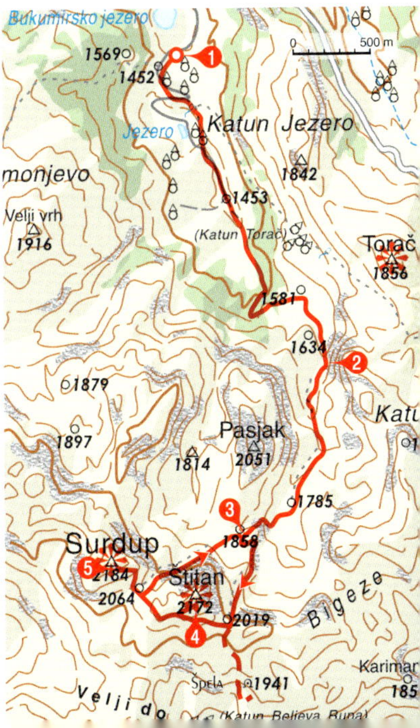

27 Kom Vasojevički, 2461 m

4.30 Std.

Der leichteste der drei Gipfel der Komovi

Kaum ein Bergmassiv Montenegros ist nur annähernd mit den Komovi (die Mehrzahl von Kom) vergleichbar. Schroff und scheinbar unbezwingbar ragen die Kalksteintürme aus der Hochebene nahe der albanischen Grenze. Während die anderen beiden Gipfel Kletterstellen beinhalten und nur für geübte Bergsteiger empfehlenswert sind, ist der Kom Vasojevički bei entsprechender Vorsicht auch von mäßig erfahrenen Bergwanderern zu bezwingen.

Talort: Andrijevica, 760 m.
Ausgangspunkt: Eko-Katun Štavna, 1706 m, Parkplatz. Anfahrt von Kolašin oder Andrijevica auf den Trešnjevik-Pass, dort neben der Konoba abbiegen. Die Straße bis zum Eko-Katun ist durchgehend asphaltiert. Keine öffentlichen Verkehrsmittel.
Höhenunterschied: Rund 760 m.
Anforderungen: Durchgehend markierter Wanderpfad; zum Teil aber wegloser Anstieg über Grashänge, bei Nässe nicht zu empfehlen. Kurz vor dem Gipfel etwas ausgesetzter Abschnitt, der besondere Vorsicht erfordert.
Gefahren: Aufgrund der senkrecht abfallenden Steilwände den markierten Weg nicht verlassen! Bei aufziehendem Schlechtwetter Gipfel so rasch wie möglich verlassen; Blitzschlaggefahr!
Einkehr: Einkehr und Übernachtung im Eko-Katun. Trinkwasserquelle ebendort, danach keine mehr. Quelle Jankova Voda etwas unterhalb des Wegs.
Kombinationsmöglichkeit: Mit Tour 28, 29 und 30.

Gipfelsieg am Kom Vasojevički.

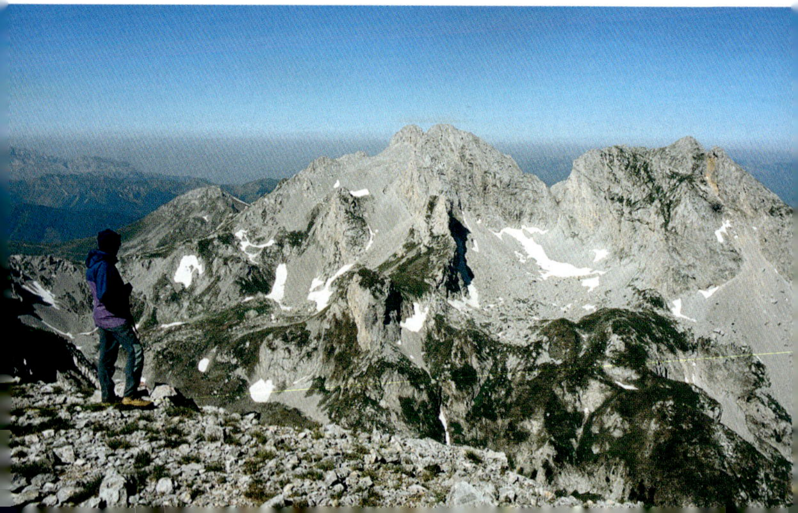

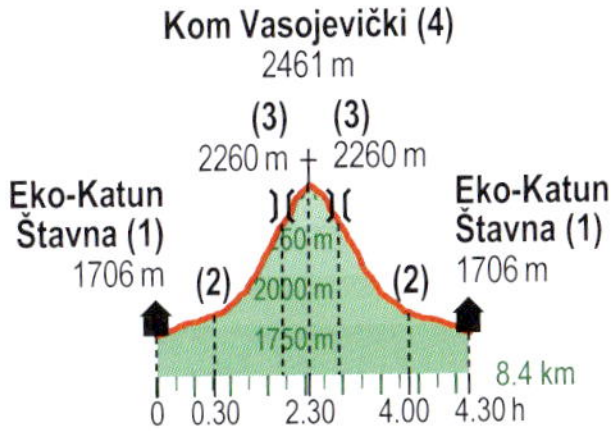

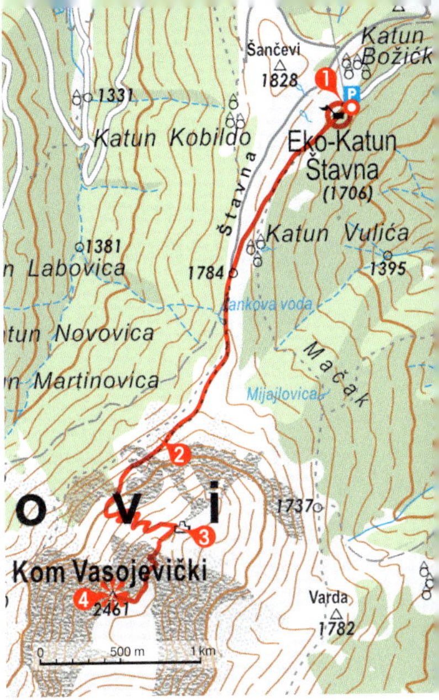

Vom Parkplatz des **Eko-Katun Štavna (1)** gehen wir auf dem markierten Fußpfad entlang des Holzzauns und steigen auf deutlicher Wegspur, vorbei an zwei Fußballtoren, leicht an, um schließlich die auf dem Bergrücken verlaufende Forststraße zu erreichen. Auf dieser links, nahe am Bergkamm direkt auf die Felsen der Komovi zu. Wir erreichen das Ende des grasbestandenen Fahrwegs am südlichen Ende der Hochebene **Štavna (2)**, von wo ein nicht zu übersehender markierter Pfad bergauf führt. Gleich zu Beginn führt er ca. 15 Min. lang über eine Geröllhalde, danach geht es, mit herrlichem Blick auf die anderen beiden Komovi-Gipfel, schräg den Hang hinauf, über eine Felskanzel und danach im Zickzack einen Grashang hinauf (selbst bei leichter Nässe höchste Vorsicht!). Nach 1 Std. ab dem Ende der Hochebene ist ein **Sattel (3)** mit einem Gedenkstein erreicht, dann folgt ein sehr steiles Wegstück, zum Teil nahe an einer Felskante, bis man bei einer weiteren Gedenktafel eine Felskante übersteigt und einen atemberaubenden Blick auf den Gipfelfelsen genießt. Ein kurzes Stück geht es noch schräg bergauf, dann übersteigt man einen Grat – hier ist besondere Vorsicht nötig! – und wandert fast eben auf einer grasbewachsenen Hochfläche zum Gipfel des **Kom Vasojevički (4)** (Betonsockel mit Kreuz, Gipfelbuch und Stempel).

Der Rückweg zum **Eko-Katun Štavna (1)** erfolgt auf demselben Weg.

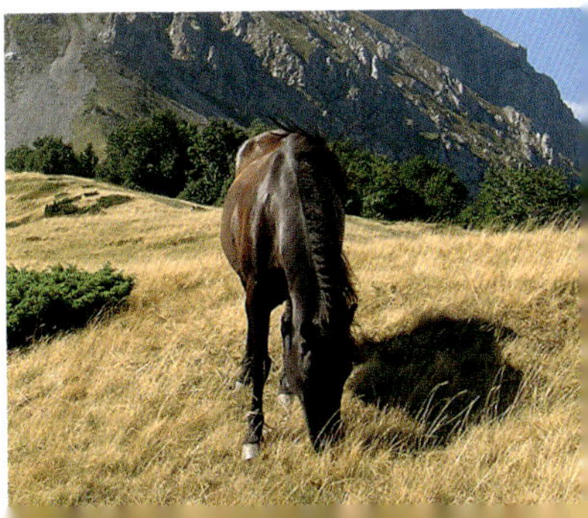

Auf der Hochebene Štavna.

28 Kom Kučki, 2487 m

7.00 Std.

Der absolute Höhepunkt der Komovi

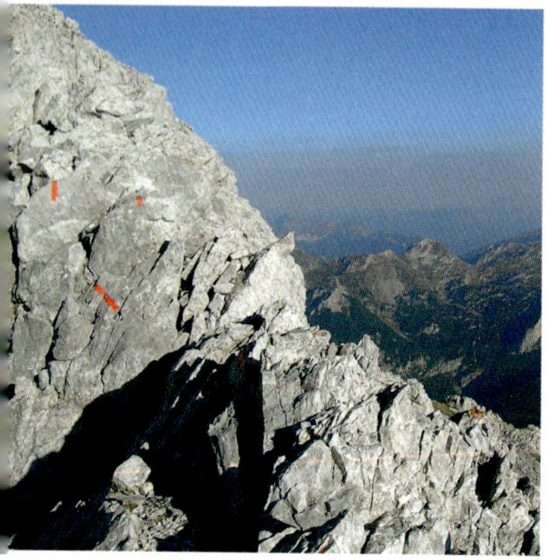

Der Gipfelgrat am Kom Kučki.

Der Aufstieg zum Kom Kučki ist nichts für Ungeübte. Kurz vor dem Gipfel ist ein Grat zu überwinden, bei dem es zu beiden Seiten tief in den Abgrund geht, und der nur von sehr geübten Bergwanderern ohne Seilsicherung zu begehen ist. Auch sonst hat es der Anstieg wegen seiner Länge und wegen weiterer kleiner Kletterstellen und Geröllrinnen in sich. Im mittleren Teil der Tour wird auf 700 m Länge eines der größten Schotterfelder des Balkans gequert. Dafür wird man mit einem besonders schönen Gipfelerlebnis und der Genugtuung, den höchsten der drei Komovi-Gipfel bezwungen zu haben, belohnt.

Talort: Andrijevica, 760 m.
Ausgangspunkt: Eko-Katun Štavna, 1706 m, Parkplatz. Anfahrt von Kolašin oder Andrijevica auf den Trešnjevik-Pass, dort neben der Konoba abbiegen. Die Straße bis zum Eko-Katun ist durchgehend asphaltiert. Keine öffentlichen Verkehrsmittel.
Höhenunterschied: Rund 900 m.
Anforderungen: Durchgehend markierter Wanderpfad; zum Teil schmal und abfallend. Mehrere riesige Schotterfelder, Kletterstellen und loses Geröll am Weg. Kurz vor dem Gipfel gefährliche Kletterstelle über einen Grat.
Gefahren: Wie bei allen Komovi-Gipfeln erhöhte Blitzschlaggefahr; bei aufziehendem Schlechtwetter ist der Gipfelbereich so rasch wie möglich zu verlassen und die Nähe der Metallbüchse mit dem Gipfelbuch zu meiden!
Einkehr: Einkehr- und Übernachtungsmöglichkeit im Eko-Katun. Trinkwasserquelle ebendort, dann keine mehr. Quelle Jankova Voda etwas unterhalb des Wegs.
Variante: Wer nicht denselben Hin- und Rückweg nehmen möchte, kann vom Bergsattel Ćafa rechts hinab zum Katun Carine steigen und von dort auf dem Weg am Fuß des Kom Vasojevički zurück nach Štavna gehen; Gehzeit 1.15 Std. zusätzlich.
Kombinationsmöglichkeit: Mit Tour 27, 29 und 30.

Vom Parkplatz des **Eko-Katun Štavna (1)** gehen wir auf dem markierten Fußpfad entlang des Holzzauns und steigen auf deutlicher Wegspur, vorbei an zwei Fußballtoren, leicht an, um schließlich die auf dem Bergrücken verlaufende Forststraße zu erreichen. Auf dieser weiter auf den Fuß des Kom

Vasojevički zu, jedoch kurz davor bei einem **Wegweiser (2)** auf einer markierten Wegspur rechts hinab über Wiesen und durch Buschwerk. Der Weg kreuzt ein Schotterfeld und führt dann in leichtem Bergauf-Bergab durch lichten Wald, wobei der Pfad schmal und zum Teil abschüssig ist und bei Nässe besondere Vorsicht erfordert. Ca. 30 Min. nach dem Wegweiser geht es kurz steiler bergauf, dann beginnt auf einem gut ausgetretenen Pfad die Querung eines gigantischen Schotterfeldes. An dessen Ende gelangen wir ins weite Gletschertal **Međukomlje (3)** mit riesigen Felsbrocken, zwischen denen wir bei einem Wegweiser einen anderen Pfad erreichen. Auf Steinen ist nach links »Kom Kučki 2,5 Std.« aufgemalt; rechts käme man zur Hochebene Ljuban. Auf gut trassiertem Weg wandern wir im Tal bergauf, die riesigen Schotterfelder zur Linken, bis zum Bergsattel **Ćafa (4)**, auf dem sich der Weg zwischen steil aufragenden Felstürmchen gabelt. Hier gehen wir rechts, am Grat entlang weiter bergauf ans obere Ende eines großen Schotterfeldes, wo wir zu einer ersten, einfach zu überwindenden Kletterstelle in einer Felsrinne kommen. 200 Hm ober-

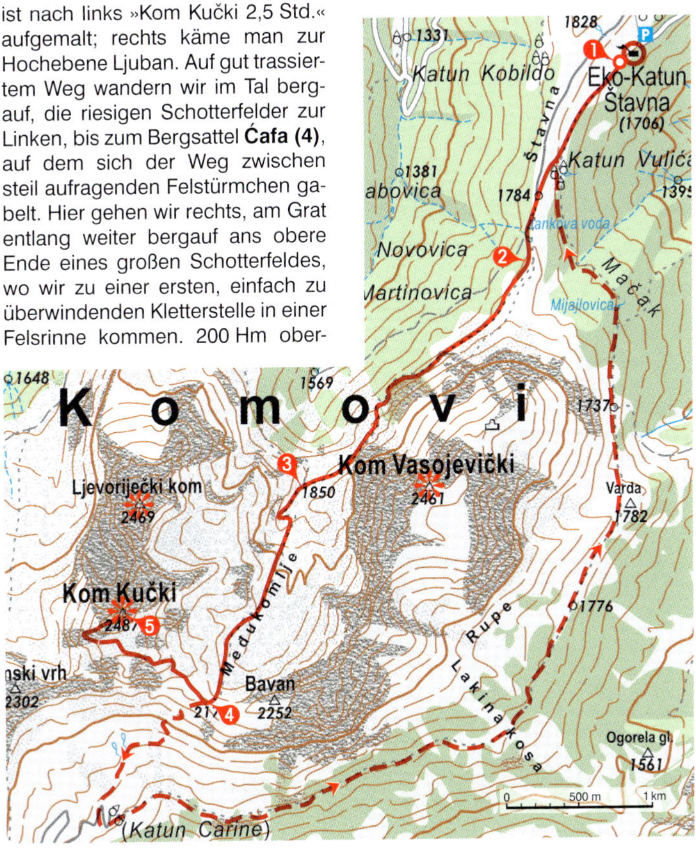

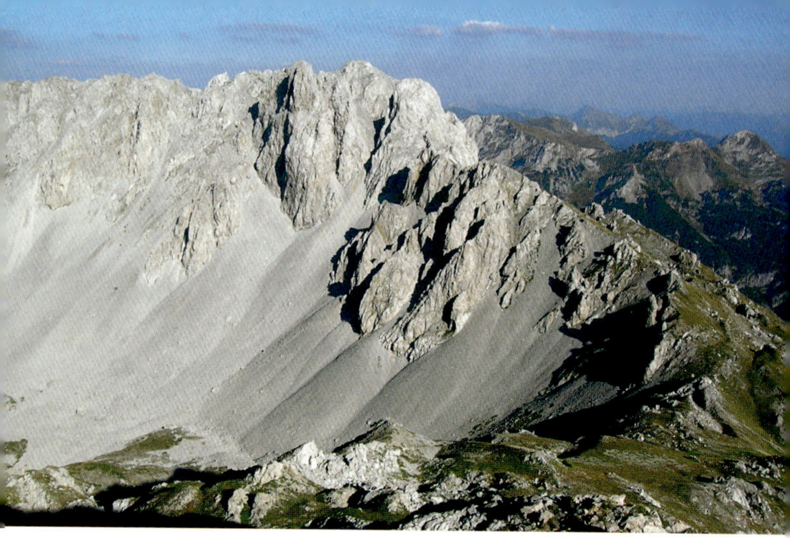

In den Komovi liegen die größten Schotterfelder des Balkan.

halb des Sattels steigt der Pfad wieder kurz im Zickzack an und wird dann etwas flacher. In einer mit Schotter gefüllten flachen Senke können wir vor dem Gipfelsturm noch einmal gefahrlos verschnaufen, bevor wir auf der gegenüberliegenden Seite schräg über ein Schotterfeld hinaufsteigen. Am Fuß einer Felswand gehen wir nach links, um schließlich in einer Rinne mit lockerem Geröll rechts anzusteigen – hier können wir uns gut an der Felswand rechts des Wegs festhalten. Durch eine Scharte geht es hinauf, dann scharf rechts auf einen Grat, von dem aus bereits der Gipfel sichtbar ist.
Nun liegt der schwierigste und gefährlichste Teil vor uns: Zu beiden Seiten des Grats geht es steil in die Tiefe. Der Weg ist hier überdeutlich mit roten Strichen auf den Felsen markiert, und man sollte ihm auch genau folgen. Nach ca. 10 m auf dem Grat folgt wieder eine kurze Kletterstelle nach oben, und nochmals ist ein kurzer Grat zu überwinden. Dann endlich ist der Gipfel des **Kom Kučki (5)** mit Gipfelbuch und Stempel erreicht.

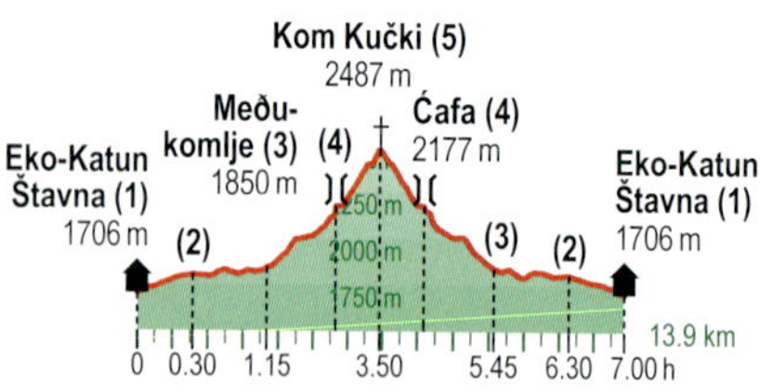

Wir gehen auf demselben Weg zum **Eko-Katun Štavna (1)** zurück. Auf dem Rückweg erfordert nicht nur der Gipfelgrat, sondern auch der weitere Abstieg über die Schotterfelder besondere Vorsicht.

6.45 Std.

Kom Ljevoriječki, 2469 m 29

Der zu Unrecht vernachlässigte Komovi-Gipfel

Der Kom Ljevoriječki, oft auch nur als Nordgipfel des Kom Kučki angesehen, führt unter den Gipfeln des Komovi-Massivs ein Schattendasein – zu Unrecht, wie wir meinen. Der Ausblick ist kaum weniger spektakulär, und von der Schwierigkeit her ist er ideal für alle, denen der Gipfelgrat des Kom Kučki zu schwierig und der Kom Vasojevički zu leicht erscheint.

Talort: Andrijevica, 760 m.
Ausgangspunkt: Eko-Katun Štavna, 1706 m, Parkplatz. Anfahrt von Kolašin oder Andrijevica auf den Trešnjevik-Pass, dort neben der Konoba abbiegen. Die Schotterstraße bis zum Eko-Katun ist auch mit Pkw problemlos befahrbar. Fahrer geländegängiger Autos können auch auf einer Forststraße, die im Tal bei Bare Kraljske abzweigt, bis zur Hochebene Ljuban fahren und so gut 1 Std. Zustieg sparen. Keine öffentlichen Verkehrsmittel.
Höhenunterschied: Rund 1160 m.
Anforderungen: Großteils gut erkennbarer Wanderpfad; teilweise wegloser Anstieg über Grashänge. Schwierige Stellen mit Steinpyramiden markiert. Eine kurze Kletterstelle.
Gefahren: Da sich die Komovi-Gipfel mehr als 600 m über alle anderen Berge der näheren Umgebung erheben, ziehen sie bei Gewitter Blitze geradezu an! Bei aufziehendem Schlechtwetter Gipfelbereich so rasch wie möglich verlassen und die Nähe der Metalldose mit dem Gipfelbuch meiden!
Einkehr: Einkehr- und Übernachtungsmöglichkeit im Eko-Katun. Trinkwasserquelle ebendort, mehrere weitere Quellen auf der Hochebene Ljuban.
Variante: Wer den Abstieg ins Tal der Ljubaštica vermeiden möchte – immerhin gut 200 m Gegensteigung – kann auch auf dem markierten Weitwanderweg CT-1 bis zur Wegkreuzung im Tal Međukomlje gehen. Hier der Aufschrift auf einem Felsen folgend rechts und weiterhin praktisch eben zur Hochebene Ljuban. Man trifft auf das Ende der Schotterstraße und kann entweder leicht bergab zur Stelle mit den zwei unmittelbar aufeinander folgenden Gabelungen gehen oder aber direkt weglos leicht links hinauf auf die Hochfläche mit den alten Gräbern zuhalten.
Kombinationsmöglichkeit: Mit Tour 27, 28 und 30.

Vom Parkplatz des **Eko-Katun Štavna (1)** gehen wir auf dem markierten Fußpfad entlang des Holzzauns und steigen auf deutlicher Wegspur, vorbei an zwei Fußballtoren, leicht an, um schließlich die auf dem Bergrücken verlaufende Forststraße zu erreichen. Diese gabelt sich nach wenigen Metern; wir nehmen den rechten, leicht bergab führenden Fahrweg, der bei der kleinen Quelle **Jankova Voda (2)** in einen Maultierpfad übergeht. Dieser führt durch schattigen Buchenwald bergab ins Tal des Bächleins **Ljubaštica**. Es geht kurz links im Tal aufwärts, dann scharf rechts und auf einem gut begangenen Pfad steil durch den Wald bergauf. Unterhalb des Katun Martinovica erreichen wir den Waldrand und gehen auf gleicher Höhe weiter zu einem Grabstein, hinter dem wir auf einen Fahrweg stoßen. Hier halten wir uns links

und gehen, leicht am Hang ansteigend, auf Wegspuren bergauf. (Man kann auch auf dem hier beginnenden Fahrweg weitergehen, kommt dann bei einem schönen überdachten Rastplatz mit Trinkbrunnen vorbei und nimmt bei diesem die unten erwähnte Schotterstraße nach links.)
10 Min. nach dem Katun treffen wir auf eine breitere Schotterstraße, die von Bare Kraljske heraufführt (Zufahrtsmöglichkeit mit Geländewagen) und von der ein Stück links von uns zwei Wege abzweigen. Hier nehmen wir den zweiten Weg nach rechts (der erste führt nur zu einem Haus) und folgen diesem, vorbei an einer weiteren Quelle. Direkt hinter dieser biegt der Fahrweg scharf links – voraus liegen mehrere Almhütten, der **Katun Labovica (3)** – und führt über die Hochfläche **Ljuban** zu einer leichten Senke, in der eine Gruppe uralter Grabsteine steht.
An dieser Stelle folgen wir Fahrspuren gerade bergauf und erreichen einen flachen Bergrücken, auf dem wir uns eher rechts halten. Über den immer steiler werdenden Grashang steuern wir in großen imaginären Serpentinen direkt auf die rechte Schulter des deutlich sichtbaren Gipfels zu. Wir stoßen auf eine gut ausgetretene Wegspur, die im Zickzack über ein Schotterfeld führt (mit kleinen Steinpyramiden markiert; besonders am Abstieg darauf achten, um nicht in eine falsche Schotterrinne zu geraten). Schließlich erreichen wir kurz vor dem Gipfel eine kleine Schottermulde, in der wir uns mög-

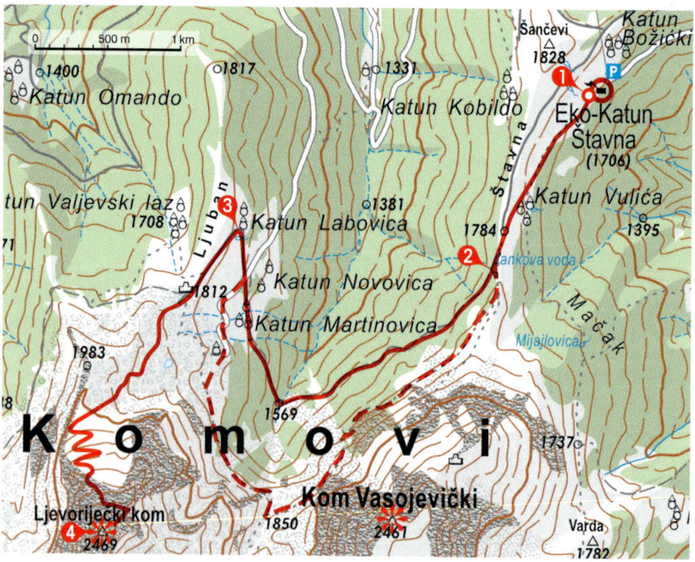

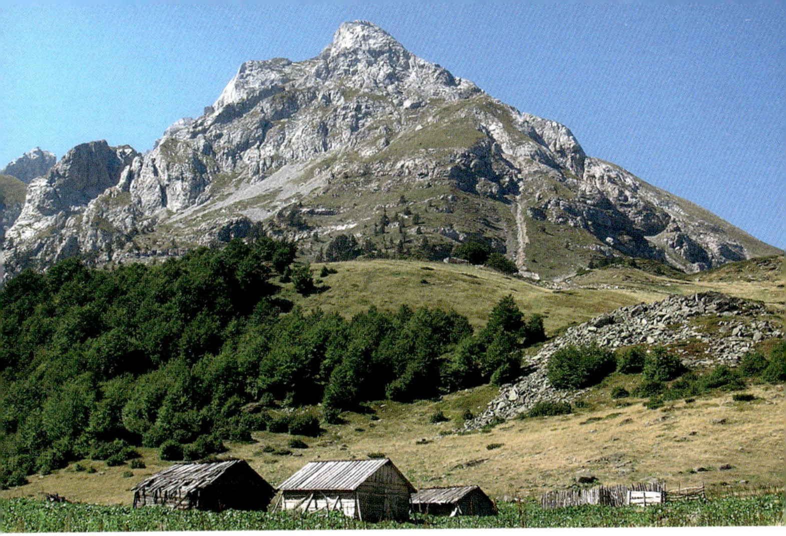

Katun Martinovica mit Ljevorijećki Kom im Hintergrund.

lichst links an der Felswand halten. An ihrem oberen Ende befindet sich eine Felsscharte, der wir uns vorsichtig nähern müssen – auf der anderen Seite fällt der Fels senkrecht zum Tal Međukomlje hin ab. Links liegt ein Nebengipfel mit einem besonders markanten, riesigen, an einen Hammerkopf erinnernden, überhängenden Felsen; rechts führt eine steile Felsplatte nach oben. Keinesfalls sollte man versuchen, hier hinaufzuklettern – der sicherere Weg ist mit Steinmännchen markiert und führt rechts am Fuß der Felsen weiter, dann links ansteigend zum oberen Ende der Platte und von dort wieder rechts am Kamm hinauf zum eigentlichen Gipfel des **Kom Ljevoriječki (4)**. Das letzte Stück ist wieder relativ einfach zu begehen, bis wir schließlich nach wenigen Metern den Gipfel (Metalldose mit Buch und Stempel) erreichen.
Die Rückkehr zum **Eko-Katun (1)** erfolgt auf demselben Weg oder über die oben beschriebene Variante.

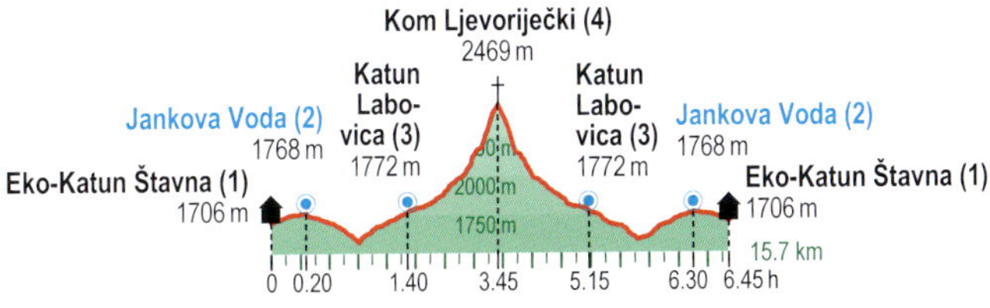

TOP 30 Umrundung der Komovi

6.30 Std.

Fantastische Panoramaroute in einem der schönsten Bergmassive

Die Kompaktheit der Komovi als Gebirgsgruppe und Wandergebiet ermöglicht uns diese beeindruckende Tageswanderung: Ohne größere Höhenunterschiede lässt sich fast das gesamte Bergmassiv in einer Höhe von 1700 bis 1800 m umrunden; lediglich einmal muss ein höherer Pass überquert und einmal in ein Tal abgestiegen werden. Unterwegs erwartet uns eine der schönsten Gebirgsszenerien, die Montenegro zu bieten hat: herrliche Ausblicke, idyllische Almdörfer, plätschernde Bäche, tiefe Wälder ... Genusswandern pur!

Talort: Andrijevica, 760 m.
Ausgangspunkt: Eko-Katun Štavna, 1706 m, Parkplatz. Anfahrt von Kolašin oder Andrijevica auf den Trešnjevik-Pass, dort neben der Konoba abbiegen. Die Straße bis zum Eko-Katun ist durchgehend asphaltiert. Keine öffentlichen Verkehrsmittel.
Höhenunterschied: Rund 660 m.
Anforderungen: Großteils neu markierter Wanderpfad; ein kurzer, etwas ausgesetzter Wegabschnitt über einen Geröllhang erfordert Trittsicherheit.
Einkehr: Einkehr- und Übernachtungsmöglichkeit im Eko-Katun, Trinkwasserquelle ebendort, zahlreiche weitere Quellen (Mijajlovica, Carine, Rogam, Katun Labovica und Jankova Voda). Im Katun Carine gibt es eine offene Selbstversorgerhütte mit Herd, Feuerholz, Pritsche und Sitzgelegenheiten.
Variante: Von Carine über Međukomlje zurück nach Štavna: Wem die Tour zu lang ist, für den bietet sich die folgende Variante an: Von Carine geht man auf dem als Weitwanderweg CT-1 markierten Pfad kurz sehr steil und auf undeutlichen Wegspuren hinauf zum Bergsattel Međukomlje, wo man auf den Weg zum Kom Kučki trifft. Auch der weitere Weg von hier zurück zum Ausgangspunkt ist durchgehend markiert und als CT-1 beschildert.
Kombinationsmöglichkeit: Mit Tour 27, 28 und 29.
Tipps: Wer früh aufbricht und sich den ganzen Tag Zeit lässt, wandert »mit der Sonne« und erlebt so die Komovi-Gipfel jeweils zum idealen Fotozeitpunkt!
Wer sich besonders Zeit lassen möchte, kann die Tour auch (mit Übernachtung in der Hütte in Carine) auf zwei Tage aufteilen.

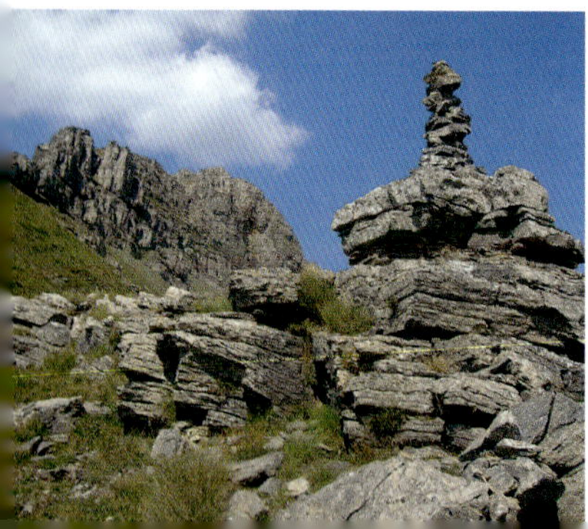

Vom Parkplatz des **Eko-Katun Štavna (1)** gehen wir auf dem markierten Fußpfad entlang des Holzzauns und steigen auf deutlicher Wegspur bis zu zwei Fußballtoren leicht an. Von hier halten wir auf gleicher Höhe bleibend auf die Häuser des **Katun Vulića (2)** zu. An diesen vorbei gehen wir auf den Wald-

Bergsattel bei Carine.

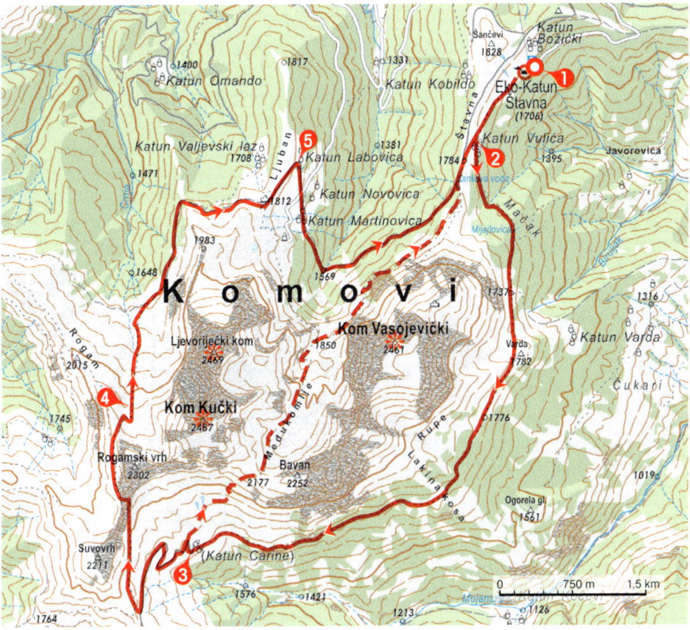

rand zu, wo ein deutlicher Maultierpfad beginnt. Dieser führt kaum merklich bergab, quert zwei tiefe Gräben im Wald und führt schließlich an der unterhalb des Wegs gelegenen kleinen Quelle Mijajlovica vorbei. Nun steigt er wieder leicht an und führt alsbald aus dem Wald hinaus auf eine Lichtung, von der aus zu unserer Rechten die steil aufragenden Felswände des Kom Vasojevički sichtbar sind. 5 Min. später gabelt sich der Weg; links käme man hinab ins Tal Richtung Andrijevica; wir gehen geradeaus weiter auf annähernd gleicher Höhe.

Nach einem kurzen Waldstück geht es hinauf über einen Bergrücken auf 1782 m, dann wieder fast eben weiter. Am Rand eines Wäldchens verzweigt

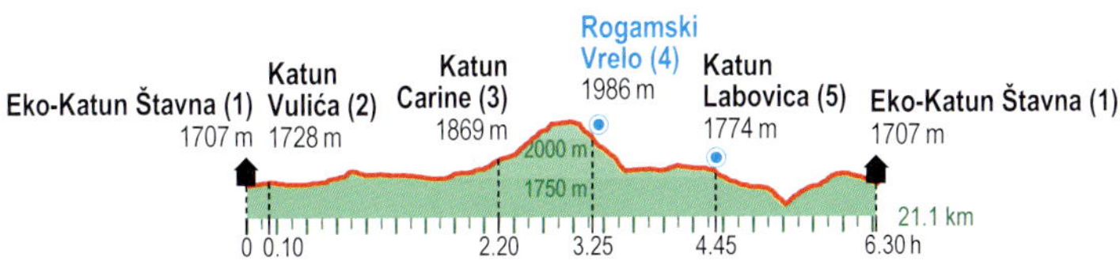

sich der Weg; wir nehmen den unteren, wobei auch der obere in die richtige Richtung führt – er endet allerdings auf einer Wiese, über die man zur anderen Wegspur hinuntersteigen müsste. Nach der Umrundung einer kleinen Felsgruppe verliert sich der Weg etwas. Wir bleiben in einer Mulde, die wir leicht bergauf entlanggehen; an ihrem Ende links hinauf kommen wir wieder auf einen deutlicheren Weg. Es folgt ein längeres Stück durch den Wald, eine weitere Wiese und schließlich ein letztes, besonders langes bewaldetes Wegstück. Hier teilt sich der Weg mehrmals in parallele Spuren, von denen aber alle in die gleiche Richtung führen. Rechts über uns sind immer wieder die beeindruckenden Felsformationen des Kom Vasojevički und seines felsigen, fast unbezwingbaren Nebengipfels, des Bavan, zu sehen. Ein Schotterfeld, das von dessen Felsen bis hier herabreicht, wird gequert, dann steigt der Weg zu einer säulenartigen Felsgruppe an, hinter der wir vorbeigehen.
Vor uns ist bereits der verlassene **Katun Carine (3)** sichtbar. Wir queren mehrere kleinere Schotterrinnen und zwei Bäche, deren klares Wasser bedenkenlos getrunken werden kann (Quellen ca. 100 m höher am Hang), und erreichen die Häuser des Katun, bei denen man gut auf alten Steinmäuerchen rasten kann. Hier treffen wir auch auf das Ende eines schlecht erhaltenen Fahrwegs, auf dem wir nun ein Stück ansteigen. Er schlängelt sich zwischen den Häusern des Katun bergauf, von denen eines als Selbstversorgerhütte (mit Pritsche, Herd und Sitzgelegenheiten) eingerichtet wurde.
Der Fahrweg steigt noch etwa 700 m weit in südlicher Richtung an, dann zweigt scharf rechts ein markierter Fußweg ab, der am Hang entlang immer auf den über uns deutlich sichtbaren Pass zwischen den beiden markanten Felsgipfeln Suvovrh, 2211 m, und Rogamski Vrh, 2303 m, zuführt. Der Pass wird neben einer großen Steinpyramide gequert, und es eröffnet sich ein grandioser Ausblick Richtung Westen. Dahinter geht es wenige Meter bergab, dann auf einen Pfad, der am Hang entlang auf gleicher Höhe weiterverläuft – nicht auf die Wegspuren, die in die Senke hinabführen! Nach wenigen Metern wird ein Geröllhang auf einer sehr schmalen, etwas abschüssigen Trittspur gequert; hier ist besondere Vorsicht erforderlich. Ein weiteres ähnliches Wegstück erwartet uns noch, dann geht es wieder bequem und auf annähernd gleicher Höhe zum nächsten Bergsattel Rogam, der auf 2118 m Höhe liegt und damit den höchsten Punkt unserer Tour darstellt.
Wir überqueren einen grasbedeckten Rücken und gelangen ins Gletschertal **Rogam**, in dem der Weg zunächst an der linken Talseite bergab führt. Rechts erhebt sich in seiner ganzen majestätischen Größe der Kom Kučki, zu dessen Füßen sich riesige Schotterfelder ausbreiten. Der Weg senkt sich hinab zu einer Felsgruppe inmitten des Tals, bei der die Quelle **Rogamski Vrelo (4)** liegt. Mehrere schmale Bächlein vereinigen sich ein Stück unterhalb; der Weg führt nun entlang des Grabens, in dem der Bach talwärts fließt.
Gemütlich geht es dahin, etwas später entfernt sich der Weg vom Bach und schwenkt leicht nach rechts, dann verlieren sich die Spuren etwas – im Prin-

zip kann man hier aber nicht falsch gehen, da man, gleich auf welchem Pfad, früher oder später auf einen breiten Fußweg stößt, der auf etwa 1800 m Höhe, ein Stück oberhalb des Waldrandes, das Tal ausgeht. Diesem folgen wir nun nach rechts, wo er alsbald in den Wald hineinführt und in diesem, stets breit und deutlich, wieder auf annähernd gleicher Höhe verläuft. Schließlich erreichen wir die Hochebene **Ljuban**, wo an einer Wegkreuzung mehrere uralte, windschiefe Grabsteine stehen – niemand weiß heute mehr, an wen sie erinnern.

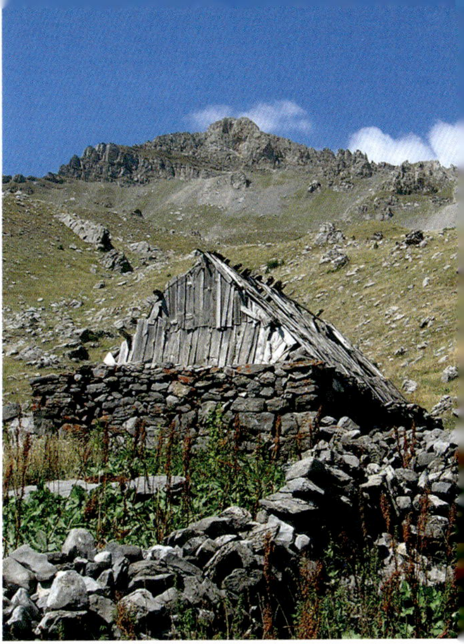

Katun Carine.

Hier wenden wir uns nach links auf einen Fahrweg, der auf der jenseitigen (östlichen) Seite der Hochebene nach links führt. Er macht kurz vor dem Katun **Labovica (5)** eine scharfe Biegung nach rechts und führt an einer gefassten Quelle vorbei bergab. Nach 5 Min. treffen wir auf eine breite Schotterstraße, der wir links bergab folgen. Bei einem überdachten Rastplatz mit Trinkbrunnen gehen wir rechts bergab auf einem Fahrweg zum Katun Martinovica. Bei diesem Katun steht am Ende des Fahrwegs ein Grabstein, an dem wir vorbeigehen, um unterhalb der Häuser rechts am Waldrand einen breiten Fußpfad vorzufinden. Auf diesem steigen wir nun ab zum Tal des Bächleins Ljubaštica (meist ausgetrocknet), in dem der Weg scharf nach links knickt, noch kurz am Talgrund bergab führt und dann nach rechts, vorbei an einem riesigen Felsblock, wieder ansteigt. Die Ausläufer eines riesigen Schotterfeldes am Fuß des Kom Ljevoriječki werden gequert, dann geht es in den Wald hinein, aus dem wir erst 200 Hm weiter, nahe der Quelle **Jankova Voda**, wieder hinauskommen. Wir folgen einem bei der Quelle beginnenden Fahrweg, der leicht zum Bergrücken Štavna hin ansteigt. Bei einer Weggabelung stoßen wir auf einen von rechts kommenden weiteren Weg, der wieder als CT-1 markiert ist. Wir gehen hier weglos bzw. auf Steigspuren rechts haltend über den Hang hinab und sehen schon wieder die beiden Fußballtore, an denen wir am Hinweg vorbeigekommen sind. Wenige Minuten dahinter erreichen wir dann auch wieder den **Eko-Katun Štavna (1)**.

Bjelasica und östliche Sinjavina

Die Bjelasica ist das Eldorado Montenegros für Genusswanderer und Familien: Ein Netz markierter Wege führt über saftige Wiesen und dichte Wälder auf rund 2000 m hohe Gipfel, die dank moderater Anstiege auch von weniger geübten Wanderern gefahrlos bestiegen werden können. Die sanft gerundeten, zum Teil durch Gletscher abgeschliffenen Formen bestehen aus Urgestein, das in einem für Montenegro einzigartigen geologischen Fenster zutage tritt, nur die Spitzen der Berge tragen »Hauben« aus Kalkgestein. Anders als im Karst versickert das Wasser nicht gleich, sondern tritt an unzähligen Stellen als ganzjährig Wasser führende Quellen an die Oberfläche; der Wanderer kann seine Trinkwasservorräte daher unterwegs auffüllen.
Im Unterschied zu anderen Teilen Montenegros ist in der Bjelasica der Großteil der traditionellen, »Katun« genannten Almen noch bewirtschaftet. Von Mai bis Oktober (im Winter ziehen die Bewohner ins Tal) haben Wanderer gute Chancen, auf Brot mit hausgemachtem »sir« (Käse) und »rakija« (Schnaps) eingeladen zu werden.
Mehrere Almen haben sich auch besonders auf die Bewirtung und Unterbringung von Wandertouristen spezialisiert: Vranjak und Goleš sind die größten davon, auf denen man nicht nur die traditionelle Küche der Region verkosten, sondern auch in kleinen Holzhütten (die den ursprünglichen Hütten der Wanderschäfer nachgebaut wurden) übernachten kann. In diesem Gebiet gibt es auch die einzigen in der Sommersaison bewirtschafteten Berghütten Montenegros (z. B. Krivi Do, siehe Tour 30).
Herzstück der Region ist der Nationalpark Biogradska Gora, das älteste Naturschutzgebiet Europas (seit 1878). In seinen urwaldartigen Buchenwäldern finden Braunbären und anderen gefährdete Tierarten Unterschlupf.

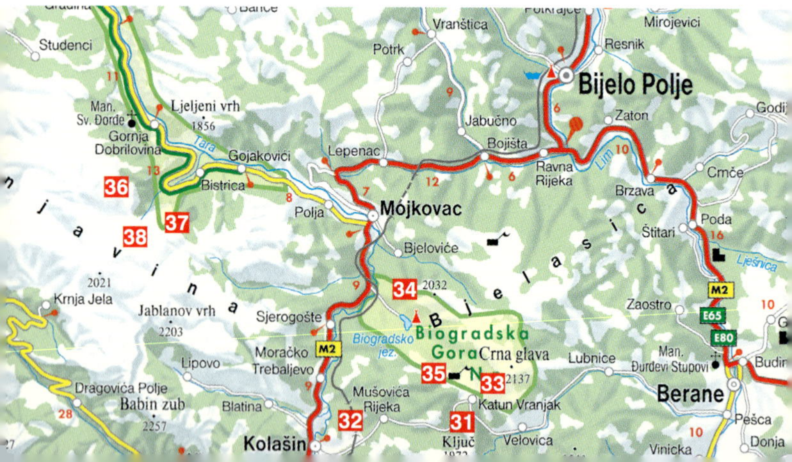

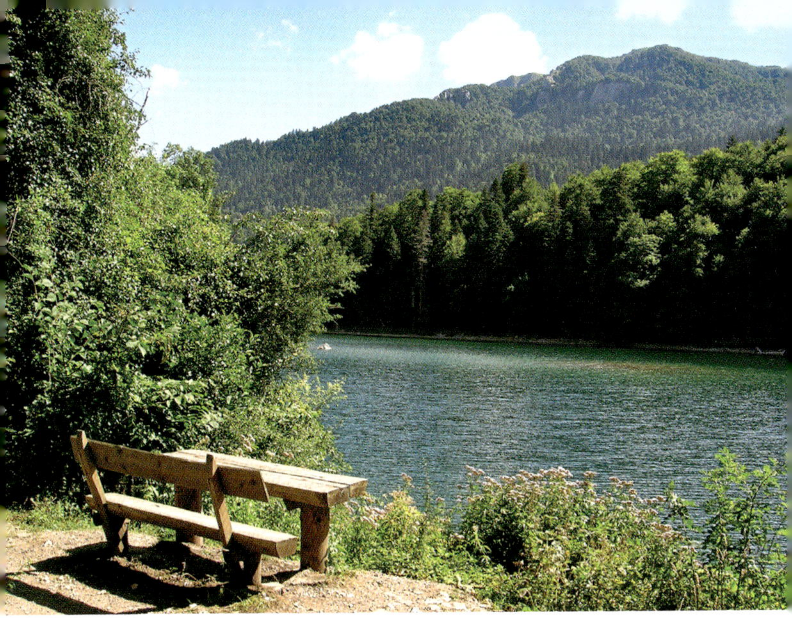

Rastplatz am Ufer des Bergsees Biogradsko Jezero.

Das Flussdelta der Biogradska Rijeka bei ihrer Einmündung in den See Biogradsko Jezero bildet ein seltenes hochalpines Feuchtbiotop, das man auf einem Holzsteg durchqueren kann. Der See, Ausgangspunkt für Wanderungen auf die Biogradska Gora, lädt mit Badesteg, Bootsverleih, Grillplatz, Restaurant und Campingplatz zur Erholung ein.
Wie die Bjelasica liegt auch die östliche Sinjavina leicht erreichbar an der Hauptstraße bzw. der Bahnstrecke Podgorica – Belgrad. Die sich bis zum Durmitor erstreckende Hochfläche der Sinjavina (auch »Sinjajevina«) weist aber einen völlig anderen Charakter auf: Auf dem verkarsteten Plateau finden sich nur wenige Quellen, kaum Siedlungen und so gut wie keine Touristen. Für Wanderer interessant ist vor allem der Ostteil, der landschaftlich schöne Aufstiege über bewaldete Hänge bietet, die auf die von dürrem Steppengras bewachsene steinige Hochebene führen. Ausgangspunkt für die Touren sowohl in die Bjelasica als auch in die Sinjavina ist neben dem kleineren Ort Mojkovac vor allem das Bergdorf Kolašin, das sich in den letzten Jahren zu einem regionalen Zentrum mit zahlreichen Hotels, Bars, Cafés, einer hübschen Fußgängerzone und einem neu gestalteten Hauptplatz gemausert hat.

- Die Kontaktadressen für die Hütten findet man auf der Website der Tourismusorganisation Kolašin: www.kolasin.me/en

31 Ključ, 1973 m

5.45 Std.

Schöne Aussichtswanderung auf einen herrlichen Panoramagipfel

Der lang gestreckte Berggipfel des Ključ steht zu Unrecht im Schatten der Hauptgipfel Zekova Glava und Crna Glava, obwohl er ebenfalls einen herrlichen Ausblick bietet und sich auch von mehreren Richtungen leicht ersteigen lässt. Durch die Errichtung einer hübschen Kapelle auf einem Nebengipfel sowie einer Berghütte hat das Gebiet zusätzlich an Attraktivität gewonnen.

Talort: Kolašin, 950 m.
Ausgangspunkt: Parkplatz beim Skizentrum Kolašin 1450, 1444 m. Anfahrt von Kolašin mit dem Taxi ca. 12 Euro.
Höhenunterschied: Rund 760 m.
Anforderungen: Großteils Forstwege. Der Gipfelanstieg selbst ist weglos über Wiesen und erfolgt auf Sicht, deshalb nicht bei Nebel begehen. Ein kurzes Stück am Abstieg ist etwas felsig und erfordert Konzentration.
Gefahren: Wetterbericht beachten – Gipfelbereich bei Gewitter meiden, erhöhte Blitzschlaggefahr!
Einkehr: Berghütten Krivi Do und Bjelasica; Eko-Katun Vranjak. Trinkwasser bei den Hütten sowie im Katun Ckala.
Varianten: 1. Abstecher zur Kapelle: Am Bergkamm oberhalb des Katuns Rupe weiter der Straße folgen und in ca. 30 Min.

Blick vom Ključ zu den Komovi.

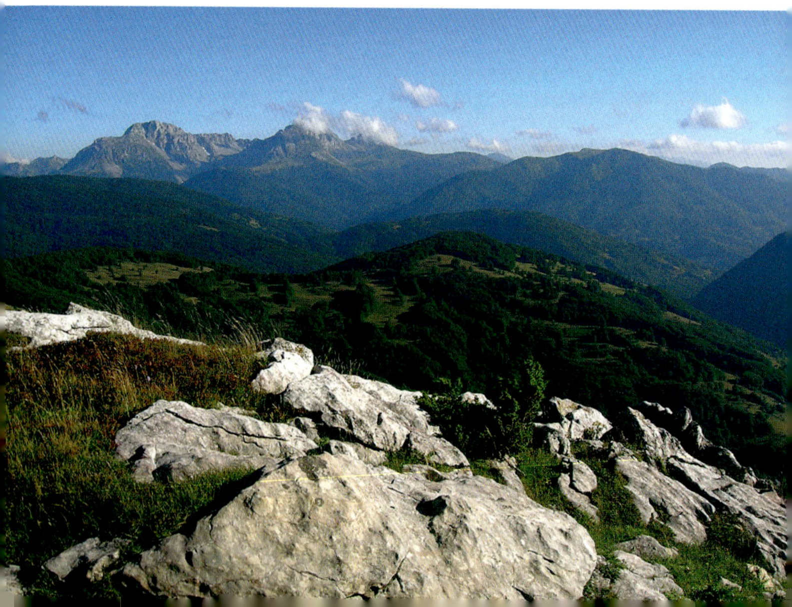

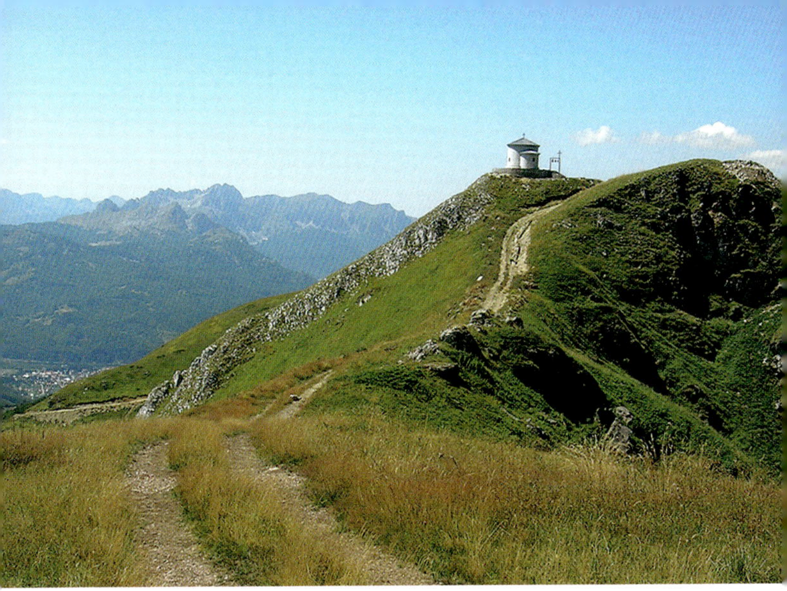

Der Höhenweg am Abstecher vom Ključ zur Kapelle.

zu einer hübschen Kapelle auf einem Nebengipfel des Ključ (schöner Aussichtspunkt). Auf demselben Weg zurück; Gehzeit insgesamt 1 Std. zusätzlich.
2. Aufstieg ab Kolašin: Von der Kirche geradeaus hinauf Richtung Dulovine, beim Schild zum botanischen Garten geradeaus weiter leicht bergab bis in Sichtweite des Bahnhofs. Dort rechts auf einer Schotterstraße Richtung Kloster Ćirilovac unter der Bahn durch. In weiterer Folge den markierten Abschneidern folgen (wer auf der Straße bleibt, geht mindestens 30 Min. länger). An der Siedlung Izlasci vorbei, bei Abzweigungen immer den linken Weg nehmen. Beim Kloster Ključ bei einer Abzweigung links hinauf, auf einer Forststraße bis zur Kapelle. Gehzeit 2 Std. länger.

Hinweis: Bei Schlechtwetter kann die Tour abgekürzt werden, indem man über eine der zahlreichen Skiabfahrten direkt ins Tal absteigt.

Kombinationsmöglichkeit: Bei Übernachtung im Eko-Katun lässt sich diese Tour mit den Touren 32 (Variante), 33 und 35 zu mehrtägigen Wanderungen kombinieren.

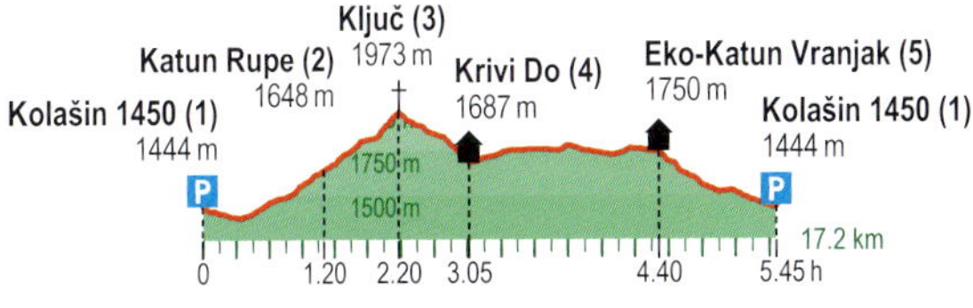

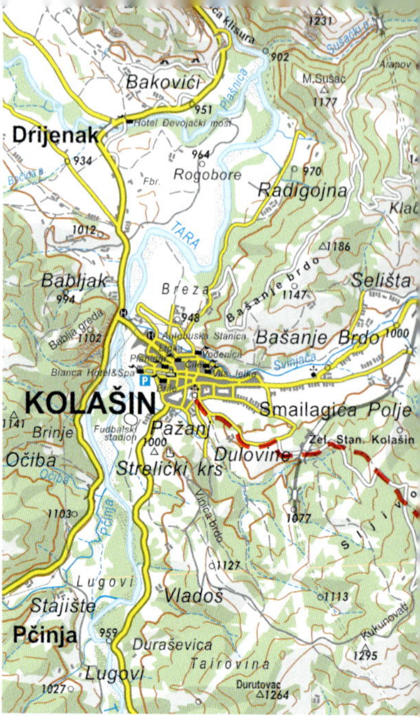

Wir gehen vom Parkplatz des **Skizentrums Kolašin 1450 (1)** etwa 15 Min. auf der Asphaltstraße bergab zurück in Richtung Kolašin und zweigen dann bei einem Wegweiser links bergab auf eine Schotterstraße ab. Diese führt nahe einem Haus über den Fluss (Furt oder Fußgehersteg daneben) und biegt sich dann nach rechts den Hang hinauf. Mit mäßiger Steigung geht es durch den Wald, zuletzt in Serpentinen, bergauf. Zwei Wege, die kurz nacheinander in den Kehren geradeaus weiterführen, ignorieren wir (ersterer in einer Linkskehre ist eine Sackgasse, der zweite in einer Rechtskehre führt auf die Skipiste) und erreichen ein Hochtal mit Almhütten, das **Katun Rupe (2)**.

Immer der Straße folgend, die sich in Schlangenlinien den Hang hinaufwindet, erreichen wir einen Bergsattel mit einem Wegweiser. Hier wenden wir uns, die Straße verlassend, durch eine Mulde hindurch nach links (wer der Straße weiter folgt, kommt zur Ključ-Kapelle; siehe Variante) und drüben über Grashänge weglos hinauf zum Hauptgipfel des **Ključ (3)** mit Gipfelbuch, Stempel und wunderbarer Aussicht sowohl Richtung Komovi als auch nach Norden zu den Hauptgipfeln der Bjelasica. (Die rechts am Hang entlang verlaufende Wegspur umgeht den Gipfel und trifft dahinter beim Schlepplift wieder auf unsere Tour.)

Wir steigen immer am Kamm entlang Richtung Osten ab und sehen nach kurzer Zeit unter uns einen kleinen Sattel, auf dem ein Schlepplift endet. Wir gehen an diesem vorbei, treffen wieder auf einen Fahrweg, verlassen diesen aber schon nach wenigen Metern wieder, wo er sich links hinabbiegt. Immer geradeaus steigen wir in ein weites Tal ab, in dem rechts Häuser einer Alm, links vor uns hingegen die Berghütte **Krivi Do (4)** zu sehen ist.Hier kann man einkehren, bevor man den Weg auf der am Rand des Tals verlaufenden Schotterstraße nach links (von der Hütte aus gesehen rechts, Richtung Norden) fortsetzt.

Ein Bach wird gequert, dann folgt eine Serpentine bergauf und nach einer Biegung nach links kommen wir an einer kleinen Wasserlacke vorbei. Dahin-

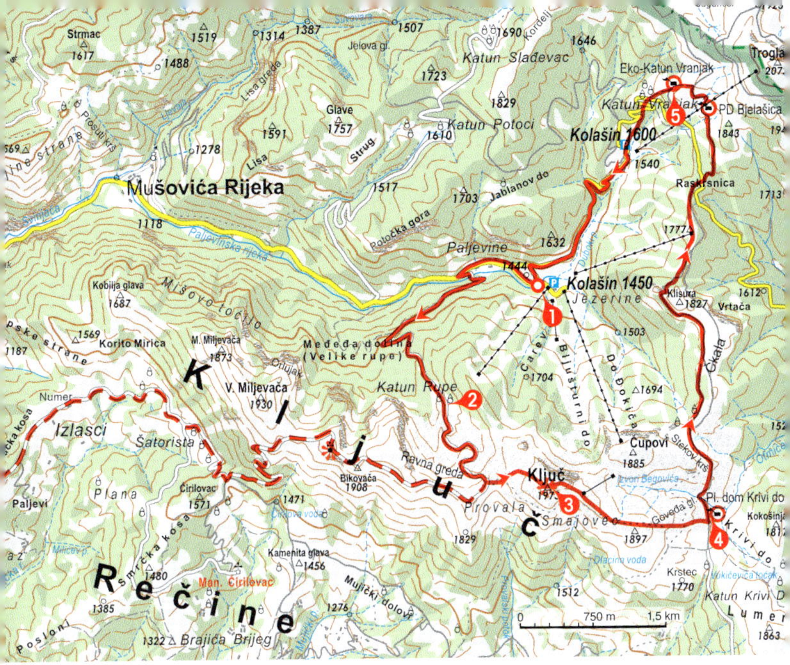

ter teilt sich der Weg; wir gehen halb rechts auf gleicher Höhe weiter, kommen an Almhütten des **Katun Ckala** vorbei und kurz darauf an einer links unten liegenden Quelle. Ein Stück weiter passieren wir einen großen planierten Bauplatz und stoßen wieder auf eine Forststraße. Immer geradeaus umgehen wir einen kleinen Vorgipfel, dann geht es wieder bergab und wir treffen auf eine Skipiste. An deren Beginn wechseln wir auf eine rechts von uns parallel verlaufende Schotterstraße. Auf ihr noch ein Stück weiter bis zu einer Straßenkreuzung (Raskrsnica) auf einem Pass, wo wir die vom Skizentrum hinüber nach Berane führende Makkadamstraße kreuzen. Geradeaus bergauf (zwei Wege, die nach wenigen Metern ineinander münden) erreichen wir nach 20 Min. die Berghütte Bjelasica (davor Quelle rechts am Hang). Auf einem kurz dahinter links abzweigenden Fahrweg gehen wir bergab und erreichen die kleinen Hütten des **Eko-Katun Vranjak (5)** mit Einkehr- und Übernachtungsmöglichkeit.

Auf dem Fahrweg gehen wir weiter bergab zu den Almhütten Štavna und dann entweder auf der Schotterstraße oder auf den markierten Abkürzungen zwischen den Straßenkehren. In jedem Fall kommen wir am neuen Skizentrum Kolašin 1600 vorbei und erreichen knapp 1 Std. nach dem Eko-Katun wieder unseren Ausgangspunkt beim **Skizentrum Kolašin (1)**.

32 Ogorela Glava, 1988 m

7.15 Std.

Durch einen der wasserreichsten Teile der Bjelasica

So unbekannt die Ogorela Glava als Gipfelziel sein mag, so schön sind die Zustiegswege, die vom Tal der Svinjaća vorbei an kleinen Wasserfällen, sprudelnden Quellen, einem historischen Kleinwasserkraftwerk und zuletzt über schöne Blumenwiesen hinaufführen. Der Abstieg von dieser idealen Tour für heiße Sommertage erfolgt direkt ins Zentrum von Kolašin.

Talort: Kolašin, 950 m.
Ausgangspunkt: Mušovića Rijeka, 1118 m, im Tal der Svinjaća an der Straße von Kolašin zum Skizentrum Kolašin 1450. Anfahrt mit dem Taxi ca. 6 Euro oder 1 Std. zusätzlicher Fußmarsch auf der Straße.
Endpunkt: Kolašin.
Höhenunterschied: Knapp 900 m Aufstieg, rund 1070 m Abstieg.
Anforderungen: Mäßig anspruchsvolle Wanderung auf Forststraßen und alten Fußpfaden. Der Aufstieg zum Gipfel ist weglos und erfolgt auf Sicht (weil unmarkiert), deshalb nicht bei Nebel begehen.
Gefahren: Wetterbericht beachten – Gipfelbereich bei Gewitter meiden, erhöhte Blitzschlaggefahr! Kinder im Bereich der Wehranlagen nicht unbeaufsichtigt lassen; Absturzgefahr.
Einkehr: Keine Einkehr. Mehrere Quellen unterwegs.
Variante: Vom Katun Vranjak nach Kolašin: Vom Katun Vranjak nach Norden, einen Bach queren und dahinter auf den ansteigenden Wegspuren am Waldrand bergauf. Wo man wieder auf Almwiesen hinauskommt, rechts den Hang hinauf auf einen Fahrweg, diesem nach

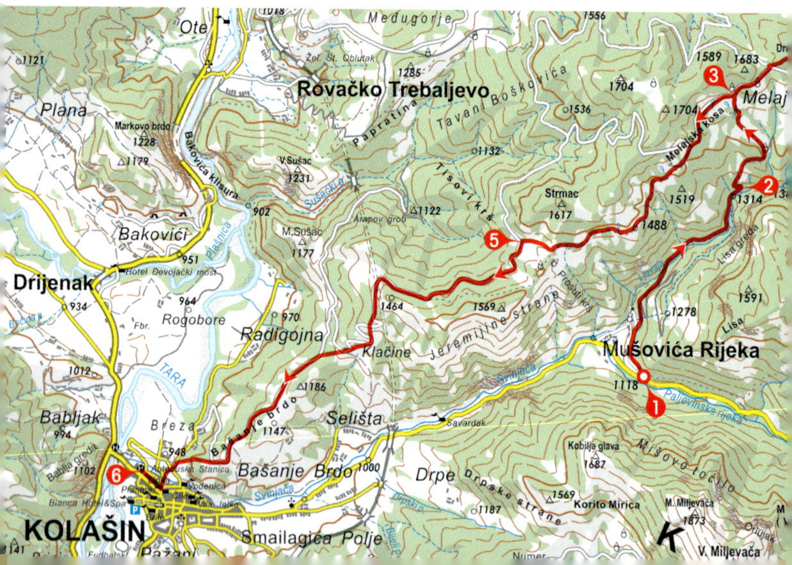

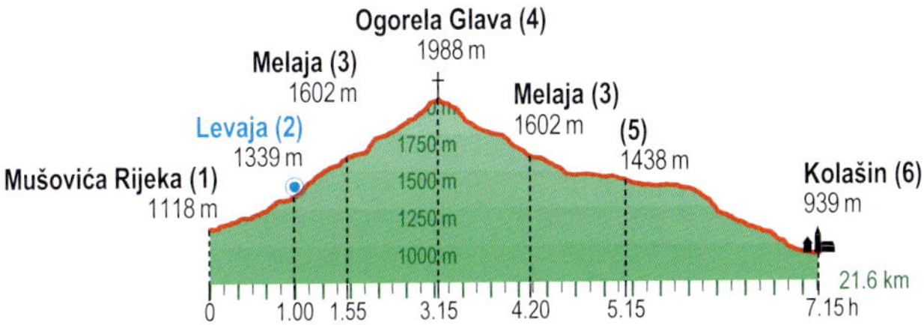

links, immer am Bergrücken entlang, folgen. Auf einem grasbewachsenen Sattel (links unten ist die Alm Katun Slađevac sichtbar) geradeaus bergauf weglos über die Grashänge zum Gipfel der Ogorela Glava. Abstieg nach Kolašin wie in der Haupttour beschrieben.

Kombinationsmöglichkeit: In Verbindung mit der Variante der Tour 31 (siehe dort) kann diese Tour zu einer zweitägigen Rundwanderung von Kolašin über Ključ, Vranjak und Ogorela Glava zurück nach Kolašin verbunden werden. Auch mit Tour 35 kombinierbar.

Am Ortsende von **Mušovića Rijeka (1)** bei einer Übersichtstafel links die Forststraße hinauf. Kurz darauf nicht links bergab zum Gelände des Kraftwerkshauses, sondern geradeaus weiter in den Wald. Das Druckrohr des Kraftwerks wird gequert; kurz dahinter in einer Kehre markiert über eine Abkürzung gerade weiter. Wir treffen wieder auf die Forststraße und wenden uns bei der nächsten Abzweigung knapp 200 m weiter links bergab. Der Bach wird über einen Holzsteg gequert, dann geht es drüben weiter bergauf auf einem schmäleren Fußpfad. Rechts unter uns liegen kleine Wasserfälle, dann kommen wir zu einer großen **Wehranlage (2)**, bei der das Wasser des Baches Levaja für das Kraftwerk ausgeleitet wird. Noch kurz am Bach – teilweise im Bachbett – entlang, dann scharf links an einer Quelle vorbei. Es folgt ein steiler Aufstieg durch den Wald, dann über eine Wiese. Bei einer verfallenen Hütte treffen wir wieder auf einen Fahrweg, dem wir links bergauf zur Alm **Melaja (3)** folgen. Nun rechts auf einer Forststraße bis zu einer Straßenkreuzung auf einem Sattel, auf dem wir geradeaus einen Maultierpfad bergauf gehen. Durch

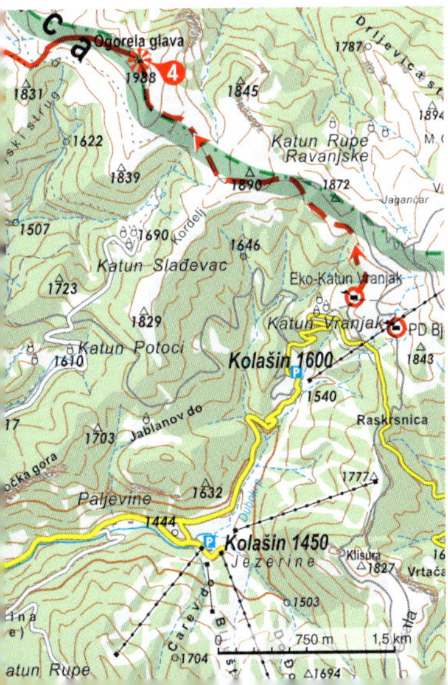

den Wald gelangen wir steil hinauf auf eine Hochfläche, an deren Rand rechts zu einem Wegweiser und von diesem weglos zum bereits deutlich vor uns erkennbaren Gipfel der **Ogorela Glava (4)**, die ein wunderbares Panorama bietet.

Auf demselben Weg zurück bis nach **Melaja (3)**, wobei man beim Abstieg vom Gipfel darauf achten muss, sich links zu halten, da man sonst den Abstiegsweg leicht verfehlen kann. Von Melaja weiter auf der Forststraße, auf der man sich nach 500 m links hält. Kurz vor einer Lichtung mit einem Haus führt ein alter Fußpfad halb links zwischen Bäumen weiter. Auf ihm nun immer geradeaus, abwechselnd über Wiesen und durch Wald sowie an zwei Quellen vorbei, großteils bergab. Auf einem kleinen Sattel halb rechts, durch eine grasbewachsene Rinne bergab, treffen wir wieder auf eine **Schotterstraße (5)**, auf der wir links gehen. Erst eben, dann nach Umrundung einer Bergkuppe bergab. Wieder können Serpentinen auf einem markierten Fußpfad abgeschnitten werden. Wir treffen wieder auf die Straße, passieren die ersten Häuser am Rand von Kolašin, verlassen die Straße wieder und folgen immer der Markierung hinunter ins Tal. Zuletzt wird der Fluss Svijaća gequert und wir gehen nach rechts auf Asphalt zurück ins Zentrum von **Kolašin (6)**.

Die Wasserfälle der Levaja.

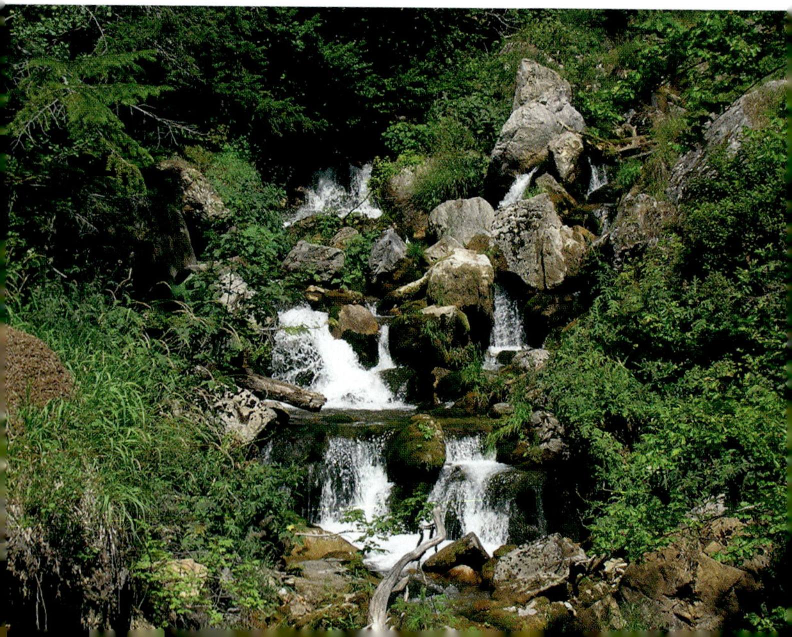

5.15 Std.

Zekova Glava, 2117 m, und Crna Glava, 2139 m

33

Auf die beiden höchsten Gipfel der Bjelasica

Viele Wanderer unterliegen dem Irrtum, die Zekova Glava für den höchsten Berg der Bjelasica zu halten – wohl weil sie eine wesentlich auffälligere Silhouette und einen deutlicher ausgeprägten Gipfel aufweist als die um 22 m höhere Crna Glava und zudem noch von einem Sendemast gekrönt wird. Da die beiden Gipfel aber nur etwas mehr als eine Stunde Gehzeit voneinander entfernt sind, ist es auch möglich, beide im Rahmen einer einzigen Tour zu besuchen.

Talort: Kolašin, 950 m.
Ausgangspunkt: Eko-Katun Vranjak, 1750 m. Zufahrt auf der Asphaltstraße von Kolašin bis zum Skizentrum Kolašin 1600 (das obere der beiden Skizentren), dann weiter auf Schotter bis zum Eko-Katun Vranjak. Anfahrt mit dem Taxi von Kolašin ca. 15 €.
Höhenunterschied: Rund 730 m.
Anforderungen: Bis auf eine kurze Stelle beim Abstieg von der Zekova Glava und die letzten 50 m vor dem Gipfel der Crna Glava leichte Wanderung auf Forststraßen und alten Fußpfaden. Nicht durchgehend markiert, aber leicht zu finden.
Einkehr: Einkehr nur am Ausgangspunkt. Quelle am Ursprung der Biogradska Rijeka am Rückweg.
Kombinationsmöglichkeit: Mit Tour 31, 32 (Variante) und 35.

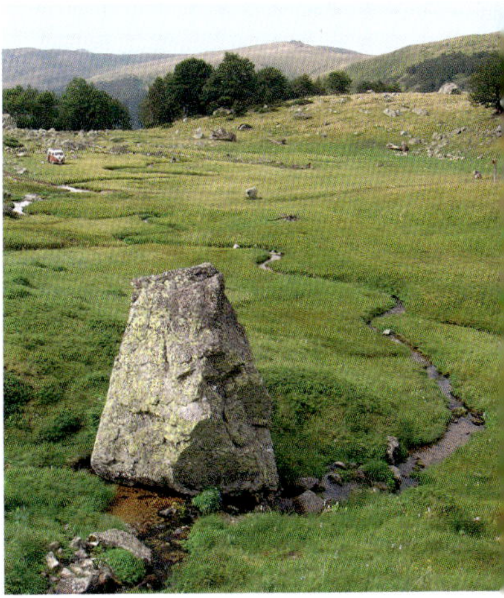

Die Quelle der Biogradska Rijeka.

Vom **Eko-Katun Vranjak (1)** gehen wir im Tal aufwärts, queren eine Schotterstraße und treffen auf am Hang nach links bergauf führende Wegspuren. Auf diesen hinauf auf einen Bergrücken, auf dem wir wieder auf einem Fahrweg rechts zu einem **Wegweiser (2)** gehen. Auf dem von links kommenden Weg werden wir am Ende der Tour zurückkehren; wir gehen nun rechts auf einer gut ausgebauten, steingepflasterten Straße entlang des Hanges leicht bergauf. Die drei Gipfel der Troglava (»Dreikopf«) werden umrundet, und wir überqueren einen Sattel, auf dessen anderer Seite wir bereits die Zekova Glava mit dem Sendemast zum Greifen nahe vor uns sehen. In zwei Serpentinen geht es bergauf zum Tor eines umzäunten Areals (der Zutritt zum Gipfel

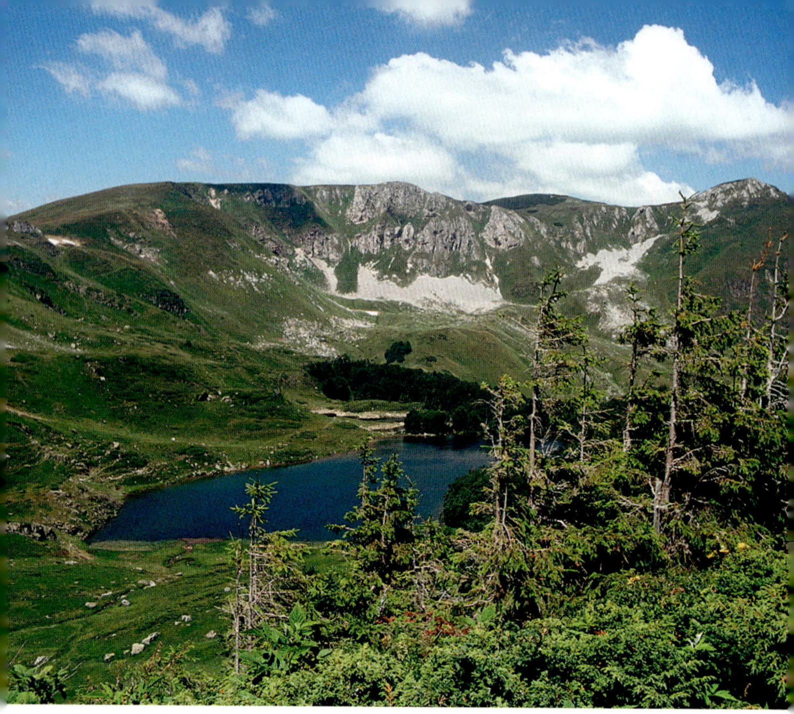

Pešića Jezero mit Crna Glava im Hintergrund.

selbst ist nicht gestattet), bei dem wir rechts entlang des Zauns weitergehen. Wir kommen so zu einem schönen Aussichtspunkt der **Zekova Glava (3)**, von dem aus wir auf den kristallklaren Bergsee Pešića Jezero hinunterblicken können. Auf der gegenüberliegenden Seite des weiten Tals ist bereits der Gipfel der Crna Glava sichtbar. Wir gehen in eine steile Rinne links des Aussichtspunktes hinunter, dann auf einem Fußweg wieder leicht ansteigend zum Bergrücken, der Zekova und Crna Glava verbindet. Auf diesem

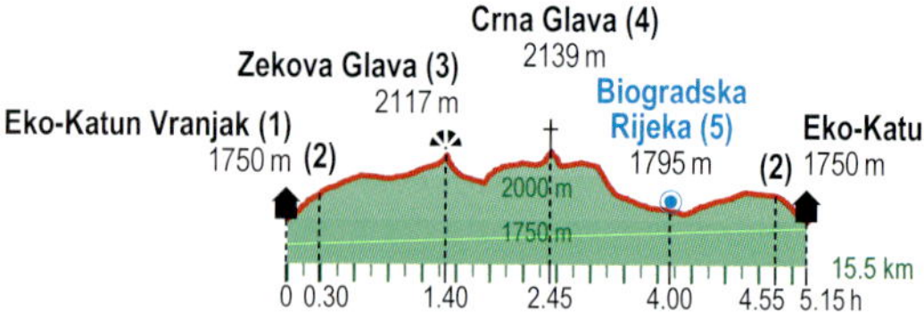

kommen wir wieder auf einen Fahrweg, den wir entlanggehen. Bei einem Wegweiser folgen wir Fahrspuren, die steil den gegenüberliegenden Hang hinaufführen. Weiter auf einer Wegspur, die in einem weiten Rechtsbogen am Bergrücken entlang verläuft. Eine Mulde wird links umgangen, dann kommen wir an einem natürlichen Felstor rechts von uns vorbei. Das letzte Stück zum Gipfel verläuft steil, zwischen Latschenkiefern und auf einem kurzen Stück auch etwas ausgesetzt. Der Gipfel der **Crna Glava (4)** bietet einen schönen Ausblick, und es gibt auch eine Dose mit Gipfelbuch und Stempel. Zurück gehen wir vorerst auf demselben Weg. Nach dem Umrunden der Mulde halten wir uns auf der folgenden Bergkuppe, sobald der Weg direkt auf die Zekova Glava zuführt, leicht rechts. So können wir weglos über den Grashang bergab abkürzen und treffen auf einen Fahrweg; wer lieber auf Wegen bleibt, kann aber auch über die steile Fahrspur bis zum Wegweiser und von hier auf dem Fahrweg rechts bergab gehen. In beiden Fällen kommt man bei einem alten Schild, das das Fotografieren der Militäranlagen am Gipfel verbietet, zu einer Weggabelung. An dieser links bergab (vereinzelt Markierungen).

Am tiefsten Punkt des Wegs sehen wir links von uns einen überdachten Rastplatz; ein Stück daneben befinden sich die Quellen der **Biogradska Rijeka (5)**. Am nun wieder ansteigenden Weg gehen wir weiter und kommen zum bekannten **Wegweiser (2)**, von dem wir am ebenfalls bekannten Weg zum **Eko-Katun Vranjak (1)** zurückkehren.

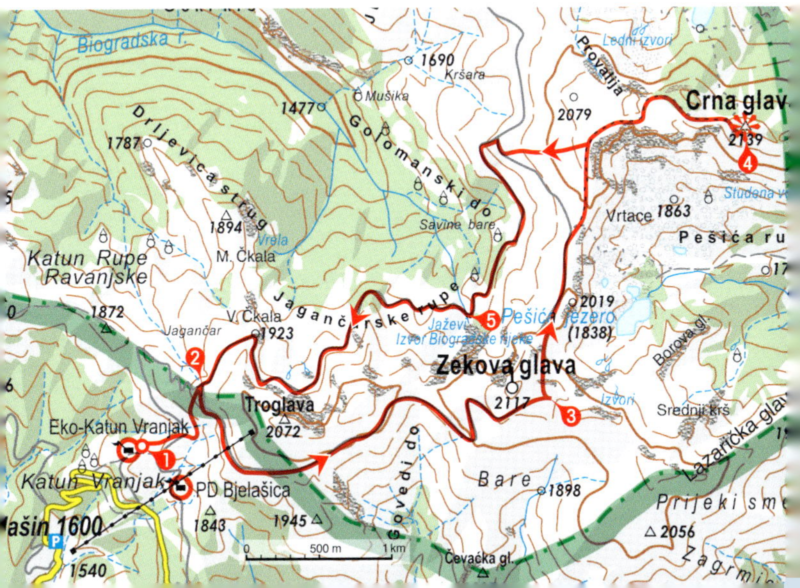

34 Razvrše, 2033 m

9.15 Std.

Über einen Aussichtsgipfel zum Nationalpark Biogradska Gora

Der Biogradsko Jezero ist ein landschaftliches und ökologisches Kleinod. Gelegen inmitten eines Waldes mit jahrhundertealten Buchen kann man hier an heißen Sommertagen bei Spaziergängen und Wanderungen, beim Schwimmen oder Bootfahren Erholung finden, und abends wird der Grillplatz gerne von Einheimischen wie auch von Touristen frequentiert. Der See ist ein idealer Ausgangspunkt für weitere Wanderungen im Gebiet des Nationalparks.

Talort: Mojkovac, 820 m.
Ausgangspunkt: Bjelojevice, 862 m. Anfahrt mit Taxi vom Bahnhof oder Busbahnhof Mojkovac ca. 5 Euro, oder zu Fuß ca. 45 Min. zusätzlich.
Höhenunterschied: Rund 1430 m.

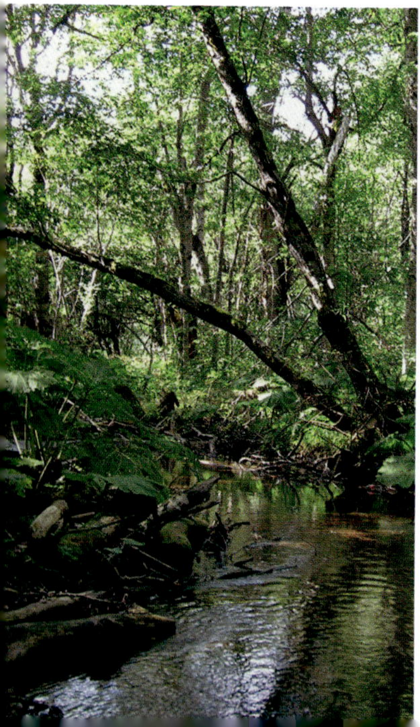

Anforderungen: Mittelschwere Tour, großteils auf guten und sicheren Wander- und Forstwegen, mit einem sehr steilen, weglosen Gipfelanstieg. Der steile, bei Nässe rutschige Abstieg durch den Wald zum Aussichtsturm kann auf der Forststraße umgangen werden.
Einkehr: Restaurant am Biogradsko Jezero; Quellen in Bjelojevice, bei Laništa und am Biogradsko Jezero.
Varianten: 1. Leichter Zustieg von Bjelojevice zum Biogradsko Jezero: Von Laništa (2) über die Wiese halb rechts bergab auf eine verfallene Almhütte am Waldrand entlang und auf dem als Rückweg beschriebenen Waldweg direkt zum See. Gehzeit 2.30 Std. einfach.
2. Rundwanderung ab Biogradsko Jezero: Vom See (Zufahrt siehe Tour 35) auf dem im letzten Absatz beschriebenen Weg nach Laništa (2), ab hier auf der Haupttour zum Gipfel und zurück zum See. Gehzeit 6 Std. gesamt.
Kombinationsmöglichkeit: Mit Tour 35.
Tipps: Wegen der Länge der Tour empfiehlt sich eine Aufteilung auf zwei Tage. Nächtigungsmöglichkeit in den Bungalows oder am Campingplatz am Biogradsko Jezero; Reservierung unter npbiogradskagora@nparkovi.me oder Tel. +382/20/865 625.
Bei Schönwetter die Badesachen einpacken!

Im Biograder Urwald.

Am Anfang des Weges in **Bjelojevice (1)** finden wir einen Wegweiser neben einer Quelle, bei dem wir uns nach rechts wenden und eine Brücke queren. Auf der anderen Talseite gehen wir zunächst relativ steil etwa 100 m bergauf, dann zwischen den Häusern von Bjelojevice eben dahin taleinwärts.

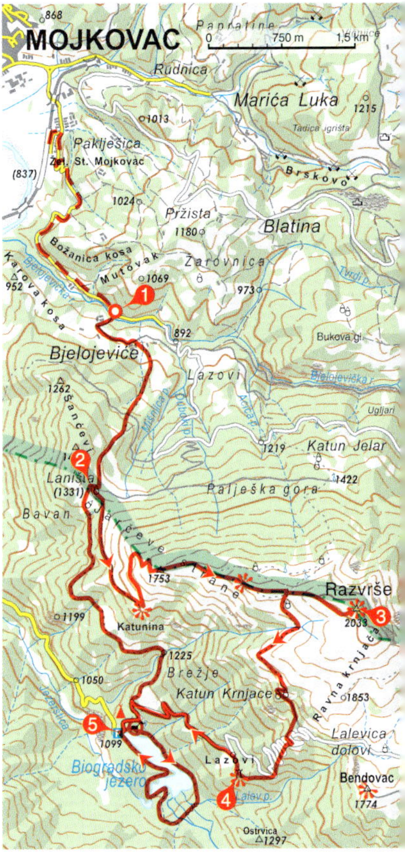

Nach insgesamt etwa 15 Min. Weg, bevor man einen kleinen Bach quert, zweigt an einer etwas unübersichtlichen Stelle rechts ein Fußweg ab (markiert!), auf dem wir nun wieder steiler, abwechselnd durch Wiesen und Wald, ansteigen. Mehrmals kreuzt der Weg Forststraßen; unsere Richtung ist aber stets gut markiert und klar erkennbar. So erreichen wir nach einer weiteren Stunde den kleinen, idyllisch in einem Wäldchen inmitten von Viehweiden versteckt gelegenen **Katun Laništa (2)**.

Wir gehen durch das Wäldchen bergauf und dann über eine große Wiese. Rechts hat man einen schönen Ausblick ins Tara-Tal hinunter, wo die Eisenbahnbrücke von Kraljevo Kolo winzig wie auf einer Modellbahn erscheint.

Wir steigen nun immer am Bergrücken entlang steil bergauf, den Waldrand zu unserer Linken. Nach etwa 30 Min. wird der Weg flacher, führt erst an zwei Fußballtoren vorbei und dann leicht bergab in einen flachen Sattel mit Wegspuren. Geradeaus weiter kommen wir auf den Gipfel des **Razvrše (3)**, der einen fantastischen Ausblick in alle Richtungen bietet. Wir gehen wieder zurück zum Sattel und auf der Wegspur links entlang. Leicht bergab gelangen wir zu den Almhütten des Katun Krnjace, bei denen wir auf einen Fahrweg treffen. Auf diesem bergab und 500 m weiter auf einer Schotterstraße bergab. Mehrere Serpentinen der Straße können auf einem Fußweg abgeschnitten werden. Wir kommen am Aussichtsturm **Lazovi (4)** vorbei und 20 Min. später gelan-

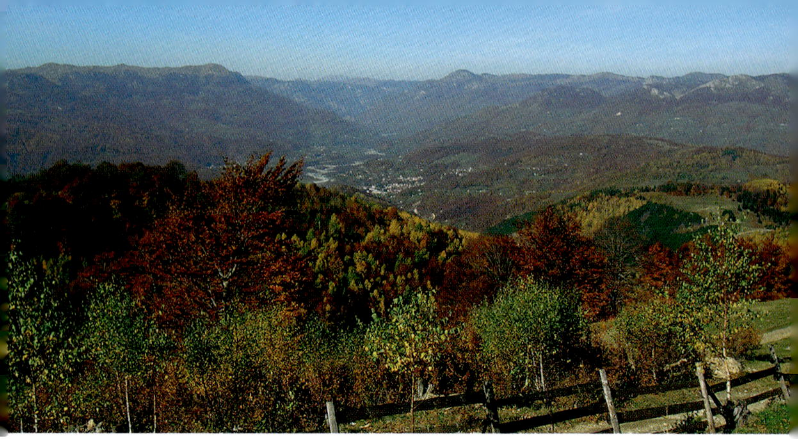

Blick zurück nach Mojkovac.

gen wir zum Ufer des **Biogradsko Jezero (5)** mit Campingplatz, Restaurant, Kinderspielplatz, Grillplätzen.

Eigentlich ist dieses kleine Paradies viel zu schade dafür, dass man am selben Tag gleich wieder nach Mojkovac zurückkehrt – aber auch wer dies tun will, sollte sich auf jeden Fall die Zeit nehmen, auf dem ausgeschilderten »ökologischen Pfad« (mit mehreren Infotafeln und leider zum Teil schon wieder beschädigten interaktiven Stationen) eine Runde um den See zu gehen: Vom Ende der Asphaltstraße folgen wir dem Schild »Restoran« an mehreren kleinen Bungalows vorbei. Wir kommen zu einer Wasserstelle, bei der wir den rechten Weg hinab zum Seeufer nehmen, den wir in weiterer Folge entlanggehen. Der Weg führt in ein kleines Seitental hinein, wo eine überwachsene Hausruine links von uns liegt. Uralte, gewaltige Bäume säumen unseren Weg. Mehrere Rastbänke entlang des Ufers laden zum Verweilen ein. Das Ufer wird flacher und sumpfiger, und der Weg entfernt sich wieder vom Wasser. Dann beginnt vor uns ein langer, hölzerner Steg mit kleinen Rastplätzen, der über unzählige kleine Wasserläufe hinwegführt – die Biogradska Rijeka, die hier in den See mündet, bildet ein breites Delta und ist in viele Arme aufgespalten. Am Ende des Steges stehen wir wieder vor einem Berghang; wir bleiben auf dem Wanderweg, der sich wieder dem Seeufer nähert. An diesem entlang kommt man zu einer Weggabelung; beide Wege treffen bei einem Holzsteg, der den Abfluss des Sees überquert, wieder zusammen. Der rechte Weg am Ufer entlang ist etwas länger, aber landschaftlich reizvoller; der linke Weg ist schmäler, teilweise rutschig, aber kürzer. Wir queren den Steg und den anschließenden gemauerten Steindamm. An der Spitze einer Halbinsel lädt nochmal ein überdachter Picknickplatz zur Rast ein. Das letzte Wegstück zurück zum Campingplatz ist etwas steinig und führt an

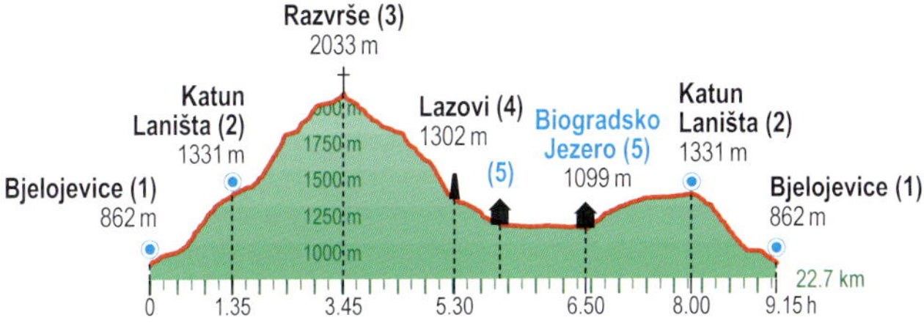

mehreren großen Felsblöcken vorbei, bis wir wieder den Campingplatz am **Biogradsko Jezero (5)** erreicht haben.
Für den Rückweg nach Mojkovac gehen wir auf der bekannten Schotterstraße bergauf bis zur zweiten Serpentine, in der ein beschilderter Weg links abzweigt. Auf ihm in ein Tal hinein, in dem wir einen kleinen Wildbach überqueren. Nun immer leicht ansteigend, abwechselnd durch Wald und über Farnwiesen, am Hang entlang. Wir kommen bei einer Quelle vorbei und wenig später auf eine Wiese hinaus, auf der ein Stück über uns bereits die bekannten Häuser von **Katun Laništa (2)** liegen. Von hier auf dem Aufstiegsweg zurück hinunter nach **Bjelojevice (1)**.

Am Biogradsko Jezero.

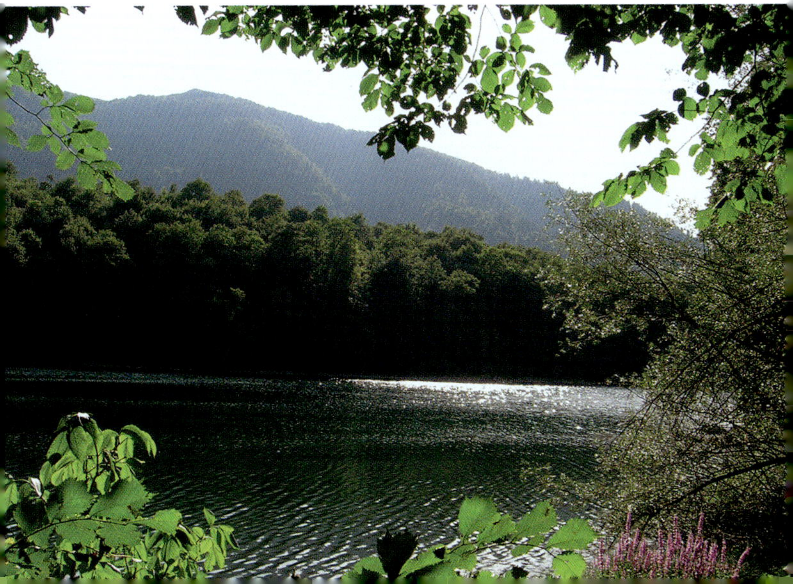

TOP 35

Große Bjelasica-Rundwanderung

2 Tage

Zweitägige Panoramatour rund um das Tal der Biogradska Rijeka

Die Umrundung des gesamten Talkessels, in dem der Biogradsko Jezero mit seinem Urwaldgebiet liegt, ist eine wahre Traumtour, die aber nur von sehr sportlichen Gehern und bei frühem Aufbruch in einem Tag zu bewältigen ist. Aber dadurch, dass sich mit den Eko-Katuns Goleš und Vranjak zwei Übernachtungsmöglichkeiten am Weg befinden, kann die Tour auf zwei Tage aufgeteilt und somit auch von allen weniger geübten Gehern gemeistert werden.

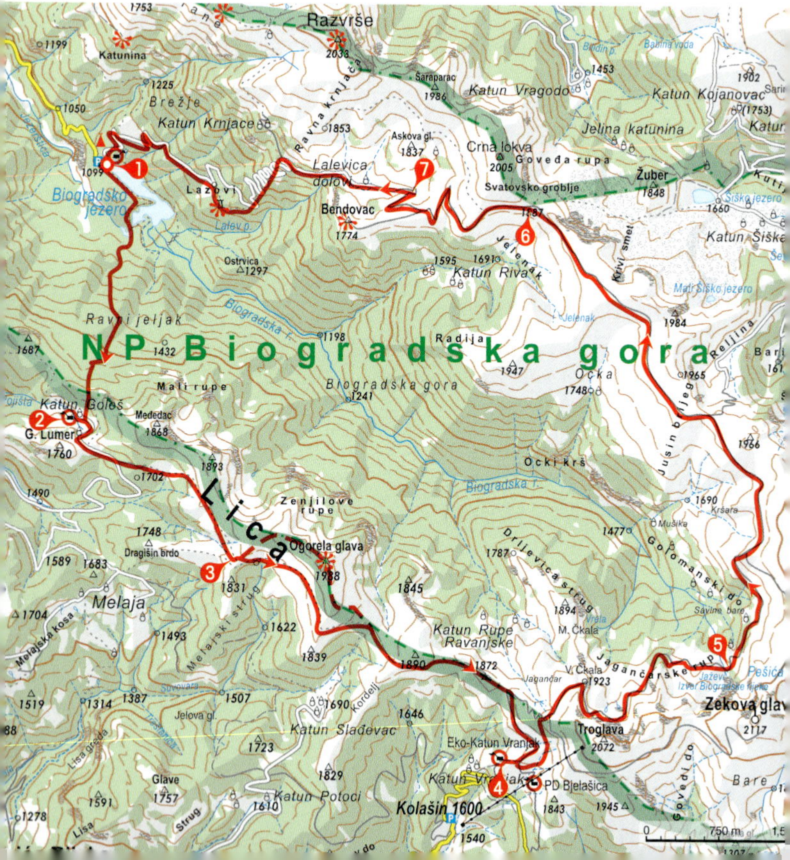

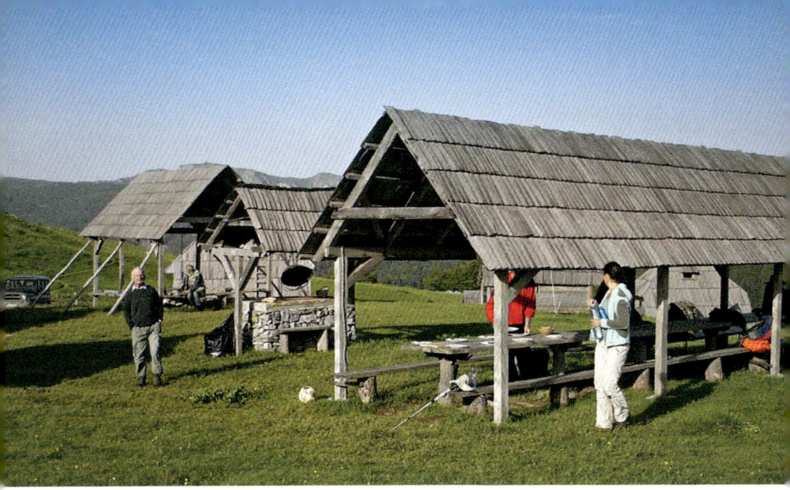

Frühstück im Katun Vranjak.

Talort: Mojkovac, 820 m.
Ausgangspunkt: Biogradsko Jezero, 1099 m. Zufahrt auf guter Asphaltstraße, die 6 km von Mojkovac entfernt bei Kraljevo Kolo von der Straße nach Podgorica abzweigt; Park- und Campingmöglichkeit, Kiosk und Restaurant.
Höhenunterschied: Gut 1200 m.
Anforderungen: Steiler Anstieg zum Katun Goleš, danach großteils problemlose Tour hauptsächlich auf guten Wanderwegen und Forststraßen.
Einkehr: Übernachtungsmöglichkeit, Trinkwasser, Getränke und Imbisse in den Eko-Katuns Goleš und Vranjak und bei der Berghütte Bjelasica; kleine Erfrischungen im Dolovi Lalevića.
Gefahren: Wetterbericht beachten – der Höhenweg ist stark Wind und Regen ausgesetzt; der Steilanstieg vom See bis zum Katun Goleš ist bei Nässe extrem rutschig.
Kombinationsmöglichkeit: Mit allen Wanderungen, die diese Tour berühren, das sind 31, 32, 33 und 34: Zum Beispiel Mojkovac (Tour 34) über Biogradsko Jezero und Katun Goleš (Tour 35) zur Ogorela Glava, ab hier Abstieg nach Kolašin (Tour 32): Dauer 2 Tage mit Übernachtung am Biogradsko Jezero oder im Katun Goleš. Oder von Kolašin über den Ključ (Tour 31) nach Vranjak und über Tour 35 zum Biogradsko Jezero (2 Tage) bzw. weiter nach Mojkovac (2,5 Tage).

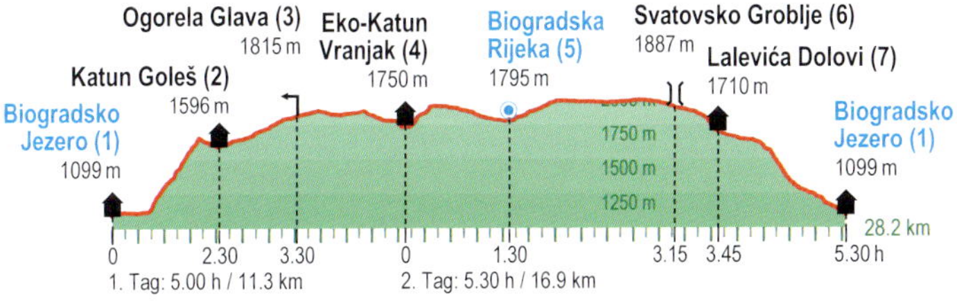

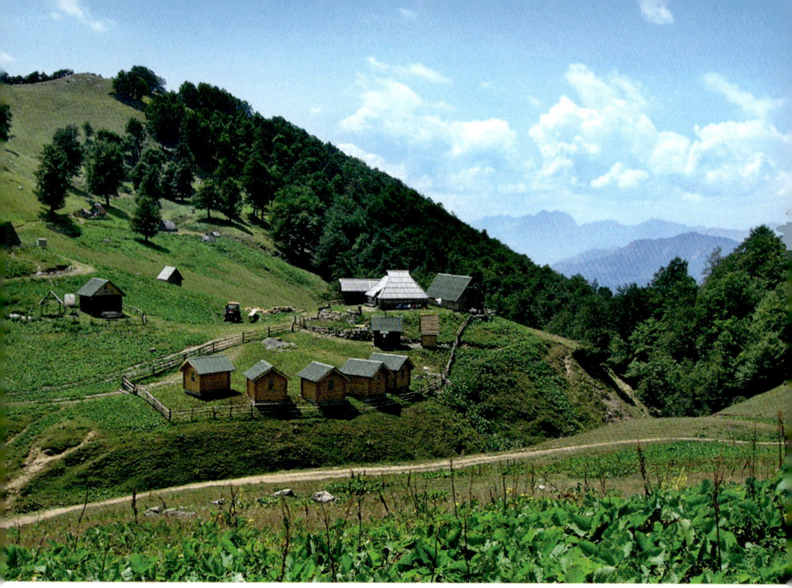

Die Hochalm Katun Goleš.

1. Tag:

Die Wanderung beginnt direkt beim Parkplatz am Ufer des **Biogradsko Jezero (1)**. Wir folgen zunächst der grünen Wegmarkierung des ökologischen Lehrpfades, die gegen den Uhrzeigersinn um den See führt. An mehreren Informationstafeln vorbei erreichen wir einen Rastplatz in Form eines Pavillons an der Spitze einer Halbinsel; nach insgesamt rund 20 Min. kommen wir dann zu einer Holzbrücke über den Abfluss des Sees. Direkt dahinter zweigt nach rechts der rot markierte Anstieg zum Katun Goleš ab. Alternativ dazu kann man auch den See in der anderen Richtung umrunden und so das landschaftlich einzigartige Delta des Flusses Biogradska Rijeka auf einem langen Holzsteg überqueren (Gehzeit ca. 15 Min. länger).
Der Wanderweg steigt vor allem am Anfang stark an; stellenweise wurden wegen der Steilheit befestigte Stufen angelegt, und an mehreren Stellen im dschungelartigen Wald müssen umgestürzte Baumriesen überstiegen werden. Nach etwa 1 Std., auf ca. 1350 m über dem Meer, wird der Weg etwas flacher, und schließlich quert man auf 1670 m Höhe einen Sattel mit schönem Blick zurück Richtung Norden. Leicht bergab erreicht man das Hochtal, in dem sich die Almsiedlung **Katun Goleš (2)** erstreckt. Hier lohnt es sich, ein Stück rechts zum Eko-Katun zu gehen, wo man nach dem anstrengenden Aufstieg Hunger und Durst stillen kann.

Der nur schlecht markierte Weg führt von hier nach links entweder auf einer Schotterstraße oder eine Kehre abschneidend über einen Fußpfad auf einen Bergrücken, auf dem eine Übersichtstafel steht. Weiter auf der Straße bergab, dann nach 5 Min. in einer Rechtskurve halb links auf einem Forstweg weiter. Dieser führt auf eine Bergwiese in einer kleinen Senke hinaus, von wo man immer auf deutlichen Wegspuren leicht ansteigend am Berghang entlanggeht. So erreicht man über Almwiesen schließlich die Stelle, an der der von Kolašin über Melaja zur Ogorela Glava ansteigende Weg auf die Hochfläche trifft **(3)**.
Hier kann man entweder weglos zum Gipfel der Ogorela Glava hinaufsteigen oder, weniger anstrengend, am Hang entlang an einem verfallenen Katun (Quelle) vorbei immer unterhalb des Gipfels bleiben. In beiden Fällen gelangt man zu einem Bergsattel oberhalb des rechts unten sichtbaren Katun Slađevac und geht geradeaus am Bergrücken entlang bergauf (vereinzelt rot-weiße Markierungspflöcke). In leichtem Bergauf-bergab kommt man schließlich auf die Schotterstraße, die von der Kreuzung Raskrsnica zur Zekova Glava führt (siehe Tour 33). Wer die Tour an einem einzigen Tag absolvieren will, der kann hier gleich geradeaus weiter zum unten erwähnten Wegweiser gehen; alle anderen steigen nach rechts ca. 15 Min. zum **Eko-Katun Vranjak (4)** oder zur Berghütte **Bjelasica** ab, die beide Übernachtungsmöglichkeiten bieten.

Am Höhenweg zum Svatovsko Groblje.

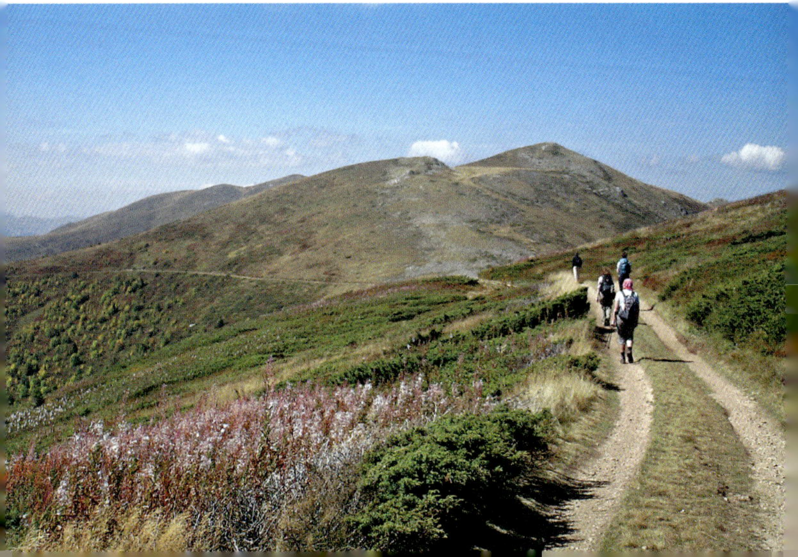

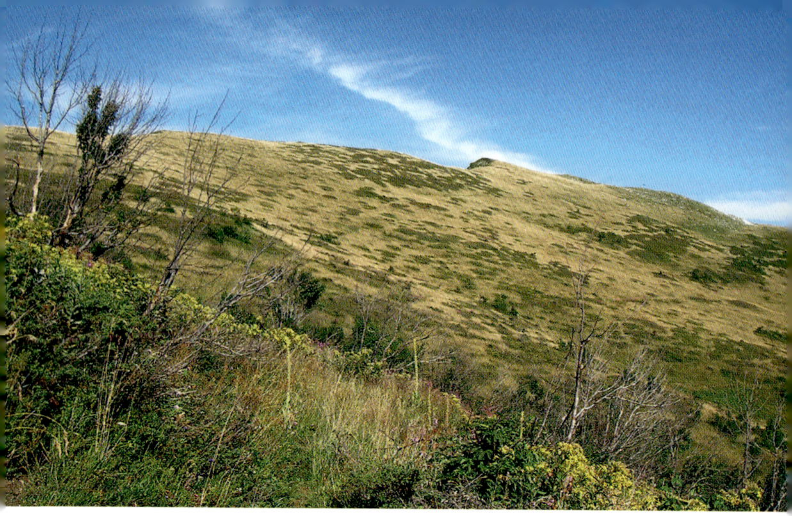

Weite Hochflächen charakterisieren die Bjelasica.

2. Tag:

Vom **Eko-Katun Vranjak (4)** geht man im Tal aufwärts, bis man auf am Hang nach links ansteigende Wegspuren trifft. Man gelangt zu einem Wegweiser, bei der man rechts einen Umweg über die Zekova Glava machen könnte (siehe Tour 33). Wir gehen hier links, leicht bergab und durch eine Talmulde, über der die Felsen der Gipfel Troglava und Zekova Glava aufragen. Direkt neben der Quelle der **Biogradska Rijeka (5)** gibt es einen überdachten Rastplatz. Nun geht es wieder bergauf, und man erreicht nach 20 Min. zunächst eine Abzweigung, bei der man zurück Richtung Zekova Glava und Crna Glava gehen könnte. Weiter auf der Höhenstraße erreicht man, stets mit herrlicher Aussicht und wunderbarem Panorama der umliegenden Bergwelt, schließlich auf einem Sattel eine Abzweigung rechts bergab Richtung Ševarina und Berghütte Suvodo. Man bleibt am Bergrücken und kommt zum markanten Sattel **Svatovsko Groblje (6)**. Ab hier geht es kontinuierlich bergab. Die Straße senkt sich in mehreren Serpentinen, von denen man die letzten beiden abkürzen kann, ins Hochtal **Lalevića Dolovi (7)**, wo bei den Almhütten von den Einheimischen Kaffee und Getränke angeboten werden. Ein Stück davor bietet sich bei einem Wegweiser auch noch ein Abstecher zum Aussichtsgipfel Bendovac (hin und zurück insgesamt 45 Min.) an.
Das letzte Stück zum Ausgangspunkt am Ufer des **Biogradsko Jezero (1)** geht man auf dem markierten Wanderweg, der auch an einem Aussichtsturm vorbeiführt, oder alternativ weniger steil und bequem, dafür aber etwas länger auf der Schotterstraße.

6.00 Std.

Suvi Pećarac, 1910 m

36

Traumanstieg in die nordöstliche Sinjavina

Der Suvi Pećarac ist ein wenig bekannter Berggipfel mit schönem Ausblick über die Hochfläche der Sinjavina, der sich im Rahmen einer wunderschönen, allerdings anstrengenden Rundwanderung vom Tara-Tal aus ersteigen lässt.

Talort: Mojkovac, 820 m.
Ausgangspunkt: Bistrica, 831 m. Zufahrt auf der Straße Mojkovac – Žabljak; Parken unmittelbar hinter der Brücke über die Bistrica, 2 km hinter dem Ort Richtung Žabljak (Verkehrszeichen »Wartepflicht bei Gegenverkehr«) oder beim Motel Ravnjak, 300 m weiter. Es verkehren mehrmals täglich Busse auf der Strecke Podgorica – Mojkovac – Pljevlja (Haltestelle beim Motel).
Höhenunterschied: Rund 1100 m.
Anforderungen: Problemloser Auf- und Abstieg auf gut trassierten alten Hirtenpfaden, durchgehend markiert. Einige wenige kurze Abschnitte über lockeres Geröll. Auf der Hochebene und im Gipfelbereich teils weglos; Orientierungsvermögen und/oder GPS-Gerät bzw. Smartphone mit entsprechender App sind von Vorteil.
Einkehr: Motel Ravnjak; unterwegs keine. Zwei zuverlässige Quellen beim Katun Planinica.
Kombinationsmöglichkeit: Mit Tour 37.

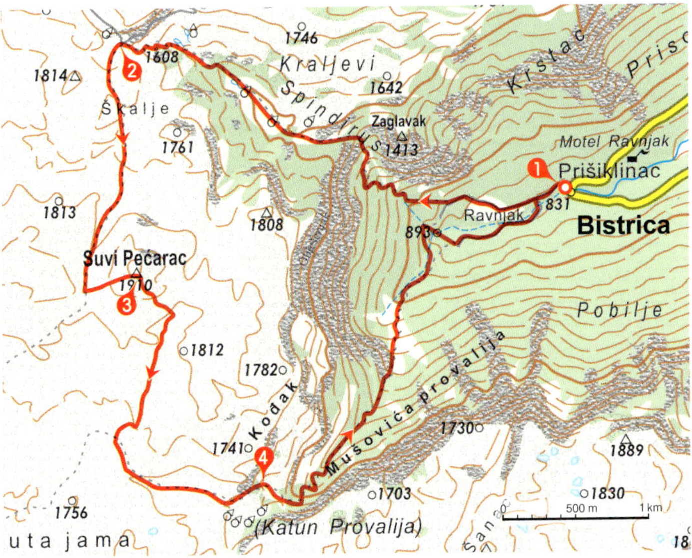

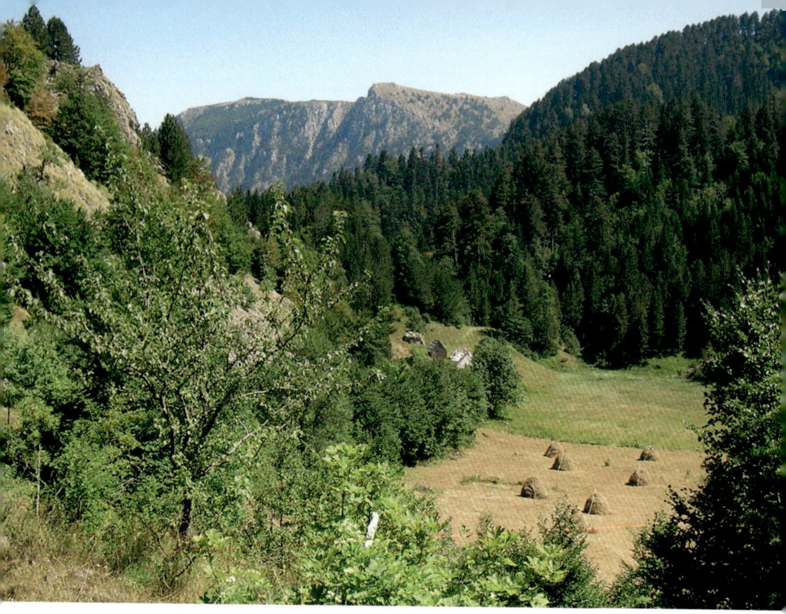

Hochtal am Aufstieg nach Planinica.

Unmittelbar hinter der Straßenbrücke bei **Bistrica (1)** zweigt links eine markierte Forststraße ab, die im Tal bergauf führt. Nach wenigen Minuten führt der Weg kurz bergab zu einer Gabelung bei einem Zaun, bei dem wir rechts im Tal weiter aufwärtsgehen – der linke Weg ist unser späterer Rückweg. Wir folgen einem bequemen Wanderweg durch den Wald bergauf. Vorsicht: 700 m nach der Gabelung zweigt rechts ein leicht zu übersehender Fußpfad vom breiten Fahrweg ab, dem wir folgen müssen – der Weg geradeaus endet nach wenigen Hundert Metern.
Ab hier steigt der Pfad steil und kontinuierlich an, zunächst im Zickzack durch den Wald, dann am Fuß großer Felsgruppen, wo auf 1200 m Höhe ein kleines Schotterfeld gequert werden muss. Über uns ist bereits ein Taleinschnitt erkennbar, zu dem wir in weiterer Folge hinaufsteigen. Mächtige, jahrhundertealte Bosnische Kiefern säumen den Weg. Der Weg wird kurz steiler und steiniger, dann ist auch schon der anstrengendste Teil des Aufstiegs überstanden, und wir treten auf 1470 m Höhe aus dem Wald hinaus in ein schönes, flaches Hochtal (Gehzeit bis hierher ca. 1.30 Std.).
Im Tal sehen wir rechts auf einer Anhöhe einen verlassenen Katun. Der markierte Weg führt leicht links bergab, am Talgrund weiter. Wir passieren eine Quelle, etwa 10 m links des Wegs, dann geht es wieder etwas steiler durch

den Wald bergauf und zu einer ergiebigen weiteren Quelle am Talschluss bei **Planinica (2)**. Rechts oben am Hang liegt in Sichtweite ein bewohnter Katun, wir aber gehen geradeaus weiter auf einem steinigen Zickzackweg bergauf. Rechts über uns liegen die markanten Felsformationen des Divljak (»Teufel«), und ein Fahrweg ist über uns sichtbar, auf den wir schließlich treffen. Wir biegen von diesem jedoch gleich wieder links auf den Weg Nr. 201 ab und folgen einem undeutlichen, aber markierten Hirtenpfad, der sich nun über eine karstige, kahle und für die Sinjavina so typische Hochebene windet. Mehrmals werden tiefe Dolinen umrundet, dann steigt der Pfad an zu einem Sattel westlich des Gipfels, von dem man in 10 Min. links zum **Suvi Pećarac (3)** hinaufsteigt.

Über die grasbewachsenen Südhänge des Berges steigen wir nun geradewegs zu einem flachen Tal hinab, in dem sich ein achterförmiger See (Lokve) befindet – bei niedrigem Wasserstand handelt es sich um zwei kleine Seen. An diesem rechts vorbei, am rechten Hang haltend über einen kleinen Sattel, dann links am Hang zu einem Taleinschnitt und in diesem links haltend bergab zu einem Bergsattel über dem **Ognjenovo Polje**.

Auf undeutlichen Wegspuren gehen wir, dem Weg Nr. 212 folgend, links hinab in den Talgrund und halten uns weiter links. Am gegenüberliegenden Hang liegt der verlassene **Katun Provalija (4)**. Der Weg führt steiler bergab, quert ein Schotterfeld und führt dann rechts in einer Mulde hinab. Hier verlaufen mehrere parallele Wegspuren, die aber alle wieder zusammentreffen. Links liegen große Schotterfelder, während der Weg rechts abknickt und einen Graben quert. Auf dessen anderer Seite beginnt nun ein deutlicher, nicht zu verfehlender Weg, der nach 5 Min. auf ein weiteres Geröllfeld trifft. Auf diesem steigen wir auf steinigem, aber breit von Maultieren ausgetretenem Weg in einer lang gestreckten Serpentine bergab. Kurz durchschreiten wir ein Waldstück, dann geht es über ein zweites, noch größeres Geröllfeld. Auf 1400 m Höhe wird der Weg flacher und verläuft bequem durch einen lichten Birkenwald. Links und rechts an den Seiten des Tals ragen steile Felswände auf. Immer wieder queren wir Geröllfelder, dann geht es wieder durch den Wald, bis wir schließlich am Talgrund auf das Ende einer Schotterstraße treffen. Dieser folgen wir durch ein ausgetrocknetes Bachbett und gelangen schließlich zu der (ebenfalls meist trockenen) Furt, die wir schon am Hinweg gesehen haben. Diese querend erreichen wir die Weggabelung bei dem Zaun, bei dem wir am Anfang der Tour rechts gegangen sind. Hier rechts haltend erreichen wir in knapp 10 Min. wieder die Straße nach **Bistrica (1)**.

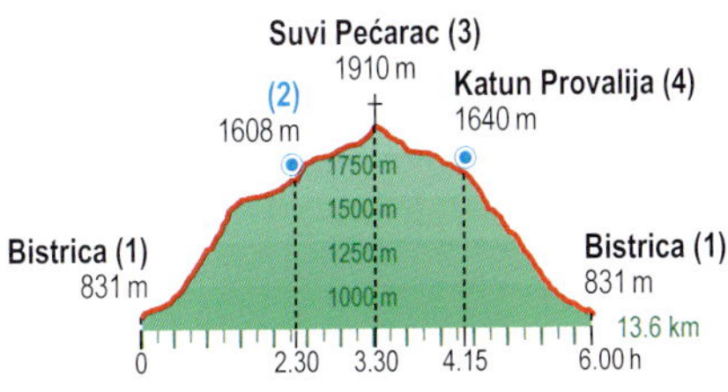

37 Von Bistrica auf die Sinjavina, 1721 m

5.00 Std.

Auf dem alten Pilgerweg zur Wallfahrtskirche von Ružica

Diese Tour führt uns auf einem alten, landschaftlich besonders reizvollen Hirtenpfad von Bistrica auf die Hochfläche der Sinjavina. Ziel ist die kleine Wallfahrtskirche von Ružica, die jedes Jahr am 2. August, dem Festtag des heiligen Elias (»Ilindan«), von Hunderten Menschen aus der weiteren Umgebung besucht wird. Obwohl mittlerweile die meisten mit dem Auto kommen, nehmen auch immer noch viele Gläubige den Aufstieg zu Fuß auf sich, sodass der Weg gut gepflegt und häufig begangen ist.

Talort: Mojkovac, 820 m.
Ausgangspunkt: Bistrica, 866 m. Zufahrt auf der Straße Mojkovac – Žabljak; 250 m vor der Brücke über den Nebenfluss Rijeka im Ortsteil Ljevak zweigt links hangwärts eine Schotterstraße ab; auf der gegenüberliegenden Straßenseite Parkmöglichkeit. Mehrmals täglich Busse auf der Strecke Podgorica – Mojkovac –Pljevlja bzw. Podgorica – Žabljak, die hier halten. Oder Taxi ab Mojkovac, ca. 20 Euro.
Höhenunterschied: Knapp 900 m.
Anforderungen: Einfache, aber wegen des Höhenunterschieds anstrengende Wanderung auf gut trassierten alten Hirtenpfaden; Markierung als Weg 203 geplant, aber auch ohne Markierung ist die Orientierung problemlos.
Einkehr: Keine. Der Bach hat Trinkwasserqualität; Quellen in Knež Do, im Martinički Katun und in Ružica.
Kombinationsmöglichkeit: Mit Tour 36: Auf dem Weitwanderweg CT-1 von Ružica bis zum Bergsattel oberhalb des Katuns Provalija und am bei Tour 36 beschriebenen Abstiegsweg ins Tal. Gehzeit 1 Std. zusätzlich. Rückfahrt per Bus oder zu Fuß in weiteren 45 Min. auf der Straße zum Ausgangspunkt.
Tipp: Wer die Kirche außerhalb der Wallfahrtszeit besuchen möchte, kann in Ružica nach dem Schlüssel fragen.

Wir gehen von **Bistrica (1)** auf der Schotterstraße bergauf, die geradewegs ins Tal der Rijeka hineinführt. Nach 20 Min. gibt es rechts eine Furt, wir gehen aber noch 100 m weiter zu einer zweiten, bei der wir einen kleinen Fußgängersteg aus grob behauenen Baumstämmen benutzen können. Weiter entlang des Baches kommen wir sogleich an der Ruine einer **Sägemühle (2)** vorbei. 5 Min. danach führt uns in einer Linkskurve ein Abschneider geradeaus weiter; die Forststraße treffen wir schon bald wieder, um sie bei einer weiteren Teilung für ein längeres Stück zu verlassen. Auf rund 1180 m Höhe stoßen wir auf das Ende der Forststraße und folgen einem Fuß-

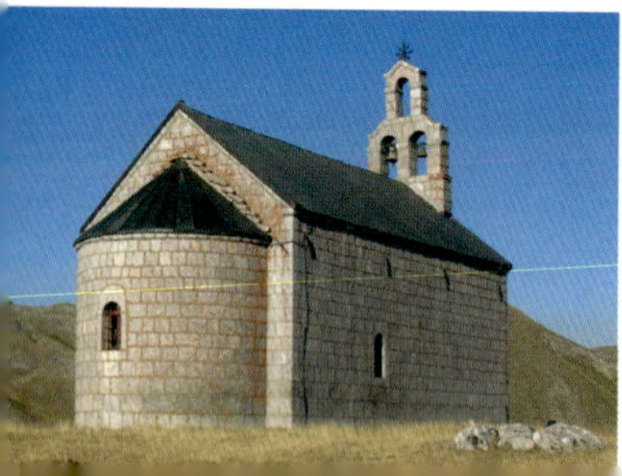

Kirche von Ružica – ein weithin sichtbares Wahrzeichen.

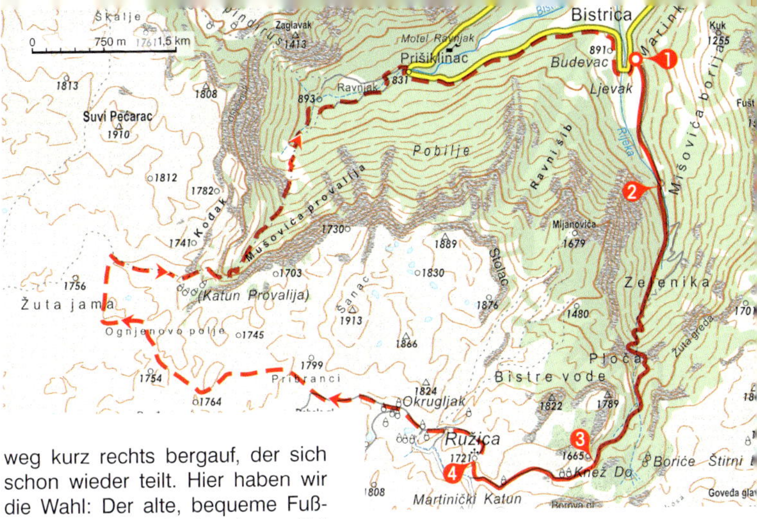

weg kurz rechts bergauf, der sich schon wieder teilt. Hier haben wir die Wahl: Der alte, bequeme Fußweg nach rechts ist im oberen Teil auf wenigen Metern Länge durch ein Geröllfeld verschüttet (schwierig zu queren). Die Alternative besteht in einem steileren, aber dafür sicheren Waldweg, den man nach dem Abgang der Steinlawine angelegt hat.

Nachdem die beiden Varianten wieder zusammentreffen, beginnt der schönste und spektakulärste Teil des Wegs: Auf einem in die Felswand gehauenen Steig geht es durch schroffe Felsen, die rechts des Pfades sogar eine Art Tor bilden, steil nach oben. Danach kommen wir in ein idyllisches, dicht bewaldetes Hochtal, in dem wir zweimal ein trockenes Bachbett kreuzen und dann über eine kleine Lichtung auf einer Kuppe in flacheres Gelände kommen. Nochmals passieren wir eine Engstelle, wo der Weg zwischen senkrechten Felswänden (links eine kleine Höhle) hindurchführt und dann in einen weiten Talkessel eintritt, in dem der Katun **Knež Do (3)** liegt.

Hier liegt direkt neben dem Weg links eine Quelle, an der vorbei wir immer am Talgrund weitergehen. Nach 20 Min. biegt der Weg links um ein verfallenes Haus herum; kurz darauf trifft er auf eine von links herabkommende Schotterstraße, die geradeaus im Tal zur Siedlung Ružica führt. Hier befindet sich eine weitere Quelle; geradeaus an der Straße gibt es die dritte Möglichkeit, Wasser nachzufüllen – wir gehen jedoch hier gleich rechts in einer flachen Rinne weglos bergauf und können so zur Kirche von **Ružica (4)** abkürzen. Die Rückkehr erfolgt auf derselben Route.

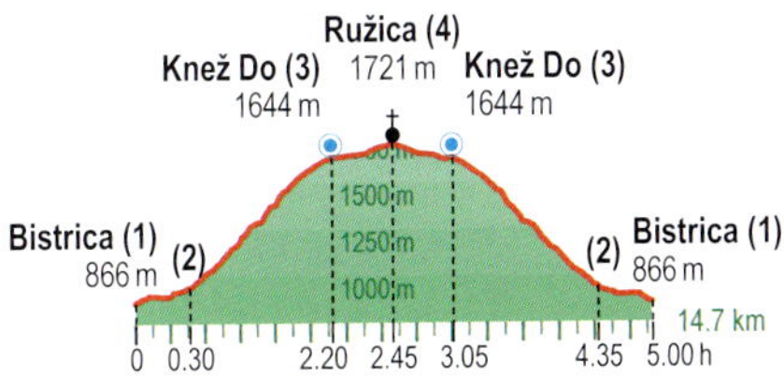

38 Jablanov Vrh, 2203 m

6.15 Std.

Anspruchsvolle Tour auf den Hauptgipfel der östlichen Sinjavina

Der Jablanov Vrh ist einer der schönsten Aussichtsgipfel im Gebiet der Sinjavina. Bei klarem Wetter reicht der Blick bis zum Durmitor, ins Morača-Gebirge, bis zu den Komovi und weit in die albanische Bergwelt hinein. Bisher ist dieser herrliche Ausblick nur Wanderern mit gutem Orientierungsvermögen vorbehalten – dies soll sich aber ändern, da eine Markierung geplant ist. Trittsicherheit vor allem am Abstieg wird aber auch dann noch notwendig sein.

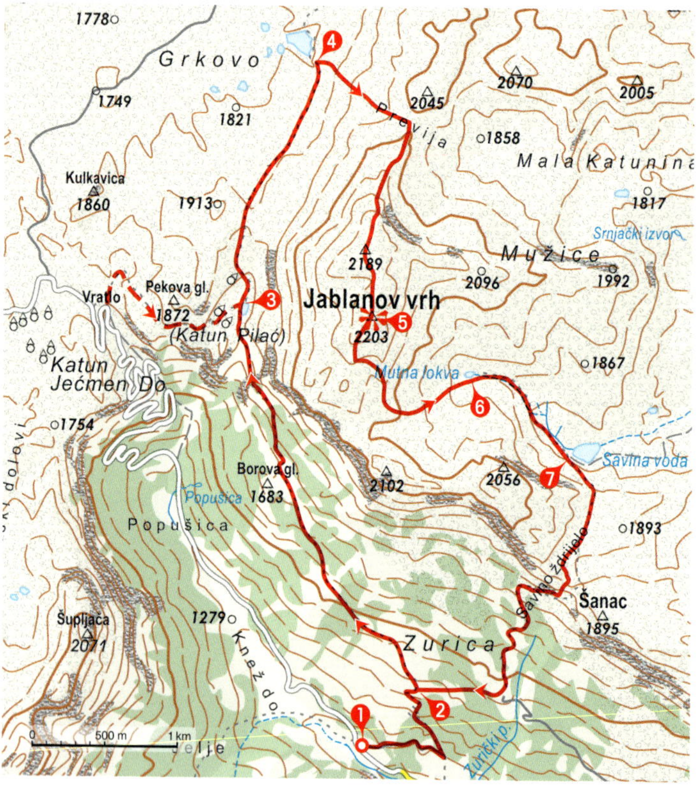

Talort: Kolašin, 950 m.
Ausgangspunkt: Gornji Lipovo, 1195 m. Von der Straße Kolašin – Mojkovac biegt man bei einer Autowerkstatt direkt hinter der Brücke über die Plašnica links ab und fährt ca. 15 km auf der schmalen Asphaltstraße. 500 m nach dem Ende des festen Belags steht bei einer Abzweigung ein roter Wegweiser nach links zum Berggipfel Torna; hier parken. Keine öffentlichen Verkehrsmittel, Anfahrt per Taxi ab Kolašin möglich.
Höhenunterschied: Knapp 1200 m.
Anforderungen: Anspruchsvolle Tour für Geübte, teilweise weglos. Bei schlechten Wetterverhältnissen wegen der dann besonders rutschigen Grashänge unbedingt abzuraten.
Einkehr: Keine. Trinkwasser bei ungefassten Quellen bei Savina Voda und am Abstieg unterhalb des Passes Savino Ždrijelo.
Variante: Beginn der Tour am Vratlo, 1680 m: Wer ein Wandertaxi in Anspruch nimmt, kann sich auch am Bergpass Vratlo (4 km Schotterstraße ab Gornji Lipovo) absetzen lassen. Von dort rechts haltend zum Katun Pilać (3); markiert, sehr schöne Ausblicke.
Hinweis: Der direkte Anstieg vom Katun Pilać zum Gipfel, der von Einheimischen oft begangen wird, ist extrem steil, gefährlich und nicht empfehlenswert.

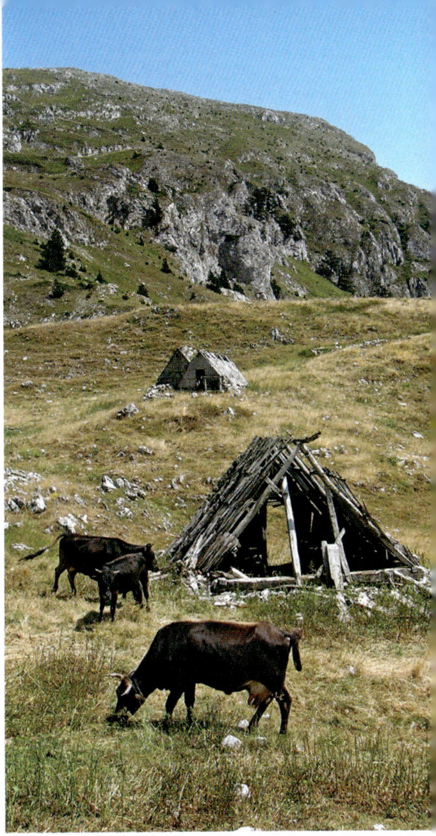

Im verlassenen Katun Pilać.

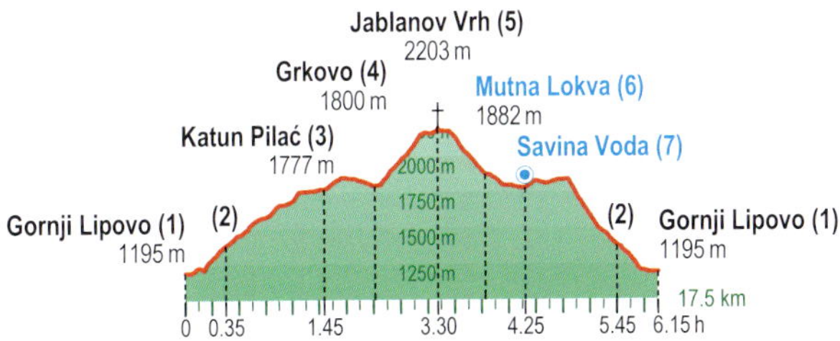

Beim Wegweiser zur Torna in **Gornji Lipovo (1)** gehen wir auf der rechten, gegenüberliegenden Straßenseite eine Forststraße hinauf, die nach 10 Min. oberhalb von Häusern bei einem Zaun endet. Hier mündet scharf links ein Fußsteig ein, auf dem wir hinaufgehen. Im Zickzack durch den Wald gelangen wir auf eine große Wiese hinaus, auf der wir bei einem Zaun rechts auf einem deutlichen Weg bergauf gehen. 5 Min. später zweigt links ein **Weg (2)** ab, den wir schräg über die Wiese ansteigend hinaufgehen. An einem alten Stall vorbei kommen wir in ein kleines Wäldchen, hinaus auf ein Schotterfeld und eine Wiese, dann erneut in den Wald. So geht es abwechslungsreich, stets mit fantastischem Blick auf die schroffen, an einen Drachenrücken erinnernden Felszacken der Moraca-Berge auf der Südseite des Tales, allmählich höher. Eine weitere Wiese wird nahe dem unteren Rand gequert, dann wird das Gelände flacher, und zwischen dem Weg und dem Tal liegt die sanfte Kuppe der Borova Glava, 1683 m. Nochmals geht es durch einen Wald, dann führt der Weg in sehr steilem, felsigem Gelände mit großen Schotterfeldern das letzte Stück hinauf zum verlassenen **Katun Pilać (3)**. Von links mündet ein Weg vom Bergpass Vratlo ein (Variante); wir halten uns geradeaus und steigen noch weiter über einen flachen Sattel an, hinter dem die endlose Hochfläche Grkovo liegt. Der gut erkennbare, von Viehherden ausgetretene Weg führt leicht bergab zu einem auf dieser Fläche gelegenen, namenlosen **Stausee (4)**, 1802 m.

Hier können wir gut rasten, bevor wir zum Gipfelsturm aufbrechen. Wir gehen rechts hinauf in eine deutlich ausgeprägte Rinne, die zuerst steil, dann immer flacher verläuft und schließlich den Bergpass **Previja** bildet. Von diesem aus steigen wir rechts auf dem sanft ansteigenden Bergrücken nach Süden knapp 200 Hm an. Nach 30 Min. ist der Nebengipfel, 2139 m erreicht; von ihm geht es nun flach am linken Rand einer Mulde (aber nicht zu nahe am Steilhang) hinüber zum Hauptgipfel des **Jablanov Vrh (5)**, auf dem sich eine Blechbox mit Stempel und Gipfelbuch sowie ein unvollendeter kleiner Rundbau befinden.

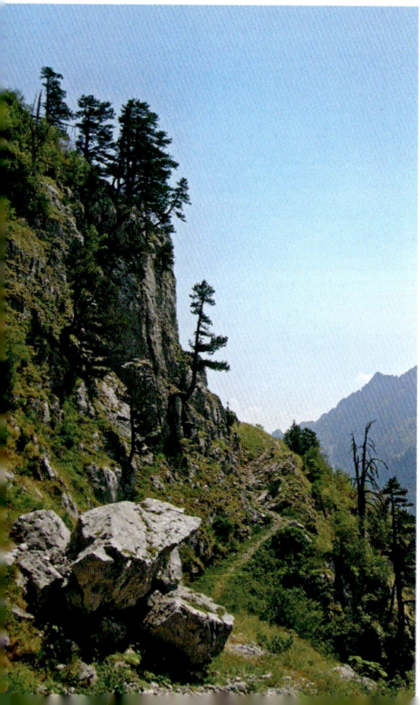

Am Aufstiegsweg beim Katun Pilać.

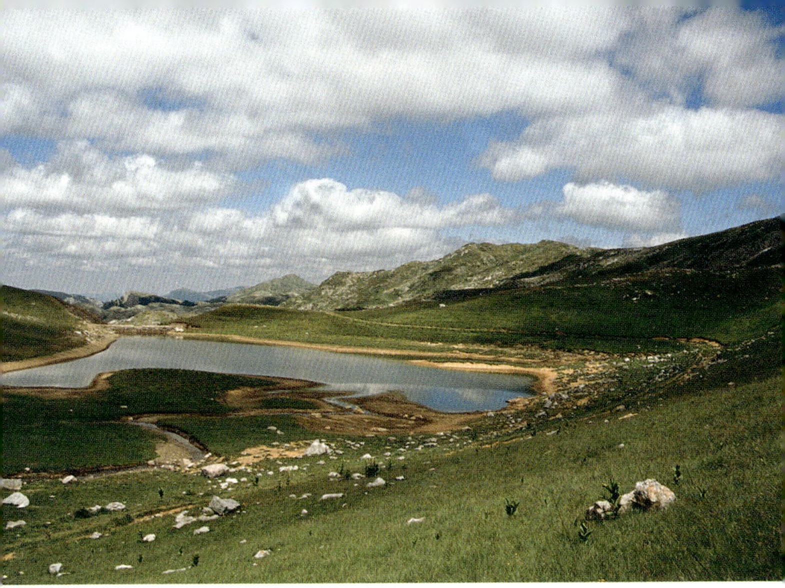

Der kleine Stausee Savina Voda.

Der Weg hinunter ins Tal mit den gut sichtbaren kleinen Wasserflächen folgt kurz dem Bergrücken und leitet dann links bergab über einen flacheren, sanfteren Rücken in eine Senke und weiter links zum kleinen Tümpel **Mutna Lokva (6)**. Ab hier gibt es wieder deutliche Wegspuren am Talgrund, auf denen man den kleinen, aufgestauten Bergsee **Savina Voda (7)** erreicht. Von dort führen gut erkennbare Wegspuren schräg den Hang hinauf zur Anhöhe **Savino Ždrijelo**. Von dieser bietet sich nicht nur ein schöner Blick zurück auf den See, sondern es wird auch der weitere Weg ersichtlich: Nach Querung eines kleinen Plateaus erreichen wir auf dessen anderer Seite eine tiefe Felsscharte, durch die der Weg in einen schwindelerregenden Abgrund zu führen scheint. Ein deutlicher, ausgetretener Weg führt jedoch im Zickzack hinunter. Trittsicherheit ist unabdingbar, gibt es hier doch viel lockeres Geröll. Nach 45 Min. ab Savina Voda gelangen wir zu verlassenen Almhütten, wo es eine gefasste **Quelle** (Izvor) mit bestem Trinkwasser gibt. Hier wenden wir uns nach rechts und gehen auf einem schmalen Fußpfad im Zickzack hinab. Der Pfad geht in einen Fahrweg über, der sich weiter ins Tal hinabwindet. Wir verlassen die Waldstraße aber schon bald wieder nach rechts, wo ein Fußweg bequem schräg bergab führt und auf der großen Wiese oberhalb des bereits bekannten rechteckigen Zauns wieder auf den Hinweg trifft.
Ab hier auf ebenfalls bekanntem Weg zurück nach **Gornji Lipovo (1)**.

Durmitor

Weit über die Grenzen Montenegros hinaus bekannt ist das Durmitor-Massiv mit seinen 48 die 2000-Meter-Marke überschreitenden Gipfeln. Die Aufstiege über steile, schroffe Felswände fordern den Ehrgeiz jedes Bergwanderers mit hochalpinen Ambitionen heraus. Dank einer großen Anzahl markierter Wege sind auch aus der Ferne unbezwingbar erscheinende Gipfel nicht nur Bergsteigern vorbehalten, sondern können ebenso von einigermaßen konditionsstarken, geübten Wanderern erklommen werden.
Der auf über 1500 m Höhe gelegene Durmitor-Nationalpark beeindruckt durch seine wildromantische Schönheit: Berge wie aus dem Bilderbuch, tiefe Schluchten, zahlreiche Höhlen, »Bergaugen« genannte glasklare Gletscherseen und dunkle Wälder mit unzähligen Tier- und Pflanzenarten. Hier sind Bären und Wölfe ebenso zu Hause wie Adler und Falken; in den Seen kann man endemische, d.h. nur in einem bestimmten Gebiet heimische Amphibien entdecken, in der Luft seltene Schmetterlinge wie den Apollofalter. Ein Teil des Parks wurde von der UNESCO 1980 zum Weltnaturerbe erklärt.
Einige der in diesem Buch beschriebenen Routen führen zu den berühmtesten Zielen im Durmitor: Der 2523 m hohe Bobotov Kuk gilt als der höchste Berg Montenegros, da die um wenige Meter höheren Hauptgipfel der Maja Kolata im Prokletije-Gebirge bereits zur Hälfte in Albanien liegen. Die unter dem Gipfel der Obla Glava gelegene naturbelassene, frei zugängliche Eishöhle Ledena Pećina fasziniert den Besucher auch im Hochsommer mit Stalagmiten und Stalaktiten aus Eis. Ein atemberaubendes Panorama bietet der inmitten hoher Gipfel in dichtem Wald gelegene Crno Jezero (»Schwarzer See«), der durch seine für einen Gebirgssee ungewöhnliche Größe überrascht. Im Sommer wird er von Einheimischen und Touristen gern zum Ba-

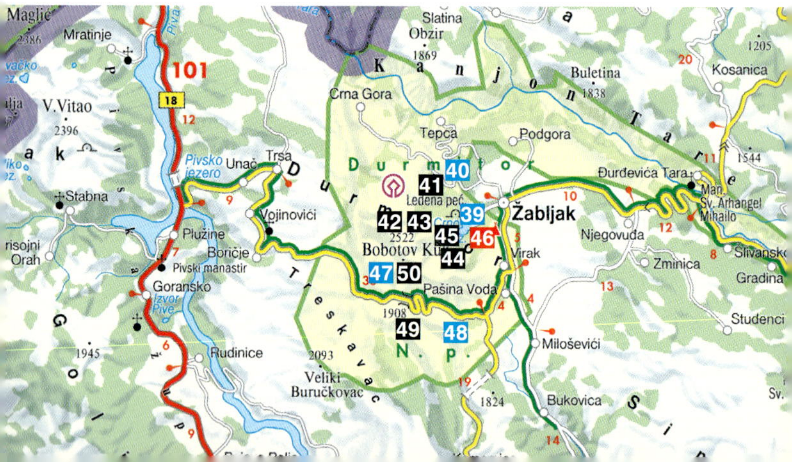

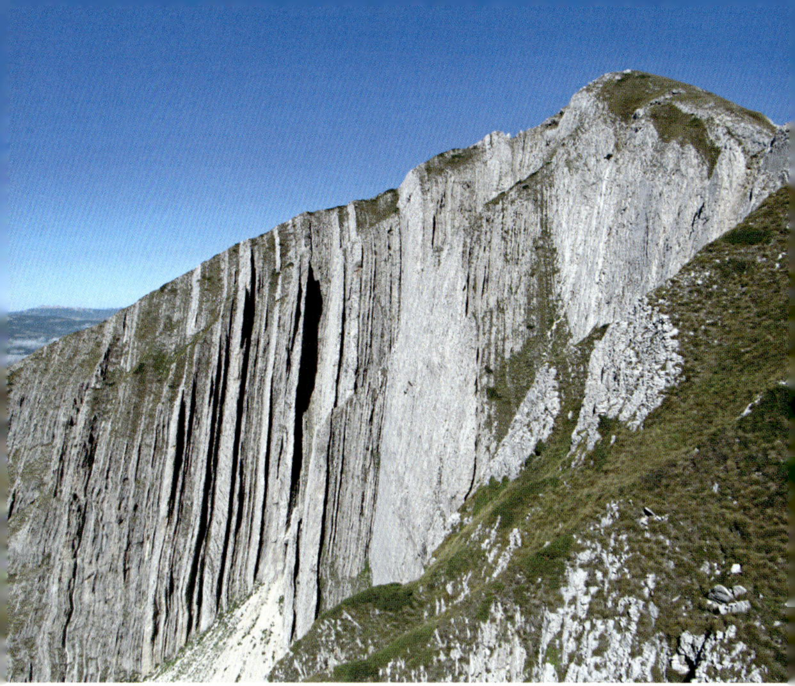

Faszinierende Felsschichtungen am Prutaš (Tour 47).

den genutzt. Auf anderen Touren kann man bisher noch als Geheimtipps geltende Berge, Täler und Seen entdecken.
Touristisches Zentrum des Durmitor-Gebietes ist Žabljak, mit 1456 m Höhe die höchstgelegene Stadt des Balkan. Sie verfügt über ein breites Angebot an Beherbergungsbetrieben aller Kategorien sowie über drei Campingplätze und eignet sich damit als Basisstation für Wanderungen im Durmitor. Sobald der erste – hier mehr als reichliche – Schnee gefallen ist, verwandelt sich Žabljak in einen florierenden Wintersportort.
Von allen in diesem Buch beschriebenen Wanderregionen ist der Durmitor das am weitesten von der Küste und von größeren Städten entfernte Bergmassiv. Žabljak kann von Podgorica aus über Nikšić und Šavnik erreicht werden, von Kolašin aus über Đurđevića Tara. Aufgrund seiner abgeschiedenen Lage und der für nicht Ortskundige nur unter höchsten Gefahren bezwingbaren Berge diente der Durmitor Titos Partisanen im Zweiten Weltkrieg als Rückzugsgebiet. Auch heute noch erinnern etliche Denkmäler, an denen man bei Wanderungen vorbeikommt, an diese Zeit.

39 Crno Jezero und Zminje Jezero

4.30 Std.

Gemütlicher Spaziergang in der herrlichen Bergwelt des Durmitor

Kaum ein See kann mit einem derart gewaltigen Bergpanorama aufwarten wie der inmitten dunkler Wälder unterhalb imposanter Berggipfel gelegene »Schwarze See«, der Crno Jezero. Dieser See lässt sich von Žabljak aus im Rahmen eines gemütlichen Spazierganges, auf dem man gleich auch noch einen weiteren Bergsee besuchen kann, umrunden.

Ausgangspunkt: Žabljak, 1430 m, Parkmöglichkeit im Ortszentrum. Busverbindung mehrmals täglich ab Podgorica.
Anforderungen: Leichte Wanderung auf gut befestigten Wegen.
Höhenunterschied: Rund 280 m.
Einkehr: Gostionicas und Schnellimbiss in Žabljak, Buffet am Seeufer; Quelle am See.
Varianten: 1. Als Kurzwanderung kann man auch von der Mündung des Mlinski Potok (3) rechts am Seeufer weitergehen und gelangt beim Kiosk auf einem Promenadenweg direkt zum Parkplatz am Ende der Asphaltstraße (Gesamtzeit 2 Std.).
2. Oder von diesem Parkplatz auf der Promenade zum See, rechts am Ufer zum Mlinski Potok und ab hier ohne Umrundung des Sees zum Zminje Jezero (Gesamtzeit 2.30 Std.).
Kombinationsmöglichkeit: Mit Tour 40 bis 46.
Tipp: An schönen Sommertagen kann im See auch gebadet werden.

Von der Straßenkreuzung im Zentrum von **Žabljak (1)** folgen wir dem Wegweiser zum Crno Jezero auf einem Promenadenweg leicht bergab zu einer Orientierungstafel kurz vor der Zufahrt zum **Hotel Jezera**, bei der ein Fußweg bergauf abzweigt. Nach nur 50 Hm Steigung geht es wieder eben dahin, dann leicht bergab zum Ufer des **Crno Jezero (2)**, wo sich wenige Meter rechts ein Kiosk befindet. Wir umrunden den See im Uhrzeigersinn und kommen an einem Hochseilgarten und einem Rastpavillon vorbei zur Engstelle des Sees (bei niedrigem Wasserstand kann es sein, dass der Crno Jezero in zwei kleinere Seen geteilt ist). Der Weg führt weiter am Ufer entlang

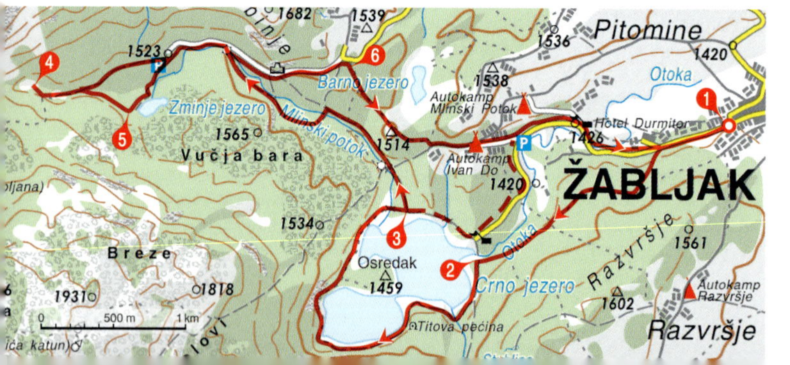

und umrundet auch den oberen Teil, um sich dann etwas vom Ufer zu entfernen und die kleine Halbinsel zu überqueren.

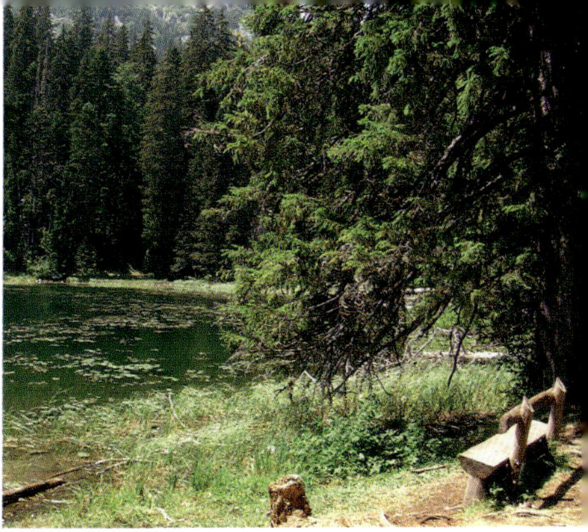

Am Zminje Jezero.

Wieder am See kommen wir zu einem Holzsteg über den hier einmündenden Mühlbach, **Mlinski Potok (3)**. Kurz dahinter folgen wir dem Wegweiser zum Zminje Jezero über einen leicht ansteigenden, markierten Weg durch einen märchenhaften Fichtenwald zu einer Wegkreuzung bei der alten Mühle **Jakšića Mlin**, bei der wir geradeaus Richtung Zminje Jezero fortsetzen. Kurz hinter einem kleinen Aquädukt teilt sich der Weg; wir gehen links über den Bach und dann durch dichten Wald weiter zu einer weiteren Mühle, der **Žekov Mlin**. Hinter dieser treffen wir auf eine Forststraße, auf der wir links in wenigen Minuten einen Parkplatz mit Orientierungstafel erreichen; hier links käme man direkt zum Zminje Jezero, wir gehen aber noch gerade ein Stück weiter bis zum Talschluss, wo man einen fantastischen Blick auf die mächtige Felswand der **Crvena Greda (4)** genießt.
Nun ein Stück auf demselben Weg zurück, dann rechts haltend zu einem Picknickplatz am Ufer des **Zminje Jezero (5)**. Etwa 100 m am Ufer entlang zum Beginn eines Fußweges, der links zum Parkplatz führt. Von diesem gehen wir am bekannten Weg zurück und bleiben auf der Forststraße, die hinter der **Žekov Mlin** durch den Wald führt und nach etwa 30 Min. beim Ortsschild von **Bošaća (6)** auf eine Asphaltstraße trifft. Wenige Meter dahinter biegen wir rechts in einen Wanderweg bergab ein, auf dem wir von einer Lichtung aus in der Ferne Schilf und hohes Gras am Ufer des **Barno Jezero** sehen können. Nach einem kurzen, steileren Stück treffen wir auf eine breite Schotterstraße; vor uns sind bereits die Häuser des Weilers **Ivan Do** sichtbar. Die Schotterstraße führt uns nach links zu einem kleinen Campingplatz, an dem wir vorbeigehen und steil bergab einen Parkplatz am Ende einer Asphaltstraße erreichen. Auf dieser zurück nach **Žabljak (1)**.

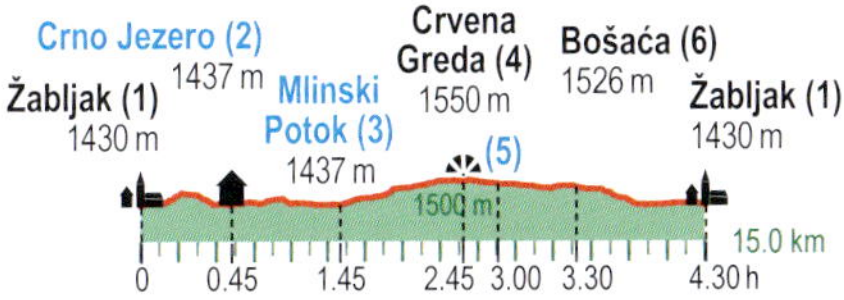

40 Veliki Štuoc

4.15 Std.

Bequeme Aussichtstour an den Steilrand der Tara-Schlucht

Der Weg ist eindeutig das Ziel bei dieser Panoramatour – genau gesagt die abwechslungsreichen Landschaften und schönen Ausblicke unterwegs. Dass man den eigentlichen Gipfel des Veliki Štuoc gar nicht erreicht, weil sich dort eine Sendeanlage befindet, schmälert den Genuss dabei kaum; der eigentliche Höhepunkt ist ohnehin ein Aussichtspunkt am Rand der an dieser Stelle über 1000 m tiefen Tara-Schlucht.

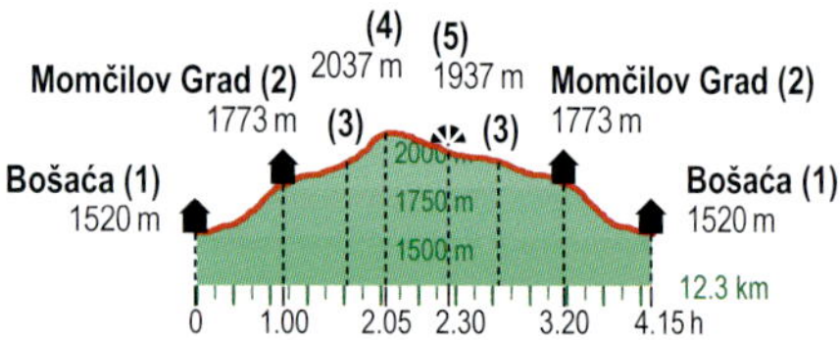

Talort: Žabljak, 1430 m.
Ausgangspunkt: Bošaća, 1520 m. Zufahrt per Taxi von Žabljak oder mit dem Auto Richtung Skipiste Štuoc, dann links Richtung Bošaća abbiegen. Parkmöglichkeit am Beginn der Schotterstraße zum Zminje Jezero.
Höhenunterschied: Rund 530 m.
Anforderungen: Einige wenige Stücke etwas steiler über Wiesen und Wegspuren, großteils aber leichte Tour auf alten Wegen. Etwa 2 km Asphalt am Rückweg.
Einkehr: Berggasthaus Momčilov Grad, Imbiss und Trinkwasserquelle in Bošaća.

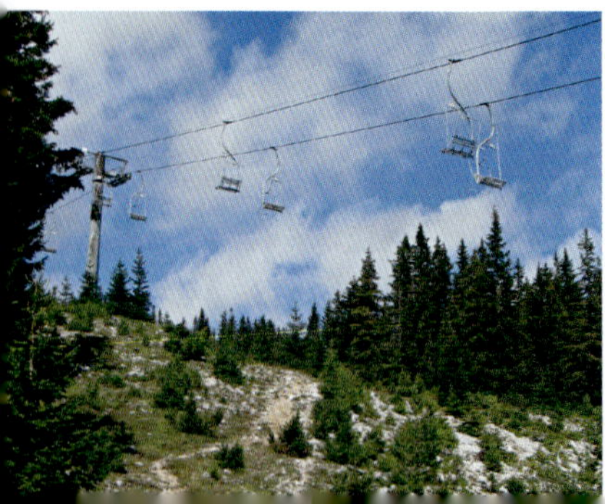

Variante: Abstieg über den Weg zum Jablan Jezero: Wer nicht auf demselben Weg hin- und zurückwill, der geht vom Berggasthaus (2) über dessen Parkplatz zur Asphaltstraße, auf dieser etwa 200 m bergab und dann bei einem Schild Richtung Jablan Jezero (unmarkiert) auf einem Fahrweg nach rechts. 500 m weiter, wo dieser rechts in den Wald hineinbiegt, gehen wir gerade auf einer Wegspur, dann neuerlich auf einem Fahrweg leicht bergauf, bis wir nach knapp 15 Min. ab der Straße an den Rand eines kleinen Tals kommen. In diesem links bergab, bis nach knapp 5 Min. rechts am Hang in einer Talmulde eine deutliche Wegspur sichtbar ist. Auf dieser stoßen wir auf den markierten Abstiegsweg vom Jablan Jezero, auf dem wir links durch den Wald nach Bošaća wandern können. Gehzeit etwa gleich.
Kombinationsmöglichkeit: Mit Tour 39 und 41.

Der Aufstiegsweg verläuft unterhalb der Sessellifttrasse.

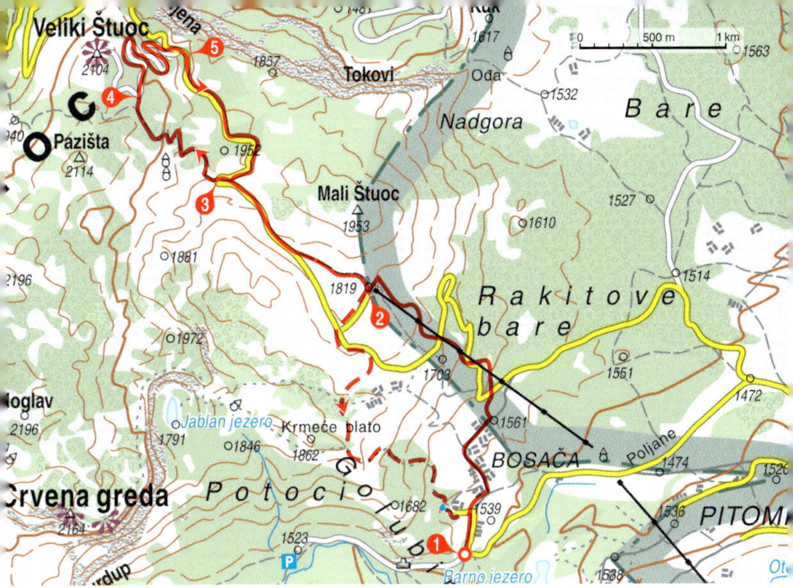

Wir gehen noch auf Asphalt am Ortsschild von **Bošaća (1)** vorbei bergauf, aus dem Wald hinaus. Zwischen Holzzäunen von Viehweiden bergab zu einer Abzweigung in einer Senke, wo wir auf Schotter gerade weitergehen (Pfeil auf einem Mast Richtung »Mali Štuoc«; links käme man nach etwa 100 m zu einem Imbiss bzw. nach 200 m am Waldrand zu einer Trinkwasserquelle). Bei der nächsten Verzweigung links bergauf, dann nach 10 Min. abermals links auf einen Fußweg. Der Markierung folgend kommen wir hinauf zu einer Asphaltstraße, die wir zweimal kreuzen. Der Pfad verläuft immer in der Nähe eines Sessellifts bergauf, wobei die Markierungen manchmal unklar und leicht zu übersehen sind. Noch einmal kreuzen wir die Straße und gehen auf einen bereits von hier aus sichtbaren Sendemast zu. Unmittelbar neben einem zweiten Mast links zur Bergstation des Sessellifts, direkt daneben liegt das Restaurant **Momčilov Grad (2)**.

Bei einem am linken Rand der Mulde stehenden großen Baum beginnt ein alter Hirtenpfad (man erkennt den Anfang am besten, indem man von der Liftstation genau in Richtung des von Latschen bedeckten Gipfels oberhalb blickt). Stellenweise ist er verwachsen, aber die Markierung umgeht diese Punkte. Wir durchqueren eine grasbewachsene Senke und gehen eine Zeit lang parallel zur Straße, bis der Weg in sie einmündet (Stelle für den Rückweg merken; am Abstieg leicht zu übersehen). Auf der Straße weiter, vorbei an einer Abzweigung zum Mali Štuoc. In der nächsten **Kehre (3)** steht ein verwitterter Wegweiser Richtung Crvena Greda, bei dem wir aber statt-

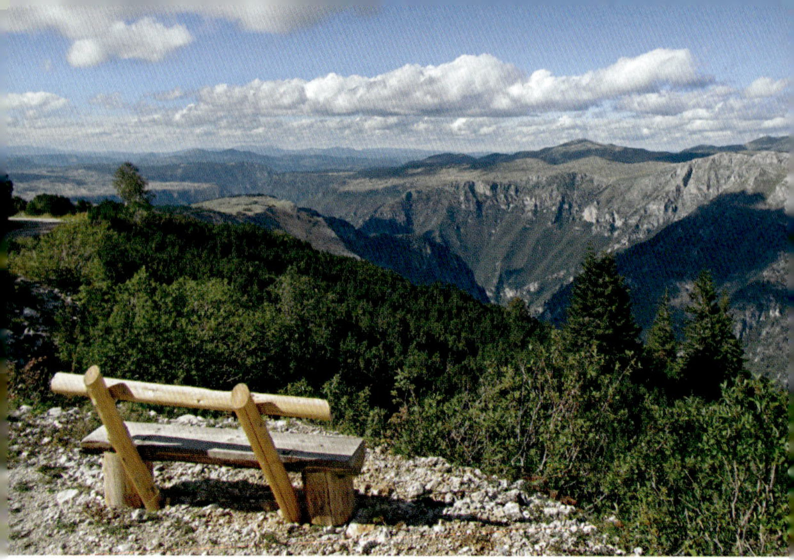

Blick über die Tara-Schlucht hinweg bis weit nach Bosnien hinein.

dessen geradeaus den bewachsenen Hang hinaufsteigen (Markierungen). Zum Teil querfeldein, nach kurzer Zeit aber wieder auf einem deutlichen alten Fußweg geht es bergauf. Wir queren einen Rücken, gehen an einer Senke entlang und dann wieder zwischen Latschen bergauf, immer mehr oder weniger parallel zu einer Stromleitung. Diese führt zu einer **Trafostation (4)**, bei der wir auf einen großen, planierten Platz hinaustreten. An einer Hausruine vorbei kommen wir auf einen Schotterweg, der nach wenigen Metern auf die Zufahrtsstraße zur am Gipfel gelegenen Funk- und ehemaligen Radarstation führt. Auf dieser können wir noch links hinauf bis zum Zaun des (militärisch genutzten) Geländes gehen; auf den eigentlichen Gipfel des **Veliki Štuoc** darf man nicht.
Wieder auf dem Zufahrtsweg gehen wir diesen bergab und gelangen in Serpentinen zurück auf die Asphaltstraße, auf der es sich lohnt, noch gut 500 m nach links zu einer Rastbank zu gehen, von der aus man einen fantastischen Blick über die Hochebene Pivska Planina bis weit in die bosnische Bergwelt hinein genießt. Mehr als 1000 m unter uns fließt die Tara in ihrem Canyon. Ein Stück nach rechts kommen wir zu einem **Aussichtspunkt (5)** mit Rastbank, gehen weiter auf der Asphaltstraße um eine Hügelkuppe herum und kommen wieder zur bekannten **Kehre (3)**. Ab hier gehen wir am bekannten Weg zurück nach **Momčilov Grad (2)** und dann entweder auf der Variante oder am bekannten Aufstiegsweg zurück nach **Bošaća (1)**.

5.45 Std.

Crvena Greda, 2164 m, und Jablan Jezero

41

Schöne Rundwanderung im Norden des Durmitor-Nationalparks

Das Durmitor-Massiv bietet eine Menge bekannte und weniger bekannte Wanderziele – Crvena Greda und Jablan Jezero zählen zu letzteren. Völlig zu Unrecht – denn der Ausblick von der Crvena Greda kann sich sehen lassen, und der Jablan Jezero steht den anderen Bergseen des Gebietes an Schönheit um nichts nach. Bisher fast unbekannt ist der abenteuerliche Bergpfad, der von der Südseite zur Crvena Greda ansteigt und damit die Begehung als Rundtour ermöglicht.

Talort: Žabljak, 1430 m.
Ausgangspunkt: Nationalpark-Portal Ivan Do, 1420 m, Parkplatz. Anfahrt mit Taxi vom Zentrum von Žabljak ca. 4 Euro oder zu Fuß 30 Min. zusätzlich.
Höhenunterschied: Rund 830 m.
Anforderungen: Am Anfang und gegen Ende der Tour gute Wanderwege; der Übergang von Donja Ališnica zur Crvena Greda ist beschwerlich und verläuft zuletzt etwas ausgesetzt über einen sehr steilen Gras- und Schotterhang (am Grashang bei Nässe Abrutschgefahr!) – nur für trittsichere Wanderer; Wanderstöcke dringend empfohlen!
Einkehr: In Bošaća, dort gibt es auch eine Quelle.
Kombinationsmöglichkeit: Mit Tour 39, 40 und 42.
Tipp: An schönen Sommertagen wird der Bergsee trotz seiner Höhe von Einheimischen sogar zum Baden genutzt!

Blick zurück zur Crvena Greda.

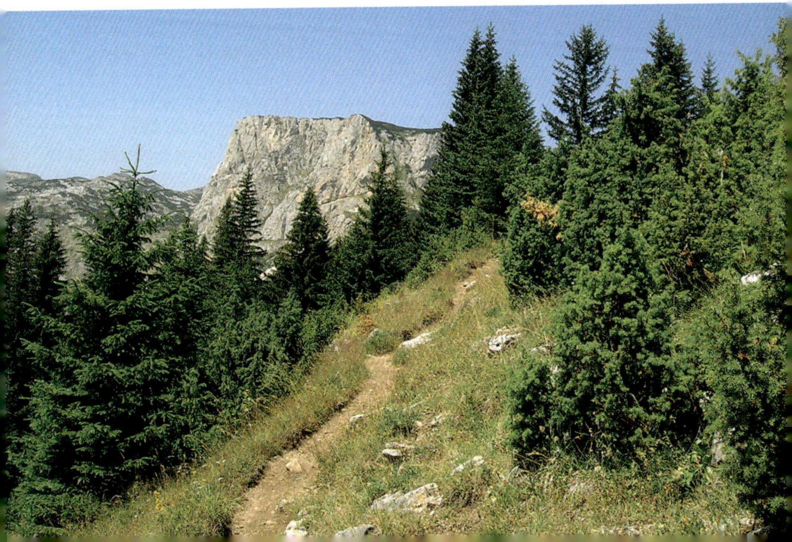

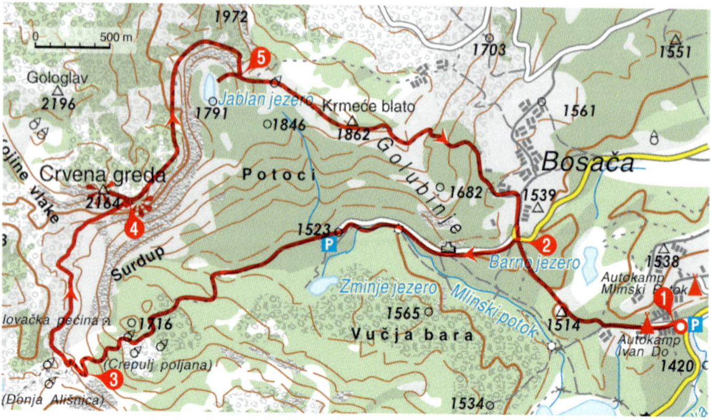

Vom **Nationalpark-Portal Ivan Do (1)** am Ende der Asphaltstraße zum Schwarzen See (Crno Jezero) zweigt rechts eine Straße bergauf zum Campingplatz Ivan Do ab. An diesem vorbei gehen wir wieder leicht bergab, bis nach wenigen Minuten rechts ein roter Wegweiser zum Jablan Jezero weist. Diesem folgen wir, kurz steil bergauf, dann fast eben einen schönen Waldweg entlang. Rechts auf einer Lichtung liegt der unzugängliche **Barno Jezero**, von dem man aber nur hohe Gräser und Schilf sehen kann. Der Pfad steigt wieder stärker an und trifft auf eine schmale Asphaltstraße, auf der links ein Wegweiser zum Zminje Jezero weist. Diesem folgen wir, immer geradeaus – nach wenigen Metern biegt die Asphaltstraße scharf rechts zum Ortsschild von **Bošaća (2)**, während geradeaus eine Schotterstraße weiterführt. Auf dieser erreichen wir bald die Einmündung eines Wegs von links (vom Schwarzen See) und kommen kurz darauf bei der alten Mühle **Žekov Mlin** vorbei. Weiter auf der Forststraße erreichen wir einen Parkplatz mit Orientierungstafel, bei dem auch ein Fußweg zum Zminje Jezero (Abstecher zum See möglich, ca. 10 Min.) abzweigt. Wir halten uns geradeaus auf dem Hauptweg, der in ein breites Tal hineinführt. Der Weg führt nach links und steigt zunächst durch den Wald und dann über die verlassene Alm **Crepulj Poljana** an, immer wieder mit schönem Blick auf unser Ziel, die Crvena Greda, die bereits auf der anderen Talseite hoch über uns aufragt.

Schließlich zweigt auf rund 1950 m Höhe rechts am Beginn des Hochtals **Donja Ališnica (3)** ein Pfad ab (auf einem Stein Aufschrift »Crvena Greda«). Auf diesem steigen wir weiter kurz an, dann durch Legföhren bergab entlang des Berghangs nach Norden. Wir kommen an schroffen Karstformationen, ja sogar einer natürlichen »Brücke« über einen Graben vorbei, bis der Weg schließlich wieder ansteigt und nach rechts auf das untere Ende eines Steil-

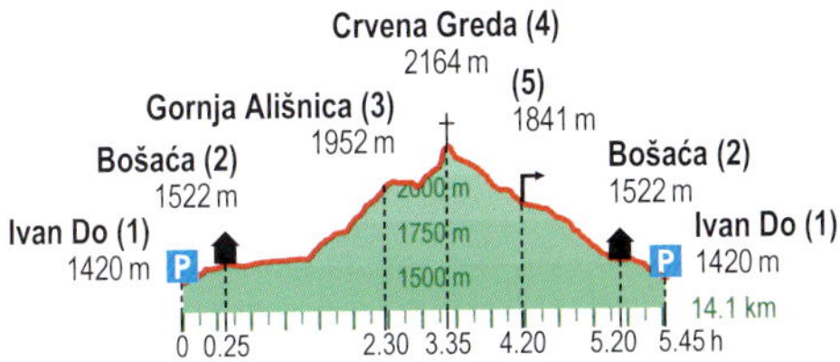

hangs zuführt. Von hier gilt es nun, 170 Hm zu überwinden, wobei der Weg etwas spärlich markiert ist – wer sich am Hang eher rechts bergauf hält, mit ausreichendem Abstand von der Felskante, kann sich aber nicht verirren. Schließlich erreichen wir einen Bergkamm, auf dem am Felsboden angeschrieben eine Gabelung markiert ist. Links gelangen wir in wenigen Minuten auf den höchsten Punkt der **Crvena Greda (4)** – ein Weg, der nur für Leute interessant ist, für die eine Bergtour ohne »Gipfelsieg« unvollständig wäre. Der Gipfel bietet nämlich keinen besseren Ausblick als ein Aussichtspunkt, auf dem wir am Abstieg vorbeikommen: Geradeaus weiter führt der Weg wieder durch Legföhren bergab, bis nach etwas mehr als 5 Min. rechts ein markierter Abstecher zu einer **Felskanzel** (Aufschrift auf einem Stein: »Vidikovac« = Aussichtspunkt) mit grandiosem Ausblick abzweigt.
Von diesem Abstecher kehren wir zurück zum Hauptweg, auf dem wir in einem weiten Bogen am oberen Rand einer hufeisenförmigen Felswand zu einem Bergsattel absteigen, von dem aus der Bergsee **Jablan Jezero** bereits unter uns sichtbar ist. Schließlich erreichen wir eine **Weggabelung (5)**, von der wir rechts hinab zum Ufer des Sees absteigen können (ca. 15 Min., rund 50 Hm). Der See bietet sich auch für eine Rast an, bevor wir zur Gabelung zurückkehren und an einem verlassenen Katun vorbei zunächst eben über Bergwiesen, dann steil durch den Wald zur Siedlung **Bošaća** absteigen. Kurz bevor wir diese erreichen, kommen wir an einer üppig sprudelnden Quelle vorbei; alternativ dazu besteht beim ersten Haus des Ortes eine Einkehrmöglichkeit. Nun auf markiertem Weg zwischen Holzzäunen, und kurz rechts bergauf zum **Ortsschild (2)** am Ende der Asphaltstraße, die wir vom Hinweg kennen. Dieser nach links folgend treffen wir auf die Kreuzung mit dem Wegweiser zum Zminje Jezero. Von hier auf bekanntem Weg zurück zum Ausgangspunkt in **Ivan Do (1)**.

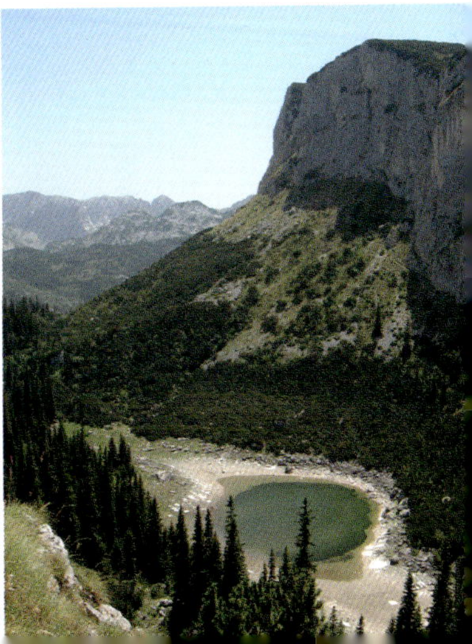

Abstieg zum Jablan Jezero.

42 Planinica, 2330 m, und Škrčko Jezero

2 Tage

Zweitägige Traumtour rund um das Zentralmassiv des Durmitor

Diese Wanderung führt uns durch einige der schönsten und spektakulärsten Landschaften des Durmitor-Massivs. Obwohl sie mit beträchtlichen Anstrengungen verbunden ist, wird sie jedem, der sie unternimmt, sicherlich unvergesslich bleiben. Die durchwanderten Landschaften – die Täler vonAlišnica, Škrka, Valoviti Do und Lokvice – sind von ihrer Charakteristik her jeweils völlig unterschiedlich. Dichte Wälder, Geröllwüsten, Gletscherseen, Gipfel – diese Traumtour vereint alles, was der Nationalpark Durmitor zu bieten hat.

Talort: Žabljak, 1430 m.
Ausgangspunkt: Nationalpark-Portal Ivan Do, 1420 m, Parkplatz. Anfahrt mit Taxi vom Zentrum ca. 4 Euro oder zu Fuß 30 Min. zusätzlich.
Höhenunterschied: Insg. ca. 1660 m.
Anforderungen: Am ersten Tag großteils einfache, nicht ausgesetzte und gut markierte Wege. Wenn man von der Berghütte am zweiten Tag über den Pass Škrčko Ždrijelo nach Dobri Do geht (unten als Notabstieg beschrieben), ist dies eine »rote« Tour! Am zweiten Tag anspruchsvollere Tour mit Kletterstellen am Übergang vom Škrčko Jezero zum Zeleni Vir sowie am Aufstieg zur Velika Previja. Weglose Passagen über Geröll und grobe Steinblöcke im Valoviti Do; ab Lokvice wieder steiler, aber problemloser Waldweg zurück ins Tal.
Gefahren: Unbedingt vor der Tour Wettervorhersage beachten und sich besonders zu Beginn der Saison über die Begehbarkeit erkundigen! Am Nordhang der Velika Previja halten sich nach langen Wintern oft bis in den Juli hinein ausgedehnte Schneefelder, die den Abstieg gefährlich machen. Bei Schlechtwettereinbruch während der Nacht ist es aus Sicherheitsgründen unbedingt anzuraten, am nächsten Morgen vom Škrčko Jezero über den Pass Škrčko Ždrijelo auf kürzestem Weg zur Asphaltstraße Žabljak – Trsa – Plužine im Dobri Do abzusteigen und sich von einem Taxi abholen zu lassen!
Einkehr: Keine. Letzte Trinkwasserquelle am Aufstieg beim Zminje Jezero, danach erst wieder am Škrčko Jezero, am Zeleni Vir und im Hochtal Lokvice am zweiten Tag. – Die Hütte Planinarski Dom Škrka ist Mitte Juni bis Ende Sept. bewirtschaftet, zur Sicherheit aber unbedingt informieren, ob geöffnet (NP Durmitor, Tel. +382/52/360228, npdurmitor@t-com.me). Es

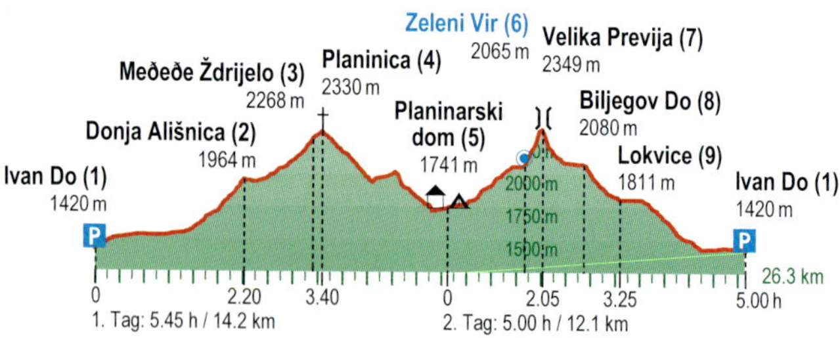

besteht auch die Möglichkeit, bei der Hütte ein eigenes Zelt aufzustellen.

Varianten: Der erste Teil der Tour, die Besteigung der Planinica, ist – hin und zurück auf demselben Weg – auch problemlos als Tagestour zu schaffen (Gehzeit ca. 5.30 Std.).

Umweg über Ledena Pećina: Wer am Abstieg gut in der Zeit liegt, kann im Hochtal Biljegov Do (8) die Abzweigung zur sehenswerten Eishöhle nehmen. Von dieser geht man etwa 50 m auf demselben Weg zurück und nimmt dann einen Richtung Žabljak ausgeschilderten Weg nach links, der an der Nordseite des Biljegov Do entlangführt und am Übergang zum nächsten Hochtal Lokvice wieder auf die Haupttour trifft (30 Min. zusätzlich).

Kombinationsmöglichkeit: Mit Tour 39, 41, 43, 44, 45, 47 und 50. Während man den ersten Teil der Tour bis zur Berghütte Škrka mangels anderer Übernachtungsmöglichkeiten an einem Tag gehen muss, kann man die zweite Hälfte der Tour noch erweitern und daraus ggf. ein drei- oder sogar viertägiges Durmitor-Trekking machen: Von der Hütte hinauf auf den Prutaš (Variante Tour 47), vom Škrčko Ždrijelo wieder links bergab auf den Hauptweg, zum Zeleni Vir und zur Velika Previja. Nach einem Abstecher auf den Bobotov Kuk (Tour 50) übernachtet man im Biwak im Valoviti Do. Am dritten Tag kann man von dort bequem zur Eishöhle (Tour 43) gehen und erst von dort nach Žabljak absteigen. Wer immer noch nicht genug hat, geht von der Eishöhle zurück nach Lokvice, auf den Terzin Bogaz (Tour 44) und übernachtet im Biwak in Velika Kalica. Am vierten Tag kann man dann auch noch den Međed bezwingen, bevor man endgültig absteigt.

Der Škrčko Jezero ist einer der schönstgelegenen Seen des Durmitor-Gebiets.

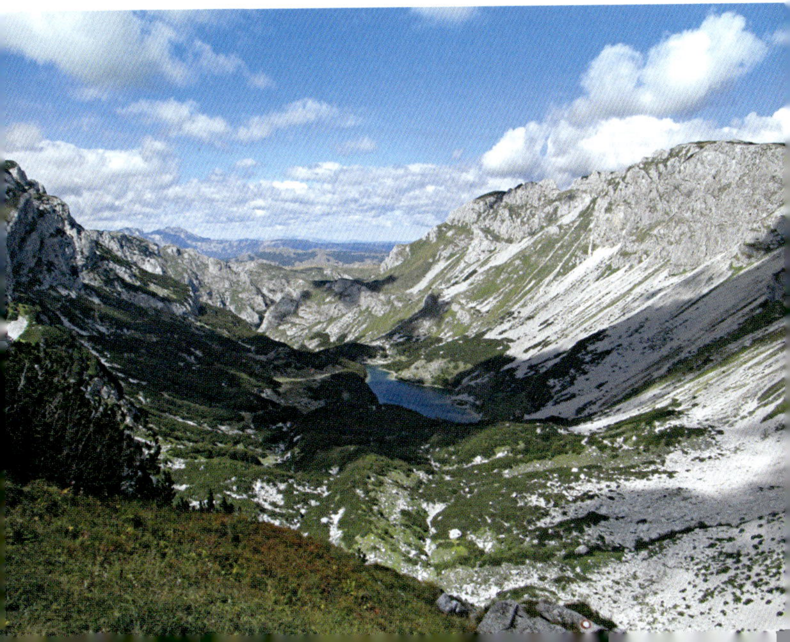

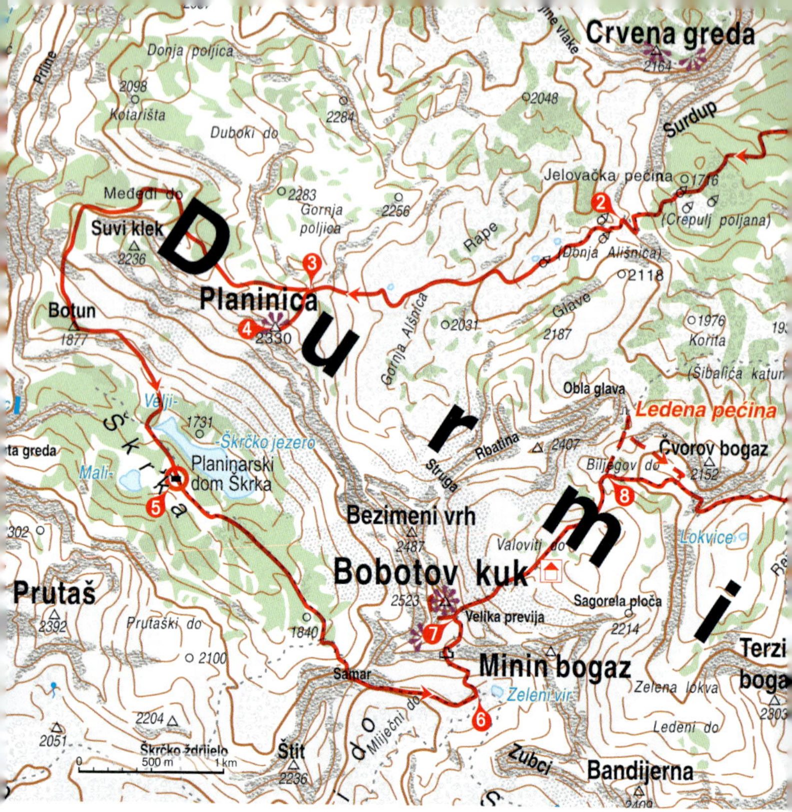

1. Tag:

Vom Parkplatz **Ivan Do (1)** gehen wir rechts eine ansteigende Straße hinauf, an der ein Wegweiser zum Campingplatz Ivan Do führt. An diesem vorbei bis zu einer Abzweigung mit mehreren Wegweisern, bei der wir den anfangs steil bergauf führenden markierten Weg nach rechts Richtung Zminje Jezero, Crvena Greda und Planinica nehmen. Dieser verläuft durch den Wald am fast mit Schilf zugewachsenen See Barno Jezero vorbei und trifft nach gut 1 km wieder auf eine Asphaltstraße. Auf dieser gehen wir links. Der Asphalt biegt kurz darauf scharf nach rechts (Ortstafel Bošaća), während wir geradeaus dem Schild zum Zminje Jezero folgend weiterwandern. Von links mündet ein Weg vom Schwarzen See ein. Kurz darauf kommen wir bei der alten Mühle Žekov Mlin vorbei. Weiter auf der Forststraße erreichen wir einen Parkplatz mit Orientierungstafel, bei dem auch ein Fußweg zum Zminje Jezero ab-

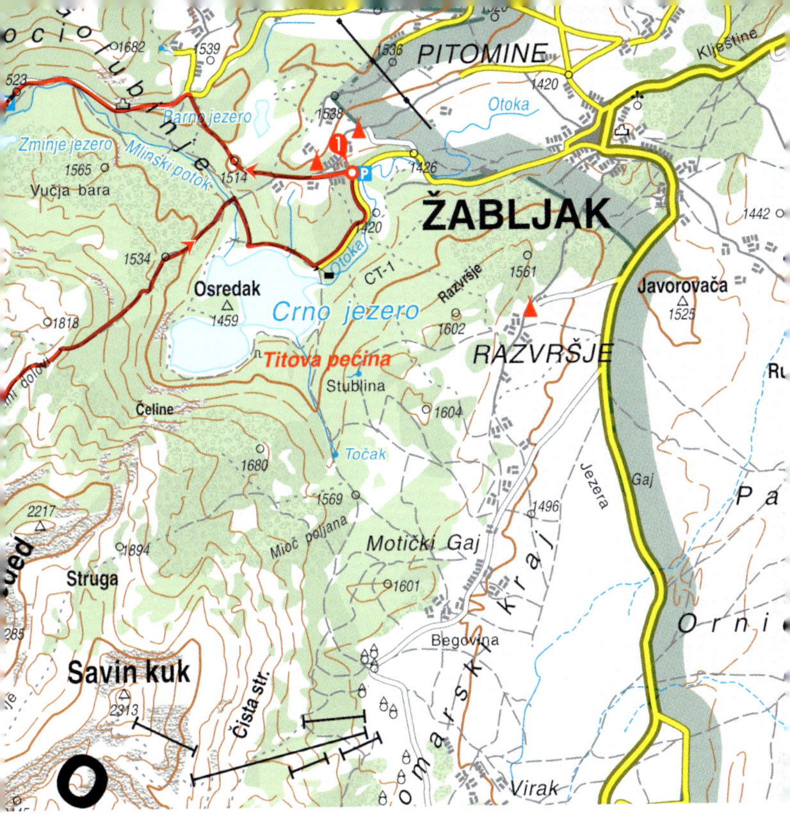

zweigt. Wir halten uns geradeaus auf dem Hauptweg, der in ein breites Tal hineinführt. Der Weg biegt nach links und steigt, zunächst durch den Wald und dann über die verlassene Alm Crepulj Poljana, zu einer Abzweigung an der Höhenstufe am Beginn des Tals **Donja Rlišnica (2)**.

Hier nun nicht rechts Richtung Crvena Greda, sondern geradeaus weiter. Nach wenigen Metern passieren wir einen Wegweiser (auf dem, wie auch bei den folgenden, weder Gehzeiten noch Entfernungsangaben und nicht einmal die angeführte GPS-Position auch nur annähernd stimmen). Wir gehen bergauf nach Donja Ališnica (verfallene Schäferhütten, rechts vom Weg in einer Senke ein kleiner See), durch das endlos weite Gletschertal hindurch und an der rechten Talseite über eine Geländestufe hinauf nach Gornja Ališnica.

Wir durchqueren auch dieses Tal und steigen schließlich wieder steil im Zickzack über Grashänge am westlichen Talschluss hinauf zum Bergsattel

Međeđe Ždrijelo (3), dem »Bärenpass«. Hier folgen wir dem Wegweiser zunächst nach links hinauf zum markanten Gipfel der **Planinica (4)**, von der aus wir einen atemberaubenden Blick hinunter ins Škrčka-Tal und auf den gegenüberliegenden Gipfel des Prutaš genießen.
Danach kehren wir zum **Međeđe Ždrijelo (3)** zurück und wenden uns links bergab durch das weite Gletschertal Richtung Škrčko Jezero. Immer am Talgrund geht es hinab bis an den Rand eines großen Schotterfelds, auf dem wir an der linken Talseite entlang ansteigen. Wir kommen auf einen von Latschen bewachsenen Rücken, auf dem wir in einem weiten Linksbogen hinüber ins Škrka-Tal schwenken. Von einem Plateau aus bietet sich ein Fernblick über die weite Ebene Pivska Planina Richtung bosnische Grenze zum Maglič sowie hinab ins Sušička-Tal. Der Weg führt unterhalb von Felswänden hinab zum Škrčko Jezero, der ob seiner Wassertemperatur selbst an sehr heißen Sommertagen nur für die ganz Mutigen eine Bademöglichkeit darstellt. Am Westufer des Sees steigt nun ein Weg durch den Wald an und erreicht nach wenigen Minuten die (unbewirtschaftete) Berghütte **Planinarski Dom Škrčka (5)**, bei der man zelten kann.

2. Tag:

Am zweiten Tag folgen wir dem Wanderweg von der Hütte südostwärts durch das Tal bergauf. Wir passieren nach wenigen Metern eine Abzweigung zum Prutaš und etwa 30 Min. später einen Weg zum Bergsattel Škrčko Ždrijelo. Wir gehen in beiden Fällen geradeaus weiter, halten uns neben einem Schotterfeld bergauf und dann auf einem sehr steilen Pfad hinauf zum Bergsattel **Šamar**. Auf halber Höhe gut auf die Markierungen achten und nicht durch einen gut ausgetretenen Weg geradeaus verwirren lassen; die Markierung führt über eine kurze Kletterpassage scharf rechts hinauf. Vom Sattel steigen wir ein Stück ab, queren wieder ein Schotterfeld und treffen ganz in der Nähe des Bergsees **Zeleni Vir (6)** auf den Wanderweg, der vom Dobri Do und vom Durmitor Sedlo heraufführt. Wir gehen links über ein Geröllfeld und steigen dann sehr steil im Zickzack über einen Grashang, der immer wieder von Felsen unterbrochen wird, hinauf zum Pass **Velika Previja (7)**. Von hier könnte man zum Gipfel des Bobotov Kuk hinaufsteigen.
Unser Rückweg nach Žabljak hingegen führt auf der Nordseite des Passes auf einem sehr steilen Weg, der eigentlich nur aus einer ausgetretenen Spur in einem Geröllhang besteht, im Zickzack hinab und gelangt in die Steinwüste des Valoviti

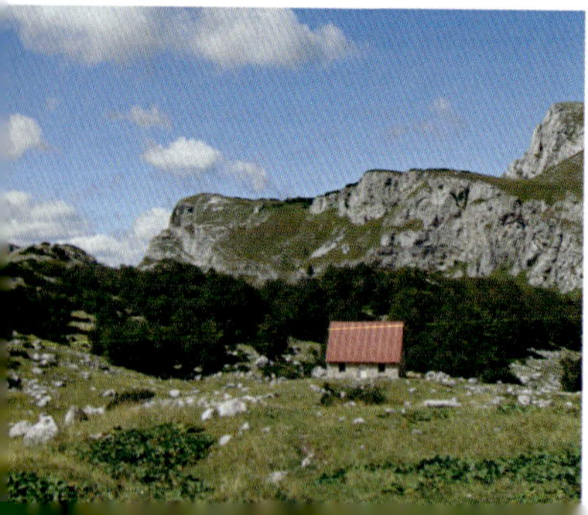

Die Berghütte im Škrka-Tal.

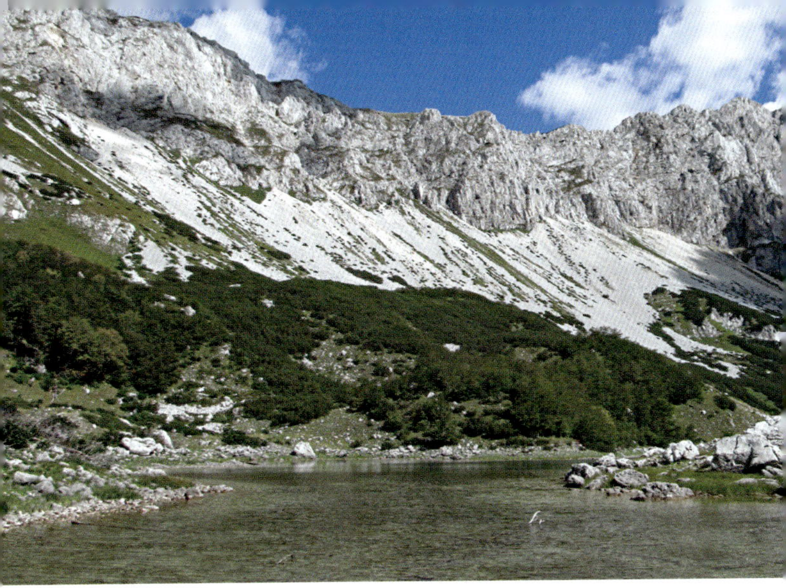

Blick vom Škrčko Jezero zum Bobotov Kuk.

Do. Hier weisen die Markierungen weglos über grobe Steinblöcke, bis wir schließlich links von einer kleinen Hügelkuppe wieder einen besseren Weg erreichen. Auf diesem passieren wir einen großen, eiförmigen Felsen, hinter dem nach wenigen Metern rechts ein Pfad zu einer Biwakhütte abzweigt. Geradeaus weiter gehen wir am linken Hang eines lang gestreckten Talkessels entlang, verlassen diesen links über einen Rücken und treffen im Hochtal **Biljegov Do (8)** nach insgesamt 1.30 Std. ab Velika Previja auf eine Abzweigung zur Eishöhle Ledena Pećina (Variante). Am gut markierten Weg an der linken Talseite hinab ins folgende Hochtal von Lokvice, über Geröllfelder und schließlich (rechts weist eine Aufschrift am Stein kurz davon hinab zu einer Quelle) wieder leicht bergauf zu den Schäferhütten des **Katun Lokvice (9)**, bei denen ein Weg hinauf zu den Gipfeln Međed und Terzin Bogaz abzweigt.
Weiter geht es durch eine Serie kleiner Karsttäler, zuletzt durch einen engen Pass und an einer weiteren Abzweigung zum Međed vorbei zum Waldrand. Auf einem steilen Waldweg gelangen wir hinunter ins Tal des Baches Mlinski Potok, der auf einem Holzsteg gequert wird. Hier rechts hinab zum Schwarzen See und an dessen Ufer links. Man trifft bei einem Buffet am Seeufer auf einen asphaltierten Promenadenweg, auf dem man ebenfalls den Parkplatz **Ivan Do (1)** erreicht.

TOP

43 Ledena Pećina, 2180 m

5.15 Std.

Abenteuerliche Wanderung zur beeindruckenden Eishöhle

Eine der bemerkenswertesten Sehenswürdigkeiten des Durmitor-Nationalparks ist ohne Zweifel die naturbelassene Eishöhle (Ledena Pećina), in der man bis in den Hochsommer hinein mächtige, meterhohe Zapfen aus Eis bewundern kann. Nicht nur der Abstieg ins Innere über ein Schneefeld, sondern auch schon der Weg zu dieser Höhle hat es in sich; selbst der einfachste Zustieg beinhaltet leichte Kletterstellen, was einen Besuch dieses Naturwunders zu einem echten Abenteuer macht.

Talort: Žabljak, 1430 m.
Ausgangspunkt: Ivan Do, 1420 m, Parkplatz am Straßenende an der Zufahrt zum Crno Jezero. Anfahrt von Žabljak per Taxi ca. 4 Euro.
Höhenunterschied: Rund 900 m.
Anforderungen: Anspruchsvoller Weg mit einzelnen etwas ausgesetzten Kletterstellen am Zustieg zur Höhle; viele Gegensteigungen. Für den Abstieg in die Höhle (ca. 20 Hm) sind Wanderstöcke und besonders rutschfestes Schuhwerk unbedingte Voraussetzung!

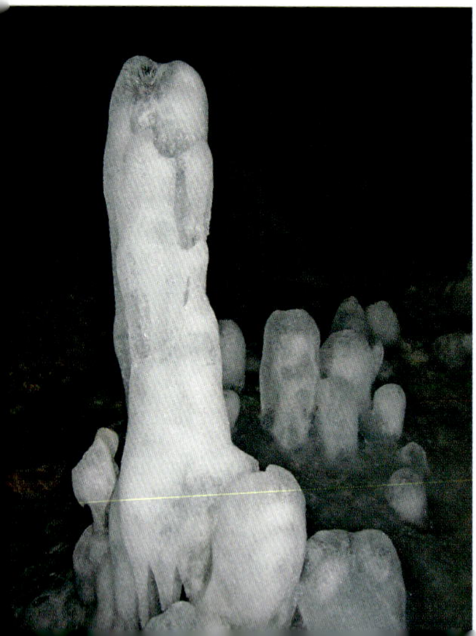

Gefahren: Vorsicht: Im Sommer verwandelt sich das Schneefeld in der Höhle infolge von Schmelzwasser stellenweise in blankes Eis!
Einkehr: Keine Einkehrmöglichkeit und kein Trinkwasser unterwegs (Buffet am Crno Jezero nur bei Rückweg über Variante 2).
Varianten: 1. Wer die Kletterstellen am Hinweg vermeiden möchte, kann an der ersten Gabelung weiter dem späteren Rückweg Richtung Bobotov Kuk folgen. Nach Durchquerung des Hochtales Lokvice kommt man auf einem Bergsattel zu einer Weggabelung, bei der man rechts ebenfalls zur Eishöhle hinaufsteigen kann. Von dort wie unten beschrieben zurück.
2. Rückweg über den Crno Jezero: Am Ende der Tour kann man bei der Jakšića Mlin (2) rechts entlang des Mlinski Potok gehen. Nach wenigen Minuten trifft man auf den Crno Jezero, wo man sich erfrischen oder im Restaurant am Seeufer einkehren kann. Von hier zurück zum Ausgangspunkt auf dem breiten, asphaltierten Promenadenweg.
Kombinationsmöglichkeit: Mit Tour 39, 42, 44 und 45.
Tipp: Obwohl Tageslicht in die Höhle fällt, ist die Mitnahme einer Taschenlampe empfehlenswert, um auch den hinteren Teil ausleuchten zu können.

Eis-Stalagmiten in der Ledena Pećina.

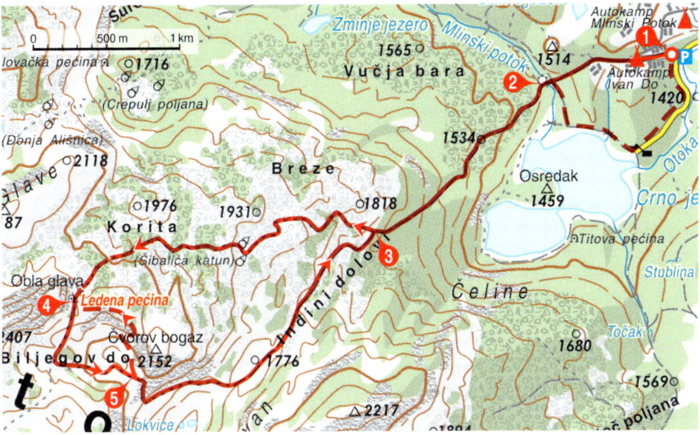

Vom Parkplatz **Ivan Do (1)** am Ende der Asphaltstraße zum Schwarzen See (Crno Jezero) gehen wir auf der Straße den Berg hinauf, dem Wegweiser zum Campingplatz Ivan Do folgend, vorbei an besagtem kleinen Zeltplatz, und immer gerade weiter, nun leicht bergab. 5 Min. nach dem Campingplatz gibt es eine Abzweigung, bei der Wegweiser nach rechts Richtung Zminje Jezero weisen; wir bleiben auf dem Hauptweg geradeaus, der nun in den Wald eintritt und deutlich bergab führt. Auf einem breiten Weg gelangen wir ins Tal des Mlinski Potok, den wir unterhalb der alten Mühle **Jakšića Mlin (2)** über einen hölzernen Steg kreuzen. Nun steigt der Weg steil an, teilweise im Zickzack durch den Wald, sodass man innerhalb kurzer Zeit beträchtlich an Höhe gewinnt. Nach gut 1 Std. erreichen wir die Waldgrenze auf ca. 1700 m Höhe, und kurz darauf kommen wir zu einer **Weggabelung (3)**. Hier weist ein Schild nach links zu Bobotov Kuk, Međed, Terzin Bogaz und zur Eishöhle, allerdings entscheiden wir uns für den rechten, direkteren Weg. Dieser überwindet noch einige Höhenmeter, bevor er in ständigem Auf und Ab durch eine Reihe von Karstmulden hindurchführt.

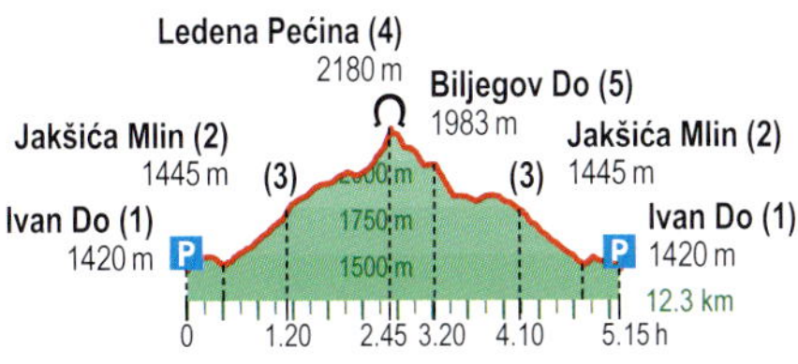

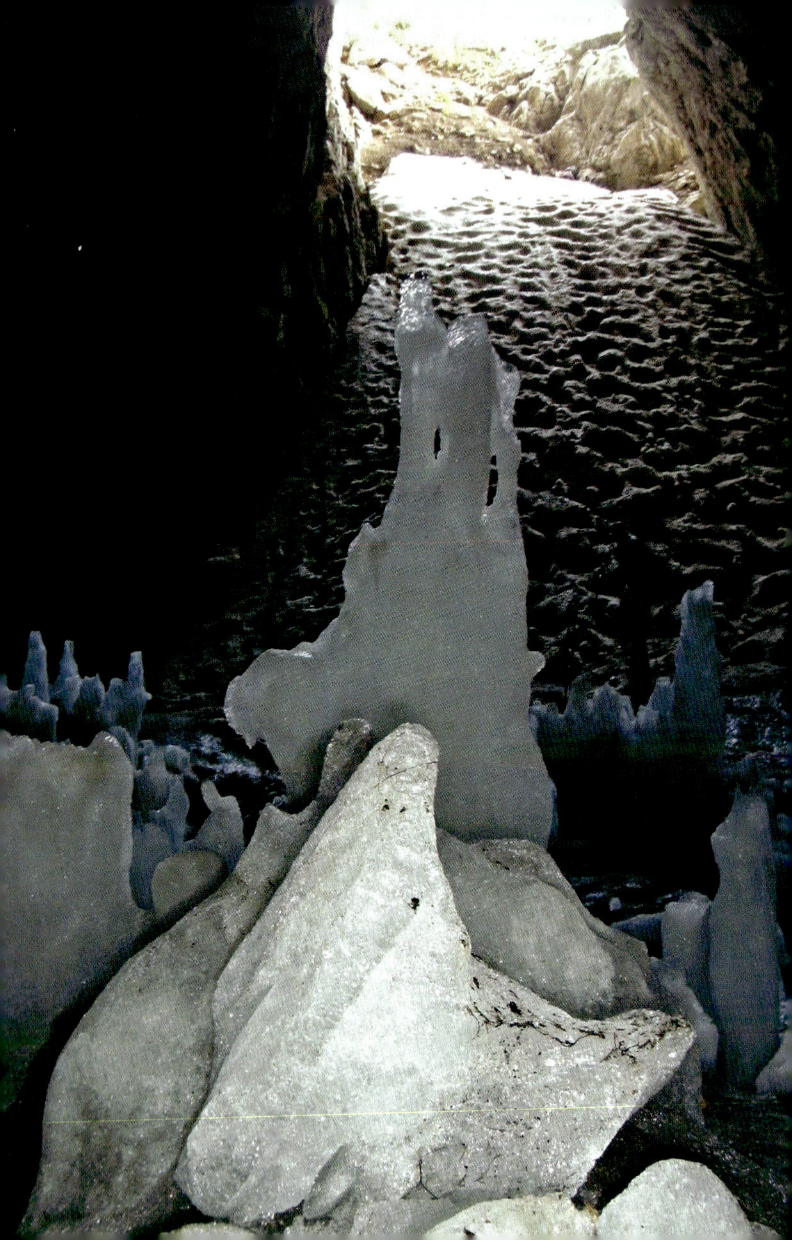

Wir kommen am verlassenen **Katun Šibalića** vorbei, wo der Weg nach rechts biegt und in eine immer unwirtlichere Karstlandschaft eintritt. Die Hochebene Korita, durch die wir uns bewegen, ist ein Paradies für Liebhaber schroffer Felsformationen, tiefer Karsttrichter und Spalten. Vor uns ragt bereits deutlich erkennbar der kuppelförmige Felsen Obla Glava auf, in dessen Flanke sich die Eishöhle befindet. Schließlich steigt der Weg stärker an und führt mit leichter Kletterei steil den felsigen Hang hinauf. Am oberen Ende treffen wir auf einen Querweg, auf dem wir nach wenigen Metern nach rechts den breiten, stark überhängenden Eingang der Eishöhle, **Ledena Pećina (4)**, erkennen können.

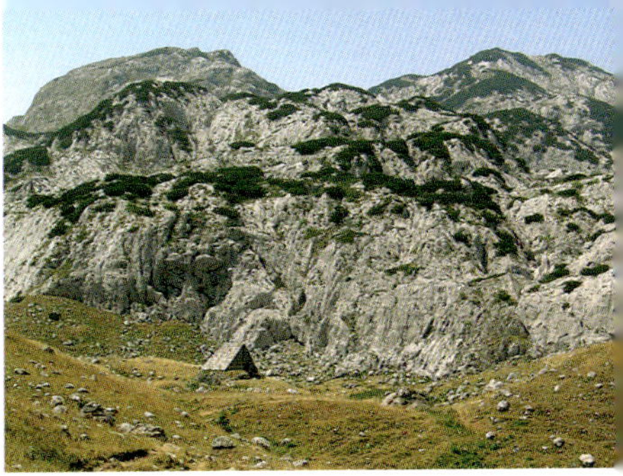

Šibalića Katun.

Nach der unbedingt lohnenden Besichtigung folgen wir dem Weg fast eben entlang der Bergflanke, wo er sich nach kurzer Zeit abermals gabelt. Links führt eine direkte Route zurück Richtung Žabljak (Aufstieg laut Variante), wir aber gehen noch ein Stück auf dem Richtung Bobotov Kuk angeschriebenen Weg. Durch eine steile Rinne geht es nun bergab, bis wir inmitten schroffer Felsen nach ca. 15 Min. auf den Hauptweg von Žabljak zum Bobotov Kuk treffen. Auf diesem gehen wir nun links, über einen steileren Abschnitt in einer felsigen Rinne bergab, dann wieder fast eben durch das breite Hochtal **Biljegov Do (5)**. An dessen Ende, auf einem schmalen Bergsattel, treffen wir auf den direkt von der Eishöhle herunterführenden Weg. Nun geht es wieder steil in Serpentinen bergab ins tiefe Karsttal Lokvice, in dem je nach Jahreszeit mehr oder weniger Wasser führende kleine Lacken liegen. Über einen Schotterhang, der einige Vorsicht erfordert, steigen wir ab und gehen unter einer Felswand vorbei, um schließlich wieder leicht ansteigend die Hütten des **Katun Lokvice** zu erreichen.

Nun geht es bergab durch ein weiteres flaches Tal, dann nochmals bergauf durch einen besonders engen Pass, und schließlich stoßen wir wieder auf die **Abzweigung (3)** kurz vor dem Waldrand, bei der wir zuvor Richtung Eishöhle abgebogen sind. Jetzt gehen wir gerade weiter, durch den Wald bergab und auf dem bekannten Weg zurück zur Mühle **Jakšića Mlin (2)**.

Hier folgen wir entweder dem bekannten Weg zurück zum Ausgangspunkt oder wir gehen – unter Vermeidung der Gegensteigung – rechts auf einem markierten Weg entlang dem Bach Mlinski Potok zum Ufer des Crno Jezero und eben auf der Asphaltstraße zum Parkplatz **Ivan Do (1)**.

Der Abstieg in die Höhle führt über ein steiles Schneefeld.

44 Terzin Bogaz, 2303 m

5.30 Std.

Rundwanderung zu einem wenig bekannten Aussichtsberg

Der Terzin Bogaz ist einer der spektakulärsten Gipfel im zentralen Bereich des Durmitor. Wie ein riesiger Schiffsbug ragt er mit mehrere Hundert Meter hohen Felswänden ins Tal von Lokvice hinein und teilt dieses in zwei Hälften. Von unten betrachtet kann man sich kaum vorstellen, dass es hier überhaupt einen Weg hinauf gibt. Dennoch zählt der Terzin Bogaz – im Gegensatz zu Bobotov Kuk oder Savin Kuk – eher zu den »Geheimtipps« des Massivs und selbst an Sommerwochenenden wird man hier selten andere Wanderer treffen.

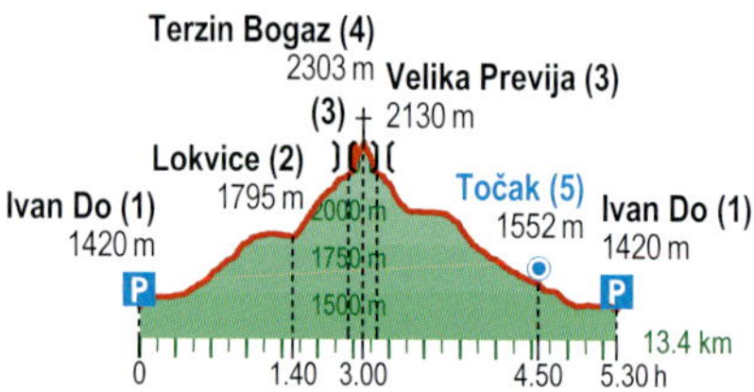

Talort: Žabljak, 1430 m.
Ausgangspunkt: Nationalpark-Portal Ivan Do, 1420 m, Parkplatz. Anfahrt mit Taxi vom Zentrum ca. 4 Euro oder zu Fuß 30 Min. zusätzlich.
Höhenunterschied: Rund 920 m.
Anforderungen: Steiler, teils steiniger, aber bis auf ganz kurze Stücke nicht ausgesetzter Weg auf meist deutlichen Wegspuren; großteils gut markiert. Am Gipfelanstieg ab Velika Previja einige wenige leichte Kletterstellen. Trittsicherheit ist dennoch unbedingt notwendig.
Gefahren: Unbedingt vor der Tour Wettervorhersage beachten. Nicht bei Gewittergefahr, Nässe oder starkem Wind begehen. Bei Unwetter am besten im Biwak in Velika Kalica Schutz suchen.
Einkehr: Buffet am Schwarzen See. Die Quelle beim Katun Lokvice führt nicht ganzjährig Wasser.
Kombinationsmöglichkeit: Diese Wanderung lässt sich ausgehend vom Katun Lokvice (2) an die Wanderungen 42 und 43 anhängen, oder kann als einfacherer Zustieg zum Međed (Tour 45) genutzt werden. Der letzte Teil von Tour 46 ab der Quelle Točak (5) stellt einen alternativen Rückweg nach Žabljak dar.

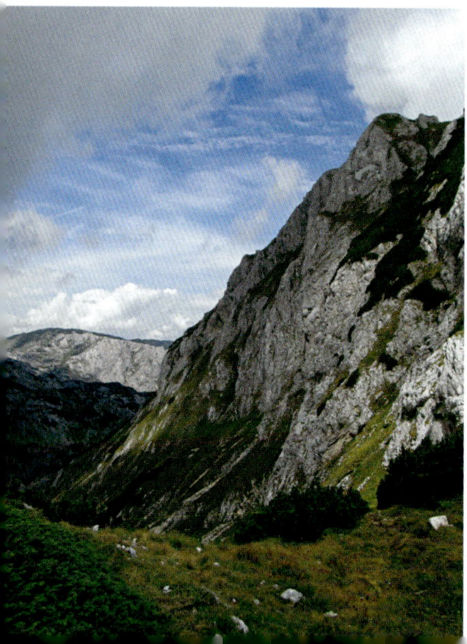

Blick vom Bergpass Velika Previja.

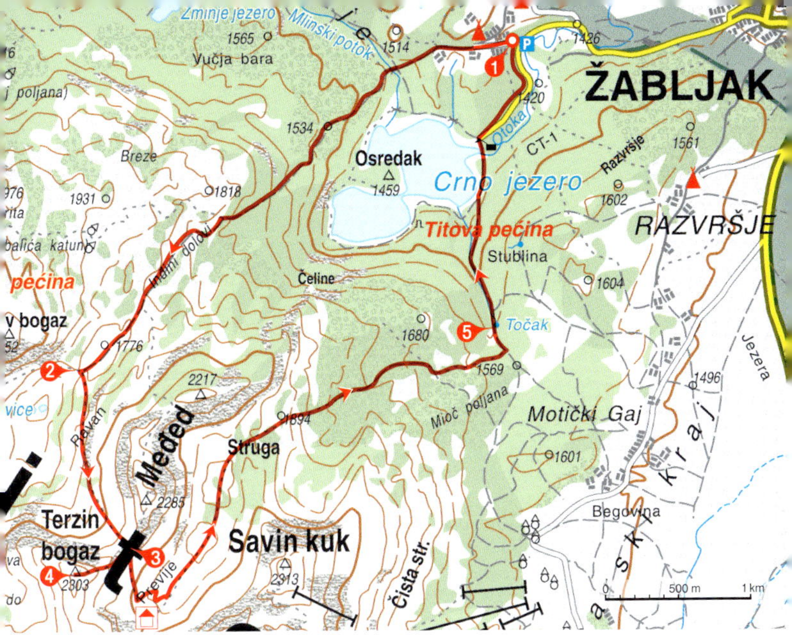

Vom Parkplatz **Ivan Do (1)** gehen wir die Straße rechts den Berg hinauf, am Campingplatz Ivan Do vorbei, und immer gerade weiter, nun leicht bergab. 5 Min. nach dem Zeltplatz, bei der Abzweigung Richtung Zminje Jezero, bleiben wir auf dem Hauptweg geradeaus Richtung Bobotov Kuk, Međed, Terzin Bogaz und Ledena Pećina. Durch den Wald bergab gelangen wir zur alten Mühle Jakšića Mlin, bei der wir den Bach Mlinski Potok auf einem Holzsteg queren. Ab hier geht es, teilweise im Zickzack, sehr steil durch den Wald bergauf. An der Abzweigung kurz hinter der Waldgrenze bleiben wir auf dem Weg geradeaus Richtung Bobotov Kuk, Međed, Terzin Bogaz. Wir durchqueren eine Folge von kleinen Karstsenken (Inđini dolovi), eine immer höher gelegen als die vorhergehende, und kommen schließlich an den Beginn eines riesigen Gletschertals, wo die Almhütten **Katun Lokvice (2)** liegen. Bei diesen finden wir auch einen Wegweiser nach links zum Međed und Terzin Bogaz, dem wir folgen. An einem Viehpferch vorbei gehen wir über den Hang auf undeutlichen Wegspuren steil bergauf. Zunächst über Gras und durch Buschwerk, dann über ein kleines Schotterfeld und schließlich am Fuß einer Felswand steigen wir, immer schon den Gipfel vor Augen, zum schon von den Almhütten aus deutlich erkennbaren Bergsattel **Velika Previja (3)** hinauf. Dieser trennt die Täler Lokvice (rechts) und Velika Kalica (links); in letzterem sehen wir unter uns schon aus der Ferne eine auffällig rot gestri-

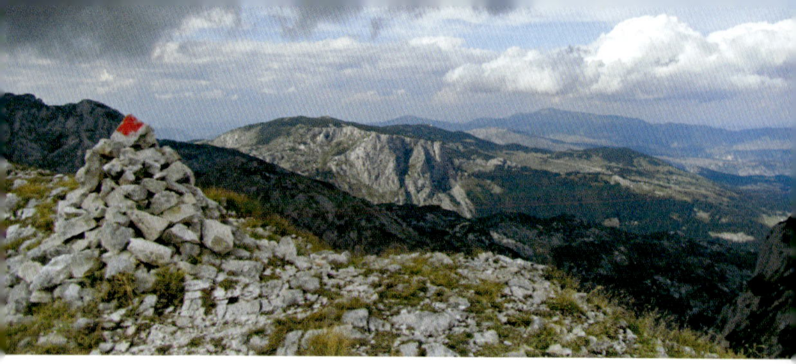

Die Steinpyramide markiert den Gipfel des Terzin Bogaz.

chene Biwakhütte. Am Sattel zweigt zunächst ein markierter, aber nicht beschilderter Weg links zum Međed ab. Wenige Meter weiter gibt es eine erneute Gabelung, bei der wir, der Aufschrift am Felsen folgend, rechts Richtung Terzin Bogaz wandern.

Kurz geht es zwischen Latschenkiefern bergab, dann wieder steil bergauf zum Fuß einer kleinen Felsstufe, über die wir mit leichter Kletterei ansteigen. Der Weg ist stets gut markiert; man sollte ihm auch genau folgen, denn links liegen zum Teil rutschige Grashänge und rechts (ausreichend weit entfernt, um kein Schwindelgefühl aufkommen zu lassen) der senkrechte Abgrund. Ein kurzer Grat wird überquert, dann folgen weitere Kletterstellen. Der Gipfel des **Terzin Bogaz (4)** ist dennoch rasch erreicht; vom Sattel bis hier herauf ist man nur etwa 30 Min. unterwegs. Der Ausblick ist die Mühe jedenfalls wert: Alle bedeutenden Gipfel des Massivs – Međed, Savin Kuk, Bandijerna, Bobotov Kuk – sind aufgrund der zentralen Lage unseres Ziels als Rundum-Panorama zu genießen.

Der Abstieg erfolgt auf demselben Weg bis **Velika Previja (3)**. Dort nun rechts (vom Gipfel gesehen) Richtung Velika Kalica. Es geht wieder relativ steil über Grashänge auf gut ausgetretenen Spuren hinab. Beim Biwak kommen wir nicht direkt vorbei, es bleibt zu unserer Rechten; erst unten am Talgrund, der von großen Steinblöcken dominiert wird, zweigt ein Pfad hinauf zu der Hütte ab. Wir gehen durch das Tal hinaus, bleiben dabei immer am Hang auf der linken Talseite und genießen den Blick auf die spektakulären Felsen und Schotterfelder am Fuß von Savin Kuk, Slijeme und Bandijerna auf der anderen Talseite. Hinter dem Sattel **Struga**, der das Tal abschließt, kommen wir in Buchen-, dann in Nadelwald. Wir erreichen eine Weggabelung, bei der wir auf den Wanderweg vom Schwarzen See zum Savin Kuk treffen. Hier links bergab kommen wir nach 5 Min. zur Quelle **Točak (5)**. Bei dieser geradeaus weiter bergab zum Ufer des Schwarzen Sees und auf dem asphaltierten Spazierweg zurück zum Parkplatz **Ivan Do (1)**.

5.45 Std.

Mali Međed, 2217 m, und Veliki Međed, 2285 m

45

Kletterpartie auf die markantesten Gipfel des Durmitor

Der sicherlich mit Abstand meistfotografierte Berg des gesamten Durmitor-Massivs – wenn nicht ganz Montenegros – ist der majestätisch über dem Schwarzen See (Crno Jezero) thronende Međed (»Der Bär«), denn es gibt praktisch keine Aufnahme des Sees ohne ihn. Genau genommen handelt es sich um zwei Gipfel, den Großen und den Kleinen Bären (Veliki und Mali Međed). Wer mit nichts als seiner eigenen Körperkraft »bewaffnet« an einem Tag zwei Bären niederringen möchte, sollte sich darauf gefasst machen, dass man sich diesen Erfolg hart erkämpfen muss, denn diese Tour gehört trotz ihrer (entfernungsmäßigen) Kürze zu den anstrengendsten und anspruchsvollsten von ganz Montenegro.

Talort: Žabljak, 1430 m.
Ausgangspunkt: Nationalpark-Portal Ivan Do, 1420 m, Parkplatz. Anfahrt mit Taxi vom Zentrum ca. 4 Euro oder zu Fuß 30 Min. zusätzlich.
Höhenunterschied: Rund 900 m.
Anforderungen: Ab der Abzweigung am Waldrand bis zum Katun Lokvice am Rückweg ist einfaches Gehgelände die Ausnahme: Extrem steile Aufstiege, Geröll, rutschiges Gras, Kletterpassagen und ein ausgesetzter Gratweg erfordern absolute Trittsicherheit, gutes Schuhwerk und entsprechende Bergerfahrung. Am Bergkamm ist der Weg stellenweise mit Stahlseilen versichert.
Einkehr: Buffet am Schwarzen See. Die Quelle beim Katun Lokvice führt nicht ganzjährig Wasser.
Hinweis: Unbedingt Wettervorhersage beachten. Nicht bei Gewittergefahr, Nässe oder starkem Wind begehen. Bei Unwetter kann vom Bergsattel Velika Previja (5) in ca. 20 Min. zum Notbiwak im Hochtal Velika Kalica abgestiegen werden.
Kombinationsmöglichkeit: Mit Tour 42, 43 und 44. Letztere kann als einfacherer Zustieg (vom Velika Previja hin und zurück am Gipfelgrat zu Veliki und Mali Međed) bzw. als alternativer Abstieg (ab Velika Previja über Velika Kalica) genutzt werden.

Vom Parkplatz **Ivan Do (1)** gehen rechts die Straße Richtung Campingplatz Ivan Do hinauf, an diesem vorbei und 5 Min. weiter, an der Abzweigung zum Zminje Jezero, gerade weiter auf dem Hauptweg, ausgeschildert Richtung Bobotov Kuk, Međed, Terzin Bogaz und Ledena Pećina. Es geht durch den Wald bergab zur alten Mühle Jakšića Mlin, bei der wir den Bach Mlinski Potok auf einem Holzsteg queren.

Seilsicherung am Kamm des Veliki Međed.

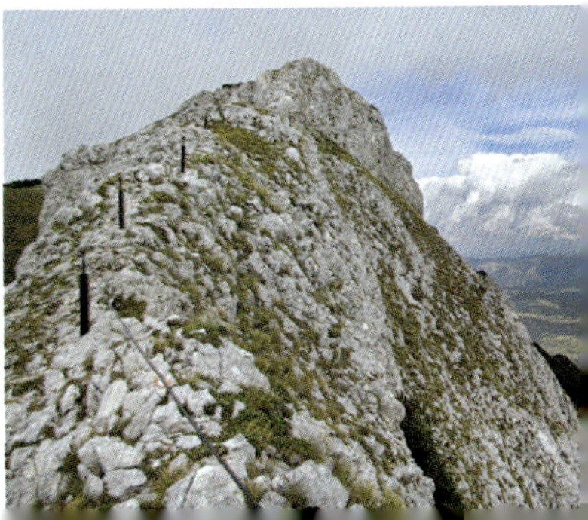

Nun, weiterhin Richtung Bobotov Kuk, in Serpentinen steil durch den Wald bergauf. Kurz hinter der Waldgrenze auf 1700 m Höhe zweigt ein Weg nach rechts zur Eishöhle Ledena Pećina ab; wir gehen geradeaus und kommen 100 m weiter zu einem großen **Stein (2),** auf dem eine Aufschrift nach links in 1.15 Std. zum Mali Međed weist. (Die angegebene Zeit ist nur von sehr konditionsstarken Wanderern zu schaffen.) Zunächst geht es leicht bergab, durch eine kleine Karstsenke, dann durch einen riesigen Felsenkessel hindurch, auf dessen anderer Seite der Pfad bereits steil anzusteigen beginnt. Eine erste Höhenstufe wird überwunden, aber der Weg wird nur für wenige Meter flacher, dann geht es schon wieder steil bergauf. Wir erreichen durch eine Scharte einen Steilhang, auf dem wir neben einem Schotterfeld hinaufgehen. An dessen oberem Ende ist eine leichte Kletterstelle zu meistern, dann geht es weiter sehr steil hinauf, bis man endlich – erst knapp vor dem Gipfel des **Mali Međed (3)** – in flacheres Gelände kommt. Das Panorama von oben ist atemberaubend – vor allem den Blick auf den Schwarzen See sollte man genießen, denn vom höheren der beiden Gipfel ist er nicht mehr zu sehen.

Der gut markierte Pfad setzt sich nun Richtung Südwesten fort, stets dem Gipfelgrat folgend, zunächst bergab. An allen exponierten Stellen wurden Stahlseile zum Festhalten gespannt. Schon nach wenigen Metern kommen

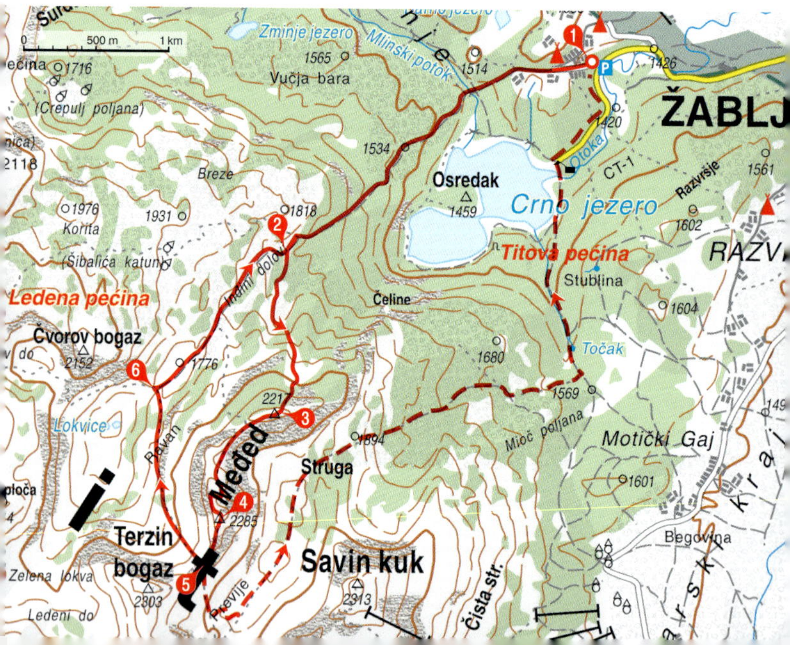

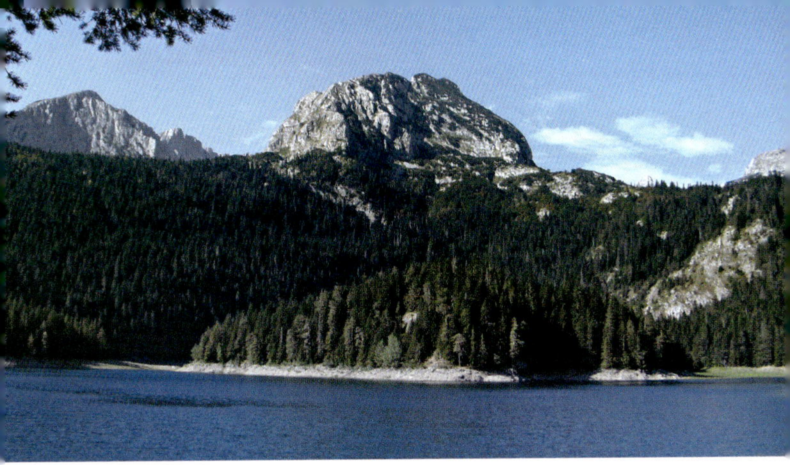

Vom Crno Jezero aus gesehen gleicht der Međed einem schlafenden Bären.

wir an einer Gedenktafel für eine verunglückte Bergsteigerin vorbei. Lästig sind an mehreren Stellen die wuchernden Latschenkiefern, die einen oft näher zum Abgrund zwingen, als eigentlich nötig wäre. Obwohl Mali und Veliki Međed weniger als 750 m auseinanderliegen, muss man für den Weg gut eine halbe Stunde einplanen. Zum Nordgipfel des **Veliki Međed (4)** geht es zur Abwechslung einmal relativ sanft zwischen Latschen bergauf. Danach aber kommen gleich mehrere (gesicherte) Kletterstellen, bis man den knapp 200 m entfernten Südgipfel erreicht. Von hier geht es nun direkt am Grat, wieder mit Seilsicherung, bergab in den Bergsattel **Velika Previja (5)**, auf dem man man auf einen weiteren markierten Weg trifft (keine Wegweiser). Links könnte man auf einem ebenfalls markierten Weg ins Tal Velika Kalica bzw. zur vom Sattel deutlich sichtbaren, knallroten Biwakschachtel absteigen (siehe Hinweis).

Wir wenden uns aber auf einem gut ausgetretenen Fußpfad rechts, der über Grashänge am Fuß der Felsen des Međed bergab führt. So erreichen wir die schon von oben sichtbaren Almhütten des **Katun Lokvice (6)**. Von hier folgen wir dem Wegweiser Richtung Žabljak durch eine Reihe von Karstsenken (Inđini dolovi) und kommen so zurück zum **Stein (2)**, von dem wir auf dem bekannten Weg zum Ausganspunkt beim Parkplatz **Ivan Do (1)** zurückgehen.

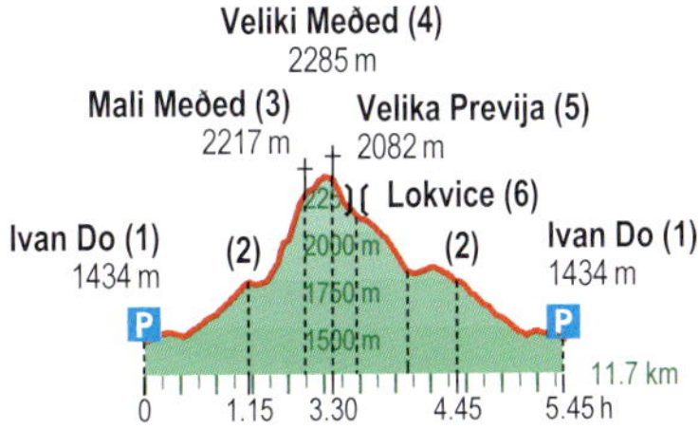

46 Savin Kuk, 2313 m

5.45 Std.

Traumausblick vom östlichsten Gipfel des Durmitor-Massivs

Der Savin Kuk ist vermutlich der meistbegangene Gipfel des Durmitor, was vor allem an dem bis 150 Höhenmeter unterhalb des Gipfels führenden Sessellift liegt. Seine markante Silhouette sticht aus dem Panorama des Massivs heraus; während er auf der Nord- und Westseite senkrecht abfällt, sind seine Osthänge (Čista strana) grasbewachsen und praktisch unbewaldet, was man für die Anlage von mehreren Skipisten genützt hat. Der fantastische Ausblick über die weiten Hochflächen östlich von Žabljak ist alle Mühen des steilen, aber ungefährlichen Aufstiegs wert, und dafür nimmt man auch die im unteren Teil im Sommer nicht begrünten Skihänge gerne in Kauf.

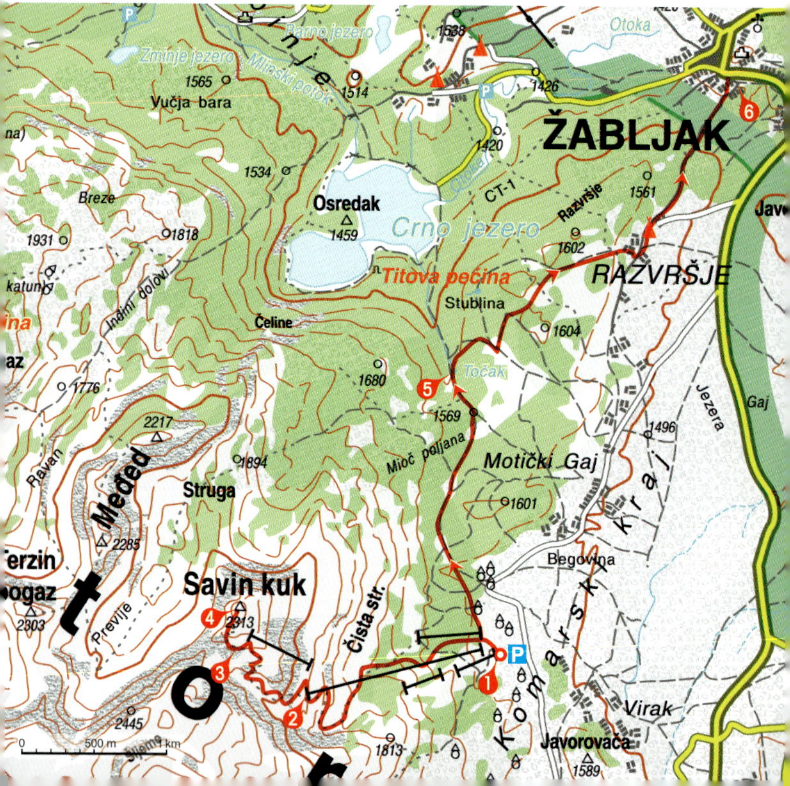

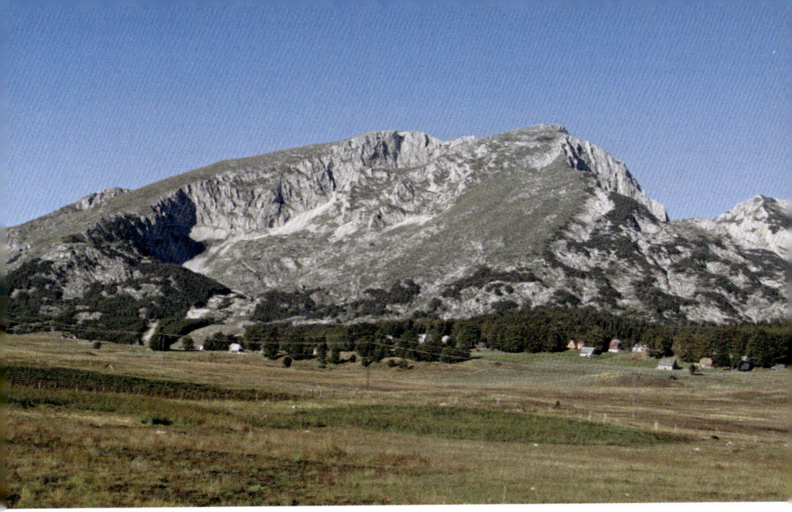

Blick auf die Osthänge (»Čista strana«) des Savin Kuk.

Talort: Žabljak, 1430 m.
Ausgangspunkt: Parkplatz am Fuß der Skipiste Savin Kuk, 1513 m; von der Straße Žabljak – Šavnik aus ausgeschildert. Anfahrt von Žabljak mit dem Taxi (ca. 12 Euro).
Endpunkt: Žabljak, 1430 m.
Höhenunterschied: Gut 900 m Aufstieg, knapp 1000 m Abstieg.
Anforderungen: Bis zur Bergstation des unteren Lifts breiter Fahrweg bzw. Skipistenaufstieg, dann ca. 200 Hm auf einem sehr steinigen, steilen Weg. Ab dem oberen Ende des zweiten Lifts wieder bequemer, breiter Fußpfad. Keine ausgesetzten Stellen. Kein Schatten; am Vormittag liegt der gesamte Hang in der prallen Sonne. Obwohl die Markierungen verblasst sind bzw. zum Teil ganz fehlen, ist die Orientierung einfach.
Einkehr: Zwei Gasthäuser im Skizentrum und zahlreiche Lokale in Žabljak. Trinkwasserquelle Savina Voda etwa 100 Hm unterhalb des Gipfels und Quelle Točak am Rückweg.
Varianten: Man kann die Tour entweder beim Skizentrum beginnen und auch beenden (also den Rückmarsch nach Žabljak weglassen; 1.15 Std. kürzer) oder auch direkt von Žabljak aufbrechen (1.15 Std. zusätzlich). Weil das erste Stück in der Gegenrichtung schwer zu finden ist, hier die Beschreibung: Beim Schild zum Restaurant Durmitor die Gasse hinauf, rechts und dann gleich wieder links, dann immer geradeaus aus dem Ort hinaus auf einem Teerweg, der im Wald in einen Schotterweg übergeht. Auf diesem kommt man zum Campingplatz Razvršje, geht bis zum Straßenende und findet dort eine nach links hinauf in den Wald führende Markierung, die bei der Quelle Točak auf den vom Schwarzen See heraufführenden Weg trifft. Auf diesem links bergauf, an einer Abzweigung Richtung Međed vorbei, zum Gasthaus Koliba am Fuß der Skipiste Savin Kuk. Gäste eines der beiden Campingplätze im Ortsteil Razvršje können direkt von dort losgehen; für sie verkürzt sich Hin- und Rückweg gegenüber dem Weg ab Zentrum um 20 Min.
Kombinationsmöglichkeit: Mit Tour 39, 44 und 45.

Vom Parkplatz beim **Skizentrum (1)** halb rechts auf das untere Ende des ganz rechten Schlepplifts zu und neben diesem auf gepflastertem Weg, vorbei am Restaurant Koliba, dann auf dem mit Gras bewachsenen Teil der Skipiste zwischen den beiden Schleppliften bergauf. Unterhalb eines Wäldchens (auf Höhe der vierten Stütze des rechten Lifts) in einem Graben auf Wegspuren links halten. In einer Talmulde steigt links ein Fahrweg steil an; wir folgen ihm in zwei Serpentinen bergauf zur Mittelstation des Sessellifts, weiter durch eine Senke und abermals im Zickzack an einem steileren Hang entlang hinauf. Wir kommen an einem Trafohäuschen vorbei, dann zweigt zwei Kehren weiter ein Weg rechts zur Talstation eines zweiten Sessellifts ab. Kurz darauf passieren wir links am Hügel die **Bergstation (2)** des unteren Lifts.

Hier endet der Fahrweg und wir folgen einem schmalen, steilen und steinigen Pfad, der am rechten Rand eines großen Geröllfelds bergauf führt. Links begleiten uns eindrucksvolle Felswände, und auch auf der rechten Seite

Die senkrechten Felswände des Savin Kuk, vom Međed aus gesehen.

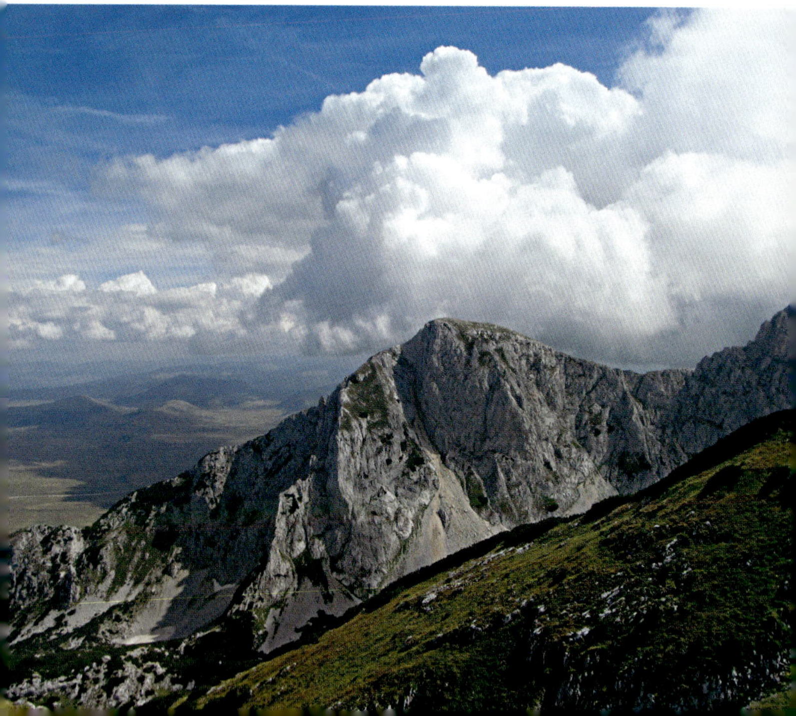

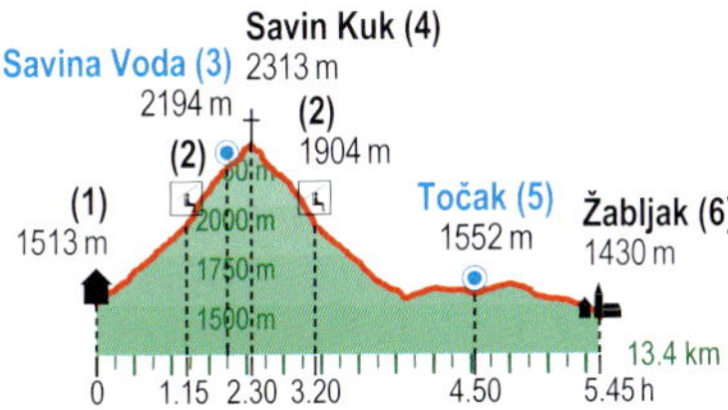

rücken die Felsen näher heran. Kurz bevor wir eine Höhenstufe passieren, sehen wir rechts am Fuß der Wand eine große Höhle, zu der man (unmarkiert und weglos) über den Grashang zusteigen kann. Die Höhle ist unerwartet geräumig, kann als Unterstand oder für eine Rast genützt werden und verfügt sogar über einen zweiten Eingang.

Weiter am Weg gelangen wir in ein Kar, von dem aus der Weg nun nach rechts über einen flacheren Hang ansteigt und zur Bergstation des oberen Lifts führt. Wir gehen an dieser vorbei – ab hier beginnt wieder ein breiterer, flacherer Weg – und kommen nach wenigen Metern zu einer **Quelle (3)**. Weiter sanft bergauf stehen wir nach rund 200 m plötzlich am Rand der senkrecht ins Tal Velika Kalica abfallenden Nordwand des Savin Kuk. In der Tiefe unter uns ist das dortige Biwak zu sehen, und vor uns erstreckt sich der Bergrücken des Međed in seiner ganzen Mächtigkeit. Wir folgen dem Weg nach rechts bergauf, wieder im Zickzack, und überwinden so die letzten knapp 100 Hm bis zum Gipfel des **Savin Kuk (4)**. Dieser ist mit einer Steinpyramide markiert; man sollte noch ein Stück weitergehen und sich den Blick von der Ostflanke des Berges nicht entgehen lassen.

Der Abstieg erfolgt auf demselben Weg. Beim **Skizentrum** kann man einkehren oder per Taxi nach Žabljak zurückfahren.

Man erreicht den Ort aber auch auf einem markierten Weg in knapp einer Stunde zu Fuß: Neben dem Restaurant Koliba nach links stößt man auf einen Schotterweg, der in den Wald leicht bergauf führt. Man geht durch eine Senke, dann wieder zweimal kurz bergauf, sonst eben. Nach etwa 25 Min. ab dem Restaurant mündet von links der Weg aus dem Tal **Velika Kalica** (Abstieg vom Terzin Bogaz) ein. Wir gehen geradeaus weiter zur Quelle **Točak (5)**, die wir nach 5 Min. erreichen. Bei dieser rechts leicht bergauf auf einem markierten Weg. Auf einer Wiese finden wir auf einem großen Felsen die Aufschrift »Kamp«, gehen der Markierung folgend nach links wieder durch den Wald und kommen schließlich zum Campingplatz im Ortsteil **Razvršje**. Hier beginnt eine Asphaltstraße, auf der wir rechts bergab wandern. An der nächsten Kreuzung, bei der links ebenfalls ein Schild zum Autocamp weist, gehen wir gerade auf gleicher Höhe weiter. Der Asphalt endet und es geht durch schönen Nadelwald bergab, zuletzt wieder asphaltiert, direkt ins Ortszentrum von **Žabljak (6)**.

47 Prutaš, 2392 m

4.45 Std.

Über Grashänge zum schönsten Aussichtsberg im westlichen Durmitor

Was den Aufstieg auf den Prutaš so einzigartig macht, sind eigentlich gleich drei Dinge: Erstens ist es mit Abstand der leichteste Gipfel, der an die 2400-Meter-Grenze heranreicht und zu dem man ausschließlich über grasbewachsene Matten hinaufsteigen kann. Zweitens bietet er den schönsten Blick auf den Bobotov Kuk und den Bezimeni Vrh und ist der einzige, von dem aus man deren gewaltige, ins Škrka-Tal abfallende Westwand in ihrer ganzen Mächtigkeit bewundern kann. Und drittens bietet er unvergleichliche Felsformationen, die man in dieser Art sonst nirgendwo in Montenegro sehen kann – die gesamte Westseite des Gipfelaufbaus besteht aus dünnen, aufrecht stehenden Felsschichten, was sich auch im Namen des Berges (Prut = Zweig) ausdrückt.

Über Bergmatten zum Gipfel des Prutaš.

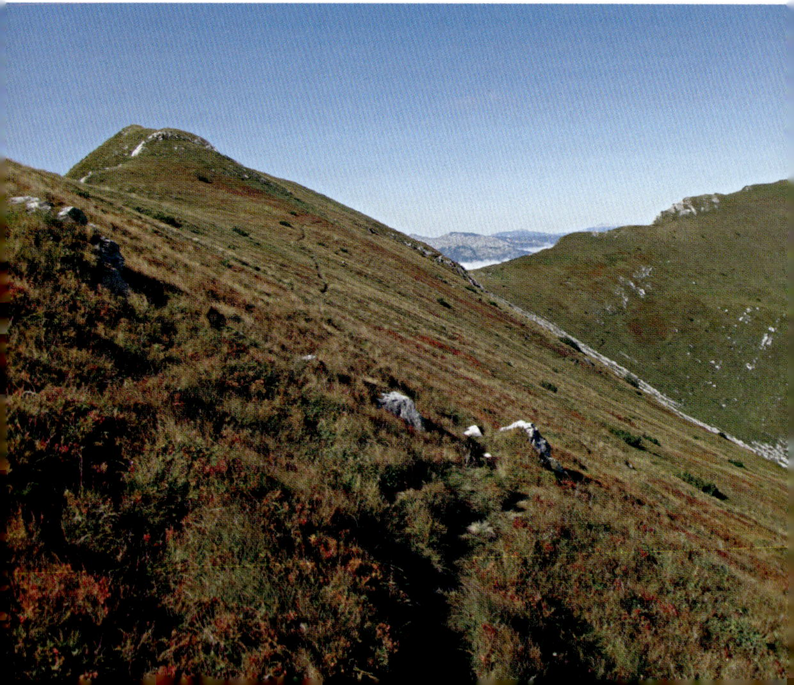

Talort: Žabljak, 1430 m.
Ausgangspunkt: Dobri Do, 1710 m, an der Straße Žabljak – Trsa – Plužine; Parkmöglichkeit neben der Straße. Anfahrt von Žabljak mit dem Taxi (ca. 30 Euro).
Höhenunterschied: Rund 770 m.
Anforderungen: Bis auf eine kurze Passage, die aber umgangen werden kann, führt der gesamte Aufstieg über Grashänge und ausgetretene Pfade.
Gefahren: Unbedingt vor der Tour Wettervorhersage beachten. Nicht bei Gewittergefahr oder starkem Wind begehen, da der Großteil des Aufstiegs über einen exponierten Bergkamm verläuft. Nach Regen oder früh am Morgen kann das Gras aufgrund von Tau sehr rutschig sein.
Einkehr: Keine; auch kein Trinkwasser unterwegs. Quelle Šarban unterhalb der Straße, 50 m vom Ausgangspunkt.
Varianten: Vom Gipfel des Prutaš (3) führt eine Markierung über den extrem steilen Nordhang hinunter zur Berghütte Škrka. Der Pfad bietet schöne Ausblicke auf den See und führt an einem eindrucksvollen, natürlichen Torbogen aus Fels mit mehreren Metern Spannweite vorbei. Kurz vor der Hütte geht man rechts auf einem ebenfalls markierten Weg wieder bergauf bis zum Sattel Škrčko Ždrijelo (2), wo man auf den Hinweg trifft. Wer über gute Orientierung und idealerweise ein GPS-Gerät oder eine entsprechende App auf dem Smartphone verfügt, muss nicht bis zur Hütte absteigen, sondern kann auch über den Grashang nach rechts gehen (erst weglos, dann wieder auf Wegspuren) und trifft etwa 100 Hm unterhalb des Škrčko Ždrijelo auf den von der Hütte heraufführenden Weg.
Kombinationsmöglichkeit: Mit Tour 42: Man kann den Prutaš auch mit der zweitägigen Tour kombinieren und beim Planinarski Dom Škrka übernachten (s. Tour 42); am zweiten Tag entweder auf Tour 42 in der Gegenrichtung über Međeđe Ždrijelo und Donja Ališnica nach Žabljak absteigen (Schwierigkeit »rot«) oder über Velika Previja (mit fakultativem Abstecher zum Gipfel des Bobotov Kuk) und Lokvice zum Schwarzen See gehen (»schwarz«).

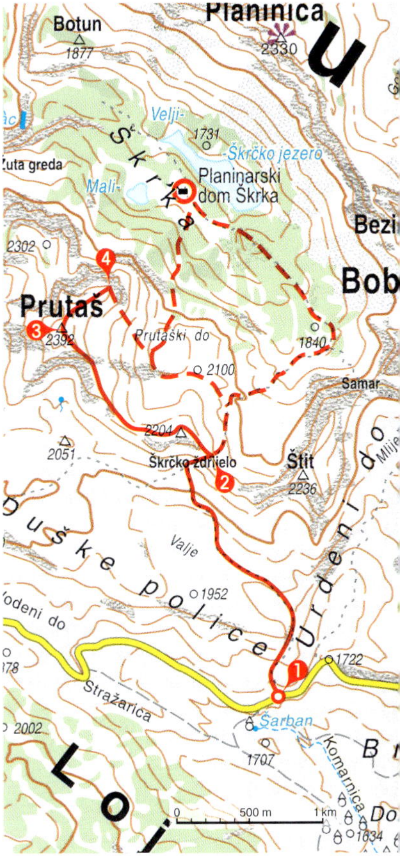

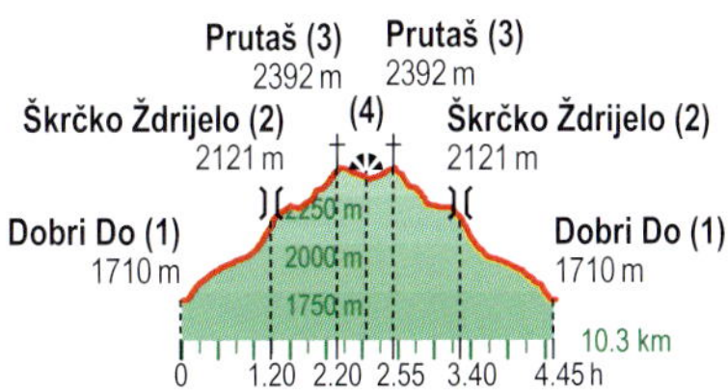

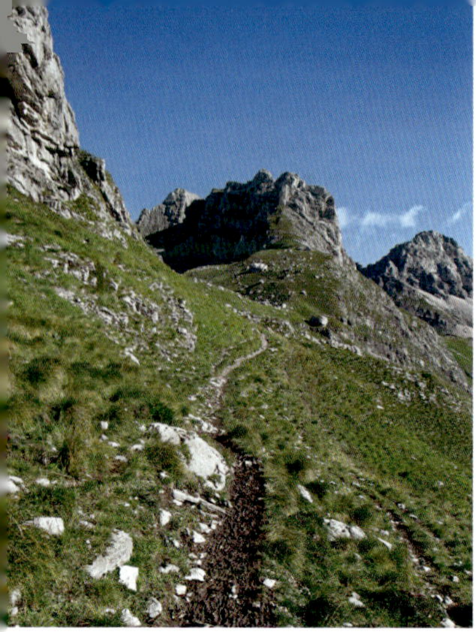

Am Aufstieg zum Škrčko Ždrijelo.

Beim Wegweiser »Kamp Škrka« direkt an der Straße in **Dobri Do (1)** beginnt ein markierter Pfad, der mit mal deutlichen, mal weniger deutlichen Wegspuren bergauf über die grasbewachsenen Hänge führt. Schon während des Aufstiegs haben wir einen schönen Ausblick zurück über das Tal, hinunter in die Komarnica-Schlucht und zur Sedlena Greda. Nach 15 Min. erreichen wir ein flaches Hochtal, dem wir folgen. Die Wegspur führt immer wieder um kleine Löcher und Spalten herum und steigt schließlich an der rechten Talseite steiler nach oben an. Der Weg ist hier gut im Zickzack trassiert und führt auf den Bergsattel **Škrčko Ždrijelo (2)**, auf dem er sich verzweigt. Wir nehmen den linken Pfad, der knapp unterhalb des Bergkamms sanft bergauf führt (geradeaus käme man weiter zur Berghütte Škrka, unser Rückweg, wenn wir die Variante wählen). Anfangs geht es bequem auf einer gut ausgetretenen Wegspur dahin, dann kommen wir zu einem kleinen Vorgipfel, bei dem der Weg auf der anderen Seite ca. 5 m hoch steil über Felsen bergab führt. Diese kleine Kletterstelle ist aber nicht ausgesetzt und problemlos zu meistern; man kann sie allerdings auch rechts weiter ausholend über den Grashang umgehen.

Wieder bergauf kommen wir zu einer Kuppe, von der aus sich der beste Blick auf die eindrucksvollen senkrechten Felsschichten des Prutaš eröffnet. Wir folgen der Markierung nun steiler den Bergrücken hinauf und erreichen schon bald den Gipfel des **Prutaš (3)** mit Wegweiser und Gipfelbox. Es lohnt sich aber auf jeden Fall noch, auf dem Weg Richtung Todorov Do (dieser Abstieg ist steiler, landschaftlich weniger reizvoll und entweder mit einer teureren Taxi-Rückfahrt oder 5 km Rückmarsch auf der Asphaltstraße verbunden) und Berghütte Škrka ein Stück bis zum nächsten **Vorgipfel (4)** und eventuell noch bis zum bei der Variante erwähnten Felsentor weiterzugehen (ca. 100 Hm bergab, die man anschließend wieder hinauf muss), von dem aus man einen atemberaubenden Tiefblick auf den Škrka-See zu unseren Füßen genießt.

Die Rückkehr nach **Dobri Do (1)** erfolgt auf derselben Route.

Das »Felsentor« mit Bezimeni Vrh (links) und Bobotov Kuk (Mitte) im Hintergrund.

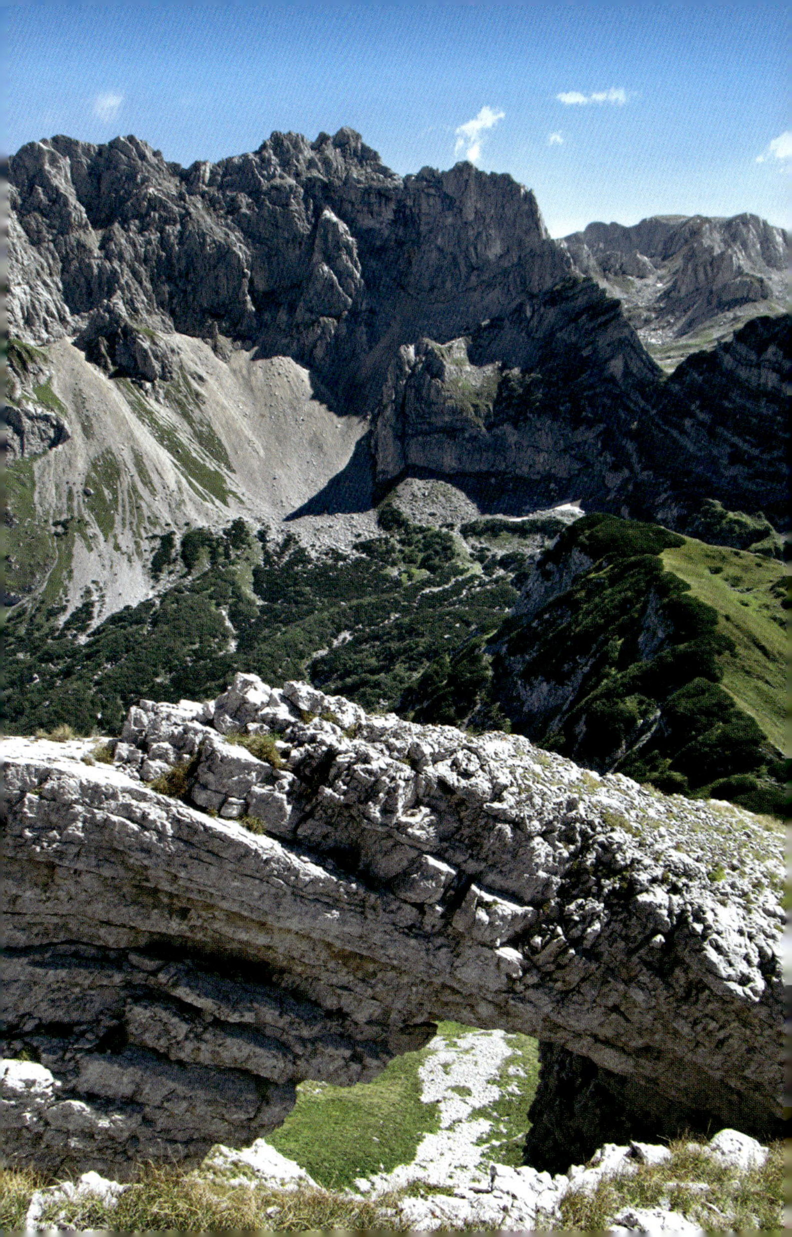

48 Valoviti Do

2.45 Std.

Einstimmungstour durch das faszinierende Gletschertal

Wenn die meisten Wanderer mit dem Auto bis zum Durmitor-Sattel fahren, um von dort ihren Anstieg zur Sedlena Greda oder zum Bobotov Kuk zu beginnen, lassen sie eines der schönsten und landschaftlich reizvollsten Täler des Nationalparkgebietes, das Valoviti Do mit seinen kleinen, idyllischen Gletscherseen, buchstäblich links liegen. Wer diese kleine, aber feine Tour unternimmt, weiß, was sie sich dabei entgehen lassen.

Talort: Žabljak, 1430 m.
Ausgangspunkt: Beim Schild »Nacionalni Park Durmitor«, 2 km hinter Pošćenski Katun an der Straße Žabljak – Plužine, 1647 m; Parkmöglichkeit. Anfahrt auf der Straße von Žabljak ca. 5 km Richtung Šavnik, dann rechts auf schmale Asphaltstraße einbiegen. Keine öffentlichen Verkehrsmittel; Taxi ab Žabljak ca. 20 Euro.
Höhenunterschied: Rund 400 m.
Anforderungen: Unmarkiert, aber leicht über Wiesen und Grashänge, zum Teil auf Viehspuren und alten Fußpfaden.
Einkehr: Keine direkt an der Tour. Mountain herbal tea bar 300 m abseits an der Straße zum Durmitor Sedlo (Aufstieg vom Valovito Jezero weglos über Grashänge), Eko-Selo Katun (nur auf der Variante). Zwei Quellen im unteren Teil des Valoviti Do.
Variante: Am Ufer der Suva Lokva trifft man auf einen Fahrweg, diesem folgen und bei Abzweigungen immer links halten. So gelangt man zu den Hütten des Pošćenski Katun; hier auf einem Weg zwischen Steinmauern geradeaus bergab. Unten an einer Viehkoppel entlang, leicht links bergauf auf die Asphaltstraße. Auf dieser 100 m nach links kommt man zu einer Eko Koliba, wo man einkehren und gemütlich die Wartezeit auf ein Taxi verbringen kann.
Kombinationsmöglichkeit: Tour 49, 50.

Vom **Nationalpark-Schild (1)** (links der Straße eine kleine Kuppe; Aufstieg 2 Min., schöner Ausblick!) gehen wir weglos bergab in eine Senke, in der wir uns links halten und zwischen Steinformationen hindurch zum Ufer des meist ausgetrockneten Sees **Suva Lokva** (»trockene Lacke«) kommen. Wir folgen dem Ufer nach rechts und gelangen an einem alten Grabstein vorbei auf leicht ansteigenden Wegspuren rechts haltend in eine flache Mulde, in der wir bergauf gehen und so 15 Min. nach der Suva Lokva eine ungefasste

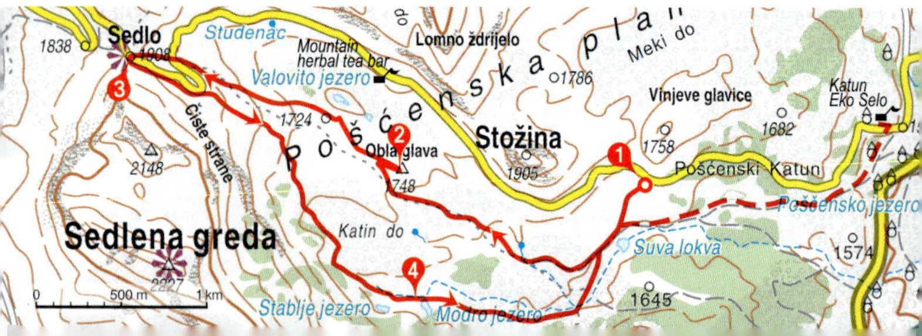

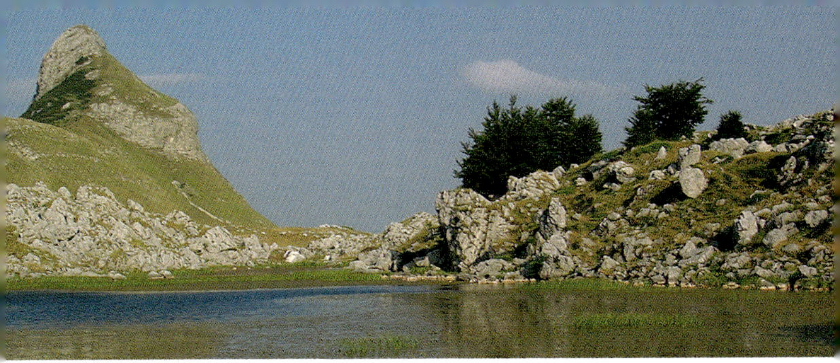

Am Ufer des Valovito Jezero.

Quelle erreichen. An der rechten Talseite ansteigend erkennen wir nach wenigen Höhenmetern bereits deutlich die Hügelkuppe Obla Glava in der Mitte des breiten Gletschertales. Wir gehen links davon vorbei und kommen auf eine flache Schwelle, von der wir rechts einen Abstecher zum **Obla Glava (2)** machen können. Von diesem aus erkennen wir rechts am Hang neben der Straße eine Berghütte und unterhalb dieser den grünlich schimmernden Bergsee Valovito Jezero, auf den wir nun über die Grashänge bergab zugehen.
Das Ufer des **Valovito Jezero** bietet sich für eine kurze Rast an. (Oberhalb an der Straße ist die Mountain Herbal Tea Bar sichtbar. Wer dort einkehren will, kann ca. 50 Hm weglos über die Grashänge aufsteigen.) Wir passieren den See links und gehen auf mehr oder weniger deutlichen Wegspuren, einer natürlichen ansteigenden Geländestufe folgend, bergauf, bis wir auf die breite Schotterstraße zum Sedlo treffen. Wir kreuzen diese und folgen alten Steigspuren, bis wir beim Holzschild mit Höhenangabe 1908 m die Passhöhe des **Durmitor Sedlo (3)** erreichen (wunderbarer Blick Richtung Westen; links ist das obere Ende des Komarnica-Canyons erkennbar).
Wir kehren hier um und gehen auf der Straße zurück bis zur ersten Kehre. In dieser geradeaus weiter und auf undeutlichen Wegspuren immer am Bergrücken halten. Wo dieser steiler abzufallen beginnt, führt die Spur rechts in eine Senke hinab, der wir folgen; wieder rechts haltend treffen wir auf eine deutlichere Wegspur, auf der wir halb rechts hinunter in ein tiefes Tal mit mehreren Wasserbehältern gehen. Am Talgrund geht es vorbei am Ufer des hübschen **Modro Jezero (4)**. Wir gehen am linken Ufer entlang leicht bergauf und dann durch eine sumpfige Senke hindurch zurück zum ausgetrockneten See **Suva Lokva**. Das letzte Stück steigen wir dann auf dem bekannten Weg zur Straße beim **Nationalpark-Schild (1)** hinauf.

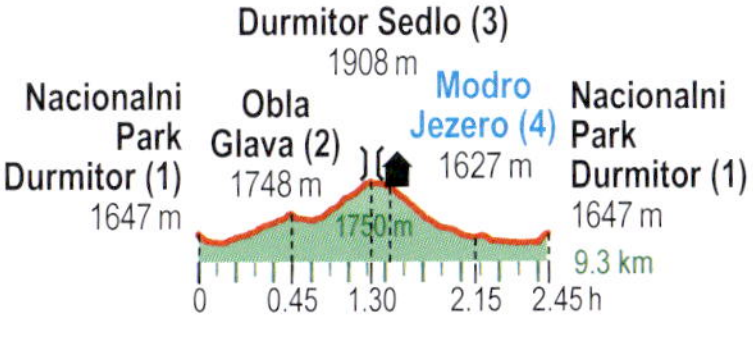

49 Sedlena Greda, 2227 m

2.00 Std.

Abwechslungsreicher Anstieg auf den markanten Sattelberg

Kaum ein Berg im Durmitor-Massiv bietet dem Betrachter eine derart markante, unverkennbare Silhouette wie die Sedlena Greda mit ihren beiden schroffen, felsigen Gipfeln und der flachen, grasbewachsenen Senke dazwischen. Von Weitem erscheint der Berg von allen Seiten von steilen Felswänden umgeben; tatsächlich gibt es aber einen relativ einfachen, nur im letzten Teil eher anspruchsvollen Zustieg zu diesem nach wie vor als Geheimtipp gehandelten Gipfel.

Talort: Žabljak, 1430 m.
Ausgangspunkt: Durmitor Sedlo, 1908 m, Parkmöglichkeit. Anfahrt auf der Straße von Žabljak ca. 5 km Richtung Šavnik, dann rechts auf die schmale Asphaltstraße Richtung Trsa und Plužine einbiegen. Mit dem Taxi von Žabljak bis zum Sedlo ca. 20–25 Euro.
Höhenunterschied: Gut 400 m.
Anforderungen: Markierter Aufstieg mit zwei anstrengenden, weil besonders steilen Aufstiegen zum Gipfelgrat, zuletzt ziemlich ausgesetzt auf schmaler Wegspur über steil abfallende Wiesen zum Gipfel. Bei Nässe extrem rutschiger Grashang – hier ist größte Vorsicht geboten. Nicht bei unsicherem Wetter begehen!
Einkehr: Keine; auch kein Trinkwasser.
Kombinationsmöglichkeit: Mit Tour 48 und 50.

Vom **Durmitor Sedlo (1)** steigen wir undeutlichen Markierungen folgend über den steilen Grat südwärts auf und halten dabei direkt auf die unterste markante Felsgruppe zu. Steigspuren nach links ignorieren wir, da sie sich alle mehr oder weniger bald in den im Bild links erkennbaren Geröllfeldern verlieren. Erst ganz oben, direkt unterhalb der Felsen, beginnt eine Wegspur, auf der wir, nun nicht mehr so steil ansteigend, nach links den Hang queren. Schließlich erreichen wir den nach Osten abfallenden Rücken des nördlichen **Sattelberges (2)** auf ca. 2100 m Höhe, überschreiten ihn und wenden uns danach nach rechts. Der Weg fällt nun wieder leicht ab, zunächst entlang einer Felswand, unter einer Höhle vorbei. Dann biegen die Markierungen links ab, und unsere Wegspur durchmisst geradewegs die Senke zwischen den beiden Gipfeln, 2054 m (Gehzeit ab Sedlo 40 Min.).
Am Gegenhang leiten die Markierungen in der Falllinie steil bergauf; wir können aber auch immer wieder dünnen Wegspuren im Zickzack folgen oder weglos zum Gipfelgrat hinaufsteigen, sollten aber immer rechts von den Markierungen bleiben. Der Grat wird vorerst nicht überschritten; wir steigen auf ihm links sanft

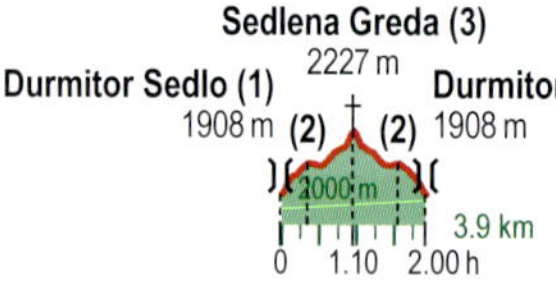

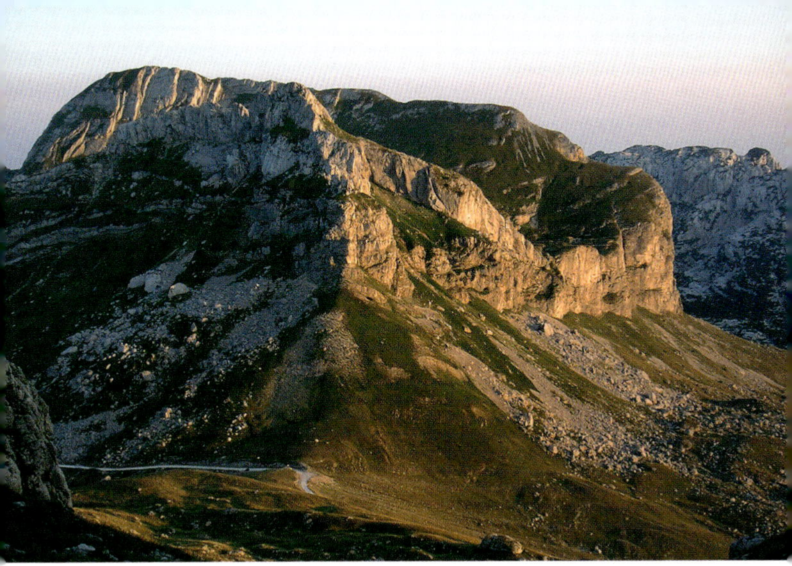

Sedlena Greda; im Vordergrund der Sattel Durmitor Sedlo.

bergauf. Bei einem Felskopf wechselt die Markierung auf die Südwestseite und führt durch einen bei Nässe rutschigen, rechts steil abfallenden Grashang weiter. Von hier bis zum Gipfel ist besondere Vorsicht von Nöten. Zunächst gehen wir unterhalb eines Felsbandes; wo dieses endet, steigen wir zum nächsthöheren Band hinauf und folgen diesem noch ein Stück, bis die Markierung links in einer Rinne mit dichten Grasbüscheln steil bergauf führt. Diese Stelle sollten wir uns für den Abstieg unbedingt gut merken, da die Markierung von oben schlecht sichtbar ist! Ab hier sind es noch 5 Min. zum Gipfel der **Sedlena Greda (3)**.

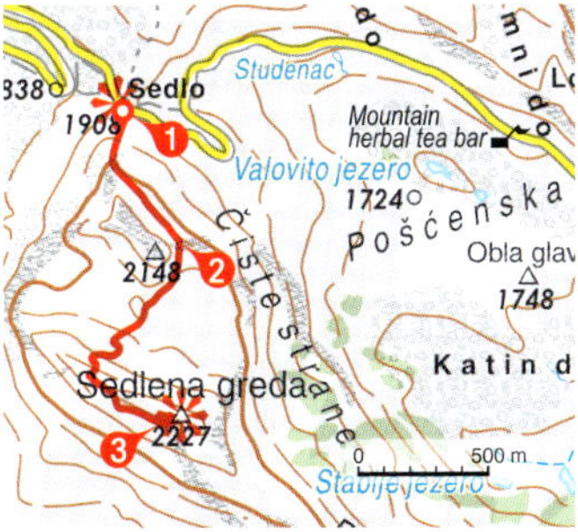

Dieser bietet einen fantastischen Ausblick über die weite Hochebene östlich von Žabljak, wo das Hochplateau nahtlos in die Hochfläche der Sinjavina übergeht, über die weiter südlich gelegenen Bergkämme Richtung Šavnik und die steil abfallenden Felswände des Komarnica-Canyons.

Der Abstieg zurück zum **Durmitor Sedlo (1)** erfolgt auf dem Anstiegsweg.

TOP **50**

Bobotov Kuk, 2523 m

5.30 Std.

Auf abwechslungsreichen Pfaden auf das »Dach« Montenegros

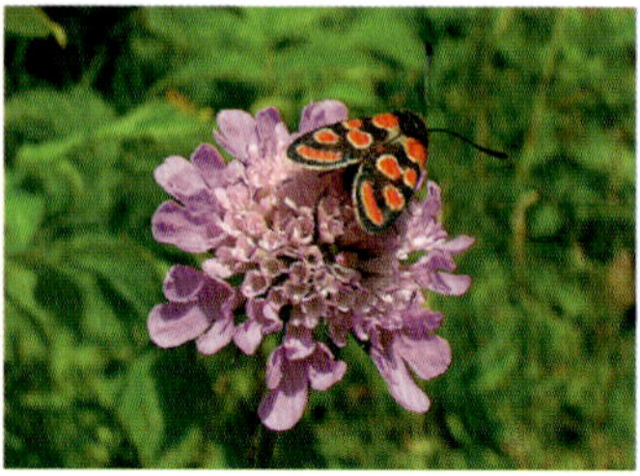

Kein Berg in Montenegro zieht so viele Wanderer und Bergsteiger an wie der Bobotov Kuk, der nicht nur die höchste Spitze des Durmitor-Massivs darstellt, sondern auch offiziell als höchster Berg Montenegros geführt wird – die um wenige Meter höheren Hauptgipfel der Maja Kolata im Prokletije-Gebirge liegen ja bereits zur Hälfte in Albanien. Während der Aufstieg von Žabljak eine anstrengende, nur für konditionsstarke Wanderer machbare Tour darstellt, gibt es eine landschaftlich nicht minder reizvolle Alternative, die am Sedlo ihren Ausgang nimmt und somit gut 400 Höhenmeter erspart.

Talort: Žabljak, 1430 m.
Ausgangspunkt: Durmitor Sedlo, 1908 m, Parkmöglichkeit. Anfahrt auf der Straße von Žabljak ca. 5 km Richtung Šavnik, dann rechts auf die schmale Asphaltstraße Richtung Trsa und Plužine einbiegen. Mit dem Taxi von Žabljak bis zum Sedlo ca. 20–25 Euro.
Höhenunterschied: Rund 980 m.
Anforderungen: Trotz längerer bequemer Passagen am Zustieg und eines problemlosen Abstiegs vom See Zeleni Vir erfordert diese Tour wegen der Gegensteigungen Ausdauer und gute Kondition. Der letzte Teil des Wegs vor dem Gipfel ist stellenweise stark ausgesetzt und erfordert unbedingte Trittsicherheit und Schwindelfreiheit! Nicht bei starkem Wind oder Gewittergefahr begehen!
Einkehr: Keine; Quellen am Fuß der Zubci und beim Zeleni Vir (Letztere führt nicht ganzjährig Wasser!).
Varianten: 1. Abstieg nach Žabljak: Vom Sattel Velika Previja (4) unterhalb des Gipfels kann man auf dem ausgeschilderten und durchgehend markierten Weg über Valoviti Do und Katun Lokvice direkt zum Schwarzen See bzw. nach Žabljak absteigen. Gehzeit ca. 3 Std. ab Velika Previja.
2. Bequeme Rundwanderung zum Zeleni Vir: Wer den Gipfel etwa schon von der anderen Seite her bestiegen hat, kann auf den beschriebenen Wegen auch eine kürzere, einfachere Rundwanderung machen, die landschaftlich auf jeden Fall lohnend und reizvoll ist: Vom Sedlo (1) zum Zeleni Vir (3), von dort links bergab zum Dobri Do (6) und auf der Straße zurück. Gesamtgehzeit ca. 3.30 Std.
Kombinationsmöglichkeit: Mit Tour 42, 48 und 49.

Am **Durmitor Sedlo (1)** (Parkmöglichkeit, Schild »Sedlo 1908 m«) wenden wir uns nach rechts und folgen einer Wegspur zunächst über den grasbewachsenen Hang leicht aufwärts auf eine markante Felswand zu. Der Weg quert ein breites Schotterfeld und trifft dann, am Fuß einer Geröllrinne, auf den Steilhang. Nicht in der Rinne, sondern links über kurze Kletterpassagen geht es weiter. Die nächsten 100 m sind etwas ausgesetzt, doch schon bald verlassen wir den schwierigen Teil wieder und erreichen ein grasbewachsenes Hochtal. In diesem geht es auf gut markiertem Weg weiter, links am Hang entlang an zwei riesigen Karsttälern vorbei. Voraus sehen wir die beeindruckenden Felszacken der Zubci (»Zähnchen«). Wir erreichen, kaum merklich ansteigend, einen Sattel auf rund 2140 m Höhe. Kurz darauf zweigt rechts eine Markierung zu einer kleinen Quelle am Fuß der Zähnchen ab (Aufschrift »Izvor« auf einem Felsen; Gehzeit knapp 3 Min.), und der Weg durchquert die Senke **Surutka (2)**. Dahinter steigen wir wieder leicht an, um schließlich im Zickzack auf deutlichem Weg in ein tief eingeschnittenes Tal zwischen uns und dem nun vor uns aufragenden Bobotov Kuk abzusteigen.

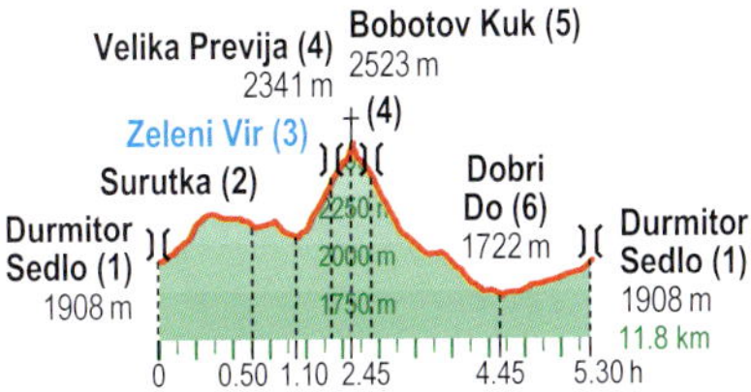

Inmitten großer Felsblöcke liegt am Talschluss der wildromantische kleine See **Zeleni Vir (3)**, der allerdings in heißen Sommern komplett austrocknet.

Am Weg zu den »Zähnchen«.

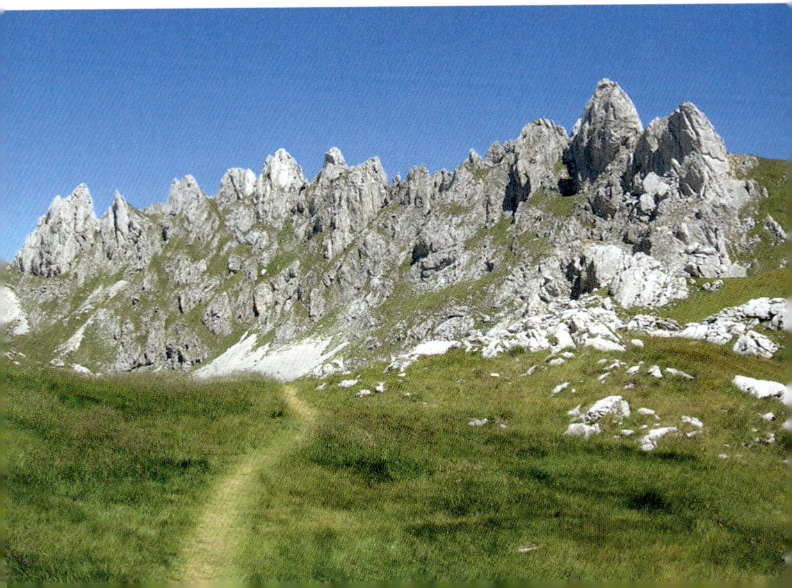

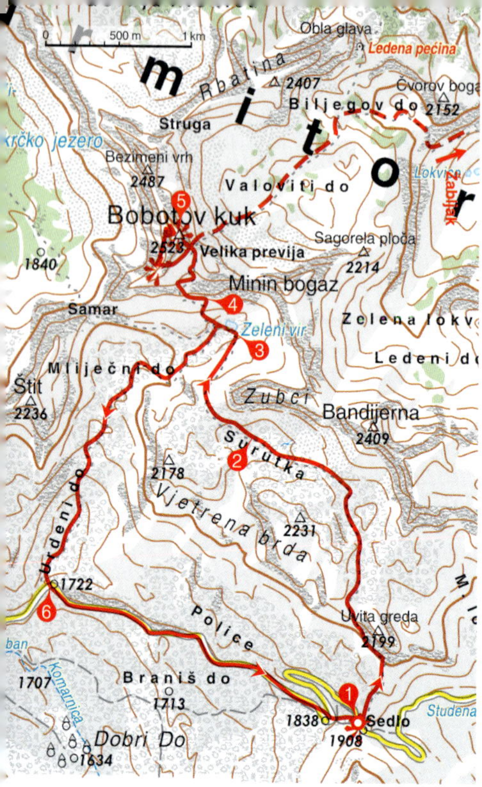

Dennoch findet sich in seiner Nähe im Schatten der Felsen sicherlich der eine oder andere Platz für eine Rast, um vor dem eigentlichen Gipfelsturm nochmals zu verschnaufen.

Auf dem markierten Weg folgen kurz hintereinander zwei Abzweigungen; die erste führt links zurück Richtung Dobri Do (unser späterer Rückweg), bei der zweiten biegen wir rechts ab, während der Weg geradeaus zum Škrčko Jezero führen würde. Ab hier geht es nochmals über ein Geröllfeld, dann steil im Zickzack über einen grasbewachsenen Hang hinauf. In 2260 m Höhe erinnert eine Gedenktafel an ein Opfer der Berge, und 80 Hm weiter erreichen wir den Bergsattel **Velika Previja (4)**.

Von hier genießen wir bereits einen fantastischen Blick auf die unwirtliche Geröllwüste des Valoviti Do im Norden des Gipfels. Der weitere Weg zum Gipfel führt links zunächst auf dem Grashang, dann am Fuß der Felsen hinauf zu einem Grat, von dem aus zum ersten Mal das bildschöne Tal der Škrka ins Blickfeld kommt. Hier knickt der Weg scharf rechts ab und führt zunächst fast eben, aber etwas ausgesetzt am Hang entlang, bis er steil rechts hinauf abbiegt. Die Markierungen sind deutlich, und wir sollten ihnen auch folgen, denn die vielen Besucher des Gipfels sollten nicht darüber hinwegtäuschen, dass dieser Anstieg eigentlich höchste Konzentration und Trittsicherheit erfordert. Auf halber Höhe weist links eine (durchgekreuzte) Aufschrift auf einen einst begehbaren Übergang zum Bezimeni Vrh hin, jedoch ist dieser aufgrund fehlender Sicherungen mittlerweile lebensgefährlich und unter keinen Umständen ratsam, insbesondere auch, weil jener Gipfel bezüglich Aussicht und Gipfelerlebnis nichts bietet, was man nicht auch am Bobotov Kuk genießen kann.

Nach gut 45 Min. ab Velika Previja haben wir das Ziel erreicht und stehen schließlich auf dem Dach Montenegros, dem 2523 m hohen **Bobotov Kuk (5)**. Der Ausblick ist überwältigend, und an klaren Tagen können wir von hier aus alle in diesem Wanderführer beschriebenen Gebirgsgruppen sehen. Der Abstieg erfolgt am bekannten Weg zunächst bis hinab zum Sattel **Velika Previja (4)**.

Links bergab könnte man Richtung Žabljak absteigen (Variante); wir gehen jedoch weiter am bekannten Weg rechts bergab bis zur Wegkreuzung in der Nähe des **Zeleni Vir**.

Hier wenden wir uns rechts und gehen auf einem bequemen, keinerlei gefährliche Stellen aufweisenden Weg in einem breiten Gletschertal von einer Mulde zur nächsten, bis wir schließlich nahe dem Katun **Dobri Do (6)** auf die Asphaltstraße Žabljak – Plužine stoßen. Auf dieser gehen wir nun links, nochmals mit geringer Steigung bergauf (die Kehre unmittelbar vor dem Sattel kann auf einem Fußpfad abgeschnitten werden), sodass wir schlussendlich wieder unseren Ausgangspunkt am **Durmitor Sedlo (1)** erreichen.

Blick von Velika Previja zu den Zubci und zum Sedlo.

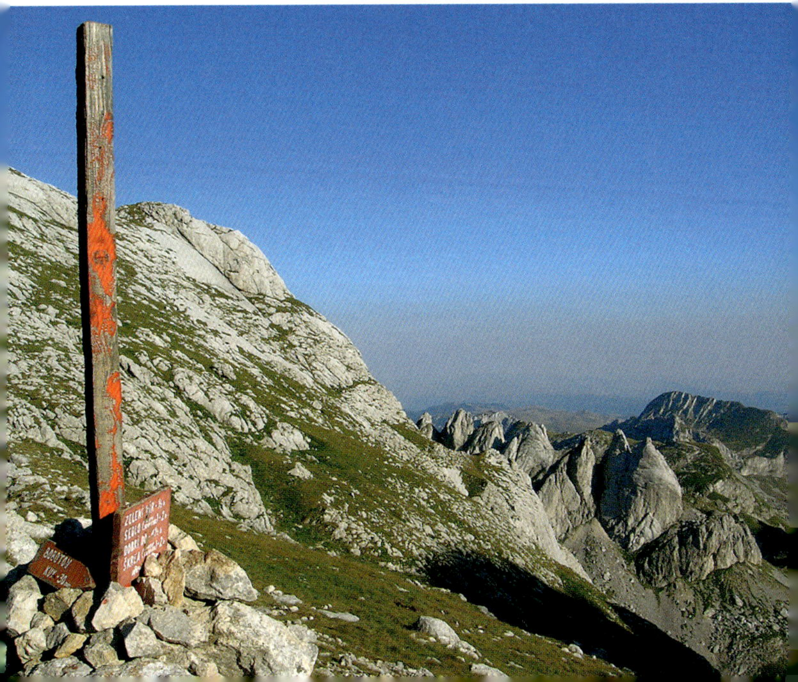

Stichwortverzeichnis

Kleines Wanderwörterbuch Montenegrinisch – Deutsch

autobuska stanica	Bushaltestelle
brdo	Berg
česma	gefasste Quelle
crkva	Kirche
desno	rechts
do, dol	Tal
dolje	hinunter
donji	Unter-
džip taksi	Geländewagen-Taxi
gora	Gebirge
gore	hinauf
gorica	Hügel
gornji	Ober-
gostionica	Gasthaus
grad	Stadt
groblje	Friedhof
izvor	Quelle
jama	Schlund
jezero	See
kafana	Kaffeehaus
kamen	Felsen
kamp	Campingplatz
kanjon	Schlucht
katun	Alm(siedlung)
koliba	Hütte, kleines Haus
konoba	traditionelles Gasthaus
kuća	Haus
led	Eis
lijevo	links
lokva	Teich, Lacke
mali	klein
manastir	Kloster
markirana staza	(markierter) Weg
međed	Bär
mlin	Mühle
most	Brücke
odmorište	Rastplatz
pećina	Höhle
planinarski dom	Berghütte
plaža	Strand
pomoč	Hilfe
potok	Bach
pozor!	Gefahr!
pravo	geradeaus
previja	Bergpass
put	Straße, Weg
restoran	Restaurant
rijeka	Fluss
šator	Zelt
sedlo	Sattel
selo	Dorf, Siedlung
sklonište	Unterstand, Biwak
snijeg	Schnee
stari	alt
staza	Pfad, Steig
šuma	Wald
sveti	Sankt
veliki	groß
vidikovac	Aussichtspunkt
voz	Zug
(pitka) voda	(Trink-)Wasser
vrh	Gipfel
vuk	Wolf
zabranjeno	verboten
zatvoreno	geschlossen, gesperrt
željeznička stanica	Bahnhof

Ausspracheregeln

C, c	z
Č, č	tsch
Ć, ć	tch
Dž, dž	dsch
Đ, đ	dj
H, h	ch
S, s	ss, ß
Š, š	sch (wie in Schule)
V, v	w
Z, z	s
Ž, ž	sch (wie in Journal)

Umschlagbild:
Blick auf Perast (Tour 6).

Bild Seite 1:
Am Sattel Ćafa (Tour 28).

Bild Seite 2:
Am Bergsee Zeleni Vir (Tour 50).

Bild auf Seite 22/23:
Blick vom Savin Kuk (Tour 46).

Die 109 Fotos stammen von der Autorin und von Rosemarie Pexa.

Kartografie:
50 Wanderkärtchen im Maßstab 1:50.000 und 1:75.000 sowie eine Übersichtskarte im Maßstab 1:1.350.000
© Bergverlag Rother GmbH, München
(gezeichnet von Johanna Stöckl);
vier Übersichtskarten im Maßstab 1:500.000
© Freytag & Berndt, Wien

Werk-Nr: 4358

5., aktualisierte Auflage 2023

ISBN 978-3-7633-4692-9

MIX
Papier aus verantwortungsvollen Quellen
FSC® C021956

Wir freuen uns über jeden Korrekturhinweis zu diesem Wanderführer!
Bitte per E-Mail an: leserzuschrift@rother.de

BERGVERLAG ROTHER · München
D-82041 Oberhaching · Keltenring 17 · Tel. +49 89 608669-0 · rother.de